Mediation als kindgerechtes Verfahren

Studien zum deutschen und internationalen Familien- und Erbrecht

Herausgegeben von Martin Lipp, Christoph Benicke, Marina Wellerhofer und Bettina Heiderhoff

Band 20

Zur Qualitätssicherung und Peer Review der vorliegenden Publikation

Die Qualität der in dieser Reihe erscheinenden Arbeiten wird vor der Publikation durch den Herausgeber der Reihe geprüft.

Notes on the quality assurance and peer review of this publication

Prior to publication, the quality of the work published in this series is reviewed by the editor of the series.

Holke-Leonie Doench

Mediation als kindgerechtes Verfahren

PL ACADEMIC RESEARCH

Bibliografische Information der Deutschen Nationalbibliothek
Die Deutsche Nationalbibliothek verzeichnet diese Publikation in der Deutschen Nationalbibliografie; detaillierte bibliografische Daten sind im Internet über http://dnb.d-nb.de abrufbar.

Zugl.: Hamburg, Univ., Diss., 2014

Gedruckt auf alterungsbeständigem,
säurefreiem Papier.

D 18
ISSN 1864-497X
ISBN 978-3-631-65507-8 (Print)
E-ISBN 978-3-653-04888-9 (E-Book)
DOI 10.3726/978-3-653-04888-9

PL Academic Research ist ein Imprint der Peter Lang GmbH.

Peter Lang – Frankfurt am Main · Bern · Bruxelles · New York · Oxford · Warszawa · Wien

Diese Publikation wurde begutachtet.

www.peterlang.com

Vorwort

Die vorliegende Arbeit wurde 2014 von der Fakultät für Rechtswissenschaft der Universität Hamburg als Dissertation angenommen. Rechtsprechung und Literatur wurden bis September 2013 berücksichtigt.

Während meiner Promotionszeit haben mich viele wunderbare Menschen begleitet, unterstützt und zum Gelingen dieser Arbeit beigetragen.

Allen voran möchte ich meiner Doktormutter, Prof. Dr. Bettina Heiderhoff, für ihre Aufgeschlossenheit gegenüber diesem interdisziplinären Thema sowie ihre Unterstützung und Betreuung während der Promotionszeit danken. Ihre Begeisterung für die Wissenschaft und Lehre ist ansteckend und hat mich nachhaltig geprägt. Ihr sowie Frau Prof. Dr. Marina Wellenhofer, Herrn Prof. Dr. Martin Lipp und Herrn Prof. Dr. Benicke danke ich für die Aufnahme in die Schriftenreihe „Studien zum deutschen und internationalen Familien- und Erbrecht".

Herrn Prof. Dr. Reinhard Bork danke ich für die Erstellung des Zweitgutachtens.

Der Studienstiftung des deutschen Volkes danke ich für die Gewährung eines Promotionsstipendiums.

Mein Dank gilt auch meinen Ausbilderinnen und Ausbildern bei IMKA sowie meinen Mediationskolleginnen und -kollegen. Ihre Freude an der Konfliktvermittlung, ihre Offenheit und Diskussionsbereitschaft haben meinen Blick auf die Mediation wesentlich bestimmt.

Von Herzen danke ich meiner Familie und meinen Freunden, die mich in der Promotionszeit begleitet und unterstützt haben und mir immer als Korrekturhilfen und Gesprächspartner zur Seite standen.

Meiner Mutter, für die das Wohl ihrer Kinder immer an erster Stelle steht und die in mir schon früh das Interesse geweckt hat, die Ursachen menschlichen Verhaltens zu analysieren, gilt mein besonderer Dank. Ihr widme ich diese Arbeit.

Hamburg, Juli 2014 Holke-Leonie Doench

Inhaltsverzeichnis

§ 1 Einleitung

Seit Inkrafttreten des deutschen Mediationsgesetzes (MediationsG)[1] am 26. Juli 2012 sind mittlerweile über zwei Jahre vergangen. Ob der angestrebte Bewusstseinswandel, die Förderung der außergerichtlichen Konfliktbeilegung in dem erwarteten Umfang eintreten wird, bleibt abzuwarten. Die Prognosen hierüber sind geteilt. Mit dem MediationsG wurden viele wesentliche Aspekte der Mediation auf eine gesetzliche Grundlage gestellt. Ein Aspekt, der jedoch keinen Niederschlag im MediationsG gefunden hat, ist die Rolle des Kindes[2] in der Mediation. Obwohl die Verwirklichung des Kindeswohls oft als Hauptgrund für deren Inanspruchnahme genannt wird,[3] finden sich im MediationsG keine und auch in der Literatur nur vergleichsweise wenige Ausführungen zu der Rolle und den Rechten des Kindes in der Mediation.[4] Insbesondere die konkreten rechtlichen Fragestellungen, die sich in diesem Zusammenhang ergeben, werden im Schrifttum kaum erörtert. Dabei haben sich nicht zuletzt durch das Inkrafttreten des MediationsG und den daraus resultierenden Neuregelungen Abgrenzungs- und Detailfragen von großer Relevanz ergeben. In vielen Studien und Ausführungen zur Mediation werden zudem die Auswirkungen, die sich durch das Verfahren auf die vom elterlichen Konflikt betroffenen Kinder ergeben, häufig nicht berücksichtigt oder nur pauschal erwähnt.

---

1 Art. 1 des Gesetzes zur Förderung der Mediation und anderer Verfahren der außergerichtlichen Konfliktbeilegung BGBl. I S. 1577.

2 Wird im Rahmen der Bearbeitung der Begriff „Kind" oder „Kinder" verwendet, sind darunter auch Jugendliche zu verstehen, sollte nicht eine ausdrücklich Differenzierung erfolgen. Um die Lesbarkeit zu vereinfachen wird an vielen Stellen lediglich der Begriff „Kind" (Singular) verwendet, die Aussagen können aber in gleicher Weise auf Familien mit mehreren Kinder übertragen werden.

3 Vgl. z.B. *Bastine et al.*, Unterstützung von Familien in Scheidung S. 96. Die Autoren kommen in ihrer Untersuchung zu dem Ergebnis, dass Kinder sogar der wichtigste Grund für die Inanspruchnahme von Mediation sind.

4 Es gibt zwar zahlreiche Veröffentlichungen zur Familienmediation, diese konzentrieren sich jedoch überwiegend auf die Situation der Eltern. Eine Ausnahme bildet jedoch z.B. das Werk von *Diez et al.*, Familien-Mediation und Kinder.

A. Ausgangslage

Setzt man sich mit der Lebensrealität von Kindern auseinander, die von der Trennung[5] und/oder Scheidung ihrer Eltern betroffen sind, wird deutlich, dass sich hinter den Begriffen „Trennung“ und „Scheidung“ vor allem familiäre Ereignisse hoher Emotionalität verbergen, die das Leben und das Miteinander der Familienmitglieder grundlegend verändern. Gleichzeitig sind die Folgen von Trennung und Scheidung längst nicht mehr nur private Probleme Einzelner, sondern haben als „Massenphänomen“ erhebliche Auswirkungen auf die Entwicklung der Gesellschaft.

Für die verschiedenen Professionen resultiert daraus ein ständig wachsender Tätigkeitsbereich, der aufgrund seiner Komplexität und Dynamik viele Herausforderungen mit sich bringt und immer wieder Anlass für fächerübergreifende Diskussionen und Debatten ist. Beeinflusst durch die steigende Bekanntheit und Verbreitung alternativer Konfliktbeilegungsmethoden mehren sich Zweifel daran, ob das klassische gerichtliche Scheidungsverfahren angesichts der *„psychosozialen Dimension von Partnerschaftskonflikten bei Trennung und Scheidung“*[6] immer noch die passende Verfahrensstruktur bietet, um diese vielschichtigen Konflikte nachhaltig zu lösen. Bei der Suche nach einer geeigneten Alternative stößt man schnell auf das Verfahren der Mediation. Dieses hat in Deutschland in den letzten Jahren nicht zuletzt durch die Einführung des MediationsG einen erheblichen Bedeutungszuwachs erfahren und wird vielerorts bereits erfolgreich zur Beilegung familiärer Konflikte eingesetzt.[7] Ein breites Schrifttum beschäftigt sich mit dem Verfahren der Mediation sowie der Bedeutung und den Folgen einvernehmlicher Konfliktbeilegung.[8] Weit weniger im Fokus steht der Themenkomplex Kinder und Mediation.

B. Forschungsziele und Gegenstand der Untersuchung

Hauptanliegen dieser Dissertation ist es, die Stellung des Kindes im Mediationsverfahren zu bestimmen und das Verfahren aus seinem Blickwinkel zu bewerten.

---

5 Wird im Rahmen der Bearbeitung von „Trennung“ gesprochen, soll darunter sowohl die Trennung verheirateter Paare, als auch die Trennung nicht verheirateter Paare verstanden werden, sofern nicht eine ausdrückliche Unterscheidung erfolgt.

6 *Proksch* in: *Hahn/Lomberg et al.*, Scheidung und Kindeswohl S. 55.

7 Vgl. bspw. die Studienergebnisse von *Greger*, Pilotstudie Mediation.

8 Vgl. bspw. die aktuellen Veröffentlichungen von *Horstmeier*, Das neue Mediationsgesetz; *Fischer/Unberath*, Das neue Mediationsgesetz; *Peschke*, Familienmediation bei Trennung; *Trenczek et al.*, Mediation und Konfliktmanagement sowie *Weiler/Schlickum*, Praxisbuch Mediation.

Die Untersuchung konzentriert sich hierbei auf Kinder, die von der Trennung/Scheidung ihrer Eltern betroffen sind. Neben den tatsächlichen, empirisch nachgewiesenen Auswirkungen des Mediationsverfahrens auf die Familien gibt die Arbeit einen Überblick darüber, welche rechtlichen Probleme und Fragestellungen sich ergeben können, wenn ein Kind an dem Verfahren beteiligt wird oder wenn in der Mediation kindbezogene Regelungen erarbeitet werden. Hierbei werden die verschiedenen Mediationsformen sowie die Rollen der Beteiligten dargestellt. Die zentrale Frage, ob die Mediation ein kindgerechtes Verfahren ist, wird unter Zuhilfenahme verschiedener Parameter erörtert. Den vielfältigen Vorteilen werden strukturelle und rechtliche Schwierigkeiten gegenübergestellt, die sich unter dem Aspekt des Kindeswohls ergeben. In die Bewertung fließen empirische Daten sowie sozialwissenschaftliche Hintergründe über die Situation von sich in Trennung und Scheidung befindenden Familien ein. Die Arbeit stellt darüber hinaus verschiedene Möglichkeiten vor, wie die Mediation gefördert und Familien in der Phase von Trennung und Scheidung optimal unterstützt werden können.

C. Aufbau der Arbeit

Um eine Ausgangsbasis für die weitere Untersuchung zu bilden, wird am Anfang der Dissertation das Verfahren der Familienmediation vorgestellt, seine gesetzliche Verankerung beleuchtet und eine Abgrenzung zu anderen Verfahren vorgenommen. Es werden die Wirkungsweisen, Grundannahmen und Ziele sowie der Ablauf der Familienmediation skizziert und die Rolle der beteiligten Personen beschrieben (§ 2). Daran anschließend erfolgt ein Umriss der sozialwissenschaftlichen Hintergründe familiärer Trennung und Scheidung. Die Situation betroffener Familien und insbesondere die Auswirkungen des elterlichen Auseinandergehens auf die betroffenen Kinder wird dargestellt (§ 3). Aufbauend auf diesen Erkenntnissen wird die Frage erörtert, welche Charakteristika ein Verfahren enthalten muss, um kindgerecht zu sein. Die Bedeutung der Sicherung des Kindeswohls durch die Verfahrensausgestaltung wird hervorgehoben und es werden die wesentlichen Parameter für ein kindgerechtes Verfahren bestimmt (§ 4). Im dann folgenden Abschnitt der Arbeit wird untersucht, ob die Mediation ein kindgerechtes Verfahren ist. Anhand der elternbezogenen Parameter *Kommunikation* und *Deeskalation* sowie der kindbezogenen Aspekte *Schutz des Kindes* und *Kindesbeteiligung* wird das Mediationsverfahren einer kritischen Analyse unterzogen. Die Grundstrukturen des Mediationsverfahrens und die Rollen der beteiligten Personen werden unter dem Aspekt des Kindswohls bewertet. Die Arbeit konzentriert sich hierbei sowohl auf die tatsächlichen Auswirkungen der

Mediation auf betroffene Familien als auch auf die rechtlichen Fragestellungen dieses Themenbereiches. Die bestehenden Regelungen, insbesondere des MediationsG und des Gesetzes über das Verfahren in Familiensachen und in den Angelegenheiten der freiwilligen Gerichtsbarkeit (FamFG) werden in Bezug zu den untersuchten Parametern gesetzt. Bestehender Regelungsbedarf wird aufgezeigt und es werden entsprechende Empfehlungen erarbeitet (§ 5). Schließlich nimmt sich die Arbeit der Frage an, wie das Verfahren der Mediation gefördert werden kann, welche Optimierungsmöglichkeiten bestehen und wie die von Trennung und Scheidung betroffenen Familien bestmöglich unterstützt werden können (§ 6). Die erarbeiteten Regelungsvorschläge werden am Ende der Arbeit zusammengefasst und praxisgerecht dargestellt (§ 7). Im Anhang der Arbeit werden die wesentlichen Ergebnisse und Schlussfolgerungen in Form eines Praxisleitfadens für Familienmediationen mit Kindern in ein handhabbares Format gebracht.

§ 2 Familienmediation

Der Bedeutungszuwachs der Mediation in Deutschland ist maßgeblich auf die Verbreitung[9] und die Erfolge[10] der Familienmediation zurückzuführen. Um dieses besondere Verfahren einordnen zu können und um die Ausgangsbasis für die weitere Untersuchung zu bereiten, sollen im Folgenden die Grundlagen des Verfahrens und die gesetzliche Verankerung der Mediation dargestellt werden. Daran anschließend sollen die für ein besseres Verständnis des Verfahrens essentiellen Wirkungsweisen, Grundannahmen und Ziele der Familienmediation dargelegt werden und die Rollen der an einer Mediation üblicherweise teilnehmenden Personen erläutert werden. Mit der Darstellung eines typischen Ablaufs einer Familienmediation sowie einer Abgrenzung zu anderen Verfahren zur Beilegung familiärer Konflikte soll die Betrachtung komplettiert werden.

A. Mediationsformen und gesetzliche Verankerung

In Anlehnung an § 3 der Richtlinie 2008/52/EG des Europäischen Parlaments und des Rates vom 21.05.2008 über bestimmte Aspekte der Mediation in Zivil- und Handelssachen (EU-Mediationsrichtlinie)[11] definiert § 1 Abs. 1 des am 26.07.2012 in Kraft getretenen deutschen Mediationsgesetzes Mediation als

9 Einen Nachweis über die Anzahl der in Deutschland durchgeführten Familienmediationen gibt es nicht. Ebenso wenig lassen sich genaue Zahlen über die in Deutschland tätigen Familienmediatoren finden. In der Bundesarbeitsgemeinschaft für Familienmediation (BAFM) beläuft sich die Zahl der Mitglieder, die als Familienmediatoren tätig sind, auf 812 (Anfrage bei der BAFM vom 19.04.2012). Die Zahl der jährlich in Deutschland insgesamt durchgeführten Trennungs- und Scheidungsmediationen wird auf 15.000–20.000 geschätzt, *Trenczek*, Spektrum der Mediation 2010, 4.

10 Zahlreiche Studien attestieren der Mediation hohe Einigungsquoten und eine hohe Verfahrenszufriedenheit der Beteiligten, vgl. bspw. *Greger*, Pilotstudie Mediation S. 64 ff. sowie die Ergebnisse einer Mitgliederbefragung der BAFM aus dem Jahr 2011. Diese hat ergeben, dass 80 % der Konfliktpartner im Rahmen der Familienmediation eine Abschlussvereinbarung treffen, *Kiesewetter/Zurmühl*, ZKJ 2012, 80. Der Fragebogen wurde an 815 Mitglieder versandt, der Rücklauf betrug 10,3 %.

11 ABl. EU 2008, L 136 vom 24.05.2008 S. 3.

„[...] ein vertrauliches und strukturiertes Verfahren, bei dem die Parteien[12] mithilfe eines oder mehrerer Mediatoren freiwillig und eigenverantwortlich eine einvernehmliche Beilegung des Konfliktes anstreben".

Als *Familienmediation* wird das Verfahren bezeichnet, wenn es zur Vermittlung bei familiären Konflikten eingesetzt wird. Dabei umfasst der Anwendungsbereich der Familienmediation Streitigkeiten des gesamten familiären Zusammenlebens – insbesondere im Zusammenhang mit Trennung und Scheidung. Typische Themen einer Trennungs- und Scheidungsmediation sind die Gestaltung des Umgangs- und Sorgerechts, die Vermögens- und Schuldenaufteilung, die Regelung des Kindes- und Ehegattenunterhalts sowie Fragen der Kindererziehung.[13]

Für die folgende Untersuchung soll der Fokus auf die Bereiche der Familienmediation gelegt werden, von denen ein Kind unmittelbar betroffen ist, insbesondere auf das Sorge- und Umgangsrecht.

Angeboten wird Familienmediation als *außergerichtliche Mediation*, als *gerichtsnahe Mediation* und als *Mediation vor dem Güterichter.*

Die *außergerichtliche Mediation* wird unabhängig von einem gerichtlichen Verfahren durch eine Institution oder einen freiberuflich tätigen Mediator[14] durchgeführt. Ihre gesetzliche Grundlage findet sie nunmehr in den neun Paragraphen des Mediationsgesetztes. Bis zur Einführung des MediationsG gab es in Deutschland kein einheitliches, bundesweites Regelwerk. Erst mit dessen Inkrafttreten am 26.07.2012 wurde das Mediationsverfahren – zumindest was wesentliche Aspekte angeht – auf eine gesetzliche Grundlage gestellt. Spezielle Regelungen für den Bereich der Familienmediation enthält das MediationsG nicht. Inwiefern durch die noch zu erlassende Rechtsverordnung (§ 6 MediationsG) Ausbildungsinhalte auf die Familienmediation zugeschnitten werden, bleibt abzuwarten.[15] In den unverbindlichen Empfehlungen des Rechtsausschusses findet

---

12 Der in § 1 MediationsG verwendete Begriff „Partei" ist nicht gesetzestechnisch zu verstehen sondern bezeichnet lediglich die an der Mediation teilnehmenden Personen, vgl. den Gesetzesentwurf der Bundesregierung – Entwurf eines Gesetzes zur Förderung der Mediation und anderer Verfahren der außergerichtlichen Konfliktbeilegung (im Folgenden RegE-MediationsG), BT-Drs. 17/5335 S. 13. Gleiches soll auch für die Verwendung des Begriffes Partei in den folgenden Ausführungen gelten, sofern nicht eine ausdrückliche Differenzierung erfolgt.

13 *Bastine/Link/Lörch*, Familiendynamik 1992, 379.

14 Um die Lesbarkeit zu erleichtern wird in dieser Arbeit – ohne jegliche Wertung – die männliche Form verwendet.

15 Vorgeschlagen werden als Ausbildungsinhalte die Gesprächsführung mit Kindern sowie Grundkenntnisse über die Entwicklungspsychologie, *Ivanits*, ZKJ 2012, 98 (103).

sich lediglich der Hinweis, dass Ausbildungsinhalt auch *„die Einbeziehung von Kindern“* sein soll.[16]

Das Verfahren wird als *gerichtsnahe Mediation* bezeichnet, wenn die außergerichtliche Mediation während eines Gerichtsverfahrens stattfindet. Gesetzlich verankert ist die gerichtsnahe Mediation in den Prozessordnungen, für familiäre Konflikte im FamFG und der Zivilprozessordnung (ZPO). Der Richter kann den Parteien nach § 278a Abs. 1 HS. 1 ZPO (§ 113 Abs. 1 S. 2 FamFG) bzw. § 36a Abs. 1 HS. 1 FamFG vorschlagen, ihren Konflikt mithilfe einer Mediation beizulegen. Entscheiden sich die Parteien dafür, ordnet das Gericht das Ruhen des Verfahrens an (§ 278a Abs. 2 ZPO) oder setzt das Verfahren aus (§ 36a Abs. 2 FamFG). Eine gerichtsnahe Mediation kommt ab Anhängigkeit des Verfahrens bis zu dessen Beendigung in Betracht.[17] Auch die Parteien können sich im Laufe des gerichtlichen Verfahrens zur Durchführung einer gerichtsnahen Mediation entschließen. Im Übrigen gelten für die gerichtsnahe Mediation die Regelungen des MediationsG.

Eine besondere Form der Mediation in Familiensachen stellt die *Mediation durch den Güterichter* dar. Das Güterichtermodell wurde bundesweit durch das Gesetz zur Förderung der Mediation und anderer Verfahren der außergerichtlichen Konfliktbeilegung eingeführt und hat die bisher in einigen Gerichtsbezirken bestehende gerichtsinterne Mediation abgelöst.[18] Der Einführung des Güterichtermodells vorausgegangen war ein über vier Jahre andauerndes Gesetzgebungsverfahren, das durch berufspolitische Interessensgegensätze und ein Kräftemessen verschiedener Berufsgruppen geprägt war. Insbesondere an der Frage nach der Daseinsberechtigung, Qualifizierung und Ausgestaltung der gerichtsinternen Mediation entzündeten sich die Geister. Der Vermittlungsausschuss erzielte im Juni 2012 schließlich einen Kompromiss,[19] der sowohl vom Bundestag,[20] als auch vom

---

16 Vgl. die Begründung der Beschlussempfehlung und des Berichtes des Rechtsausschusses zu dem Gesetzesentwurf der Bundesregierung – Entwurf eines Gesetzes zur Förderung der Mediation und anderer Verfahren der außergerichtlichen Konfliktbeilegung (im Folgenden Beschlussempfehlung RA), BT-Drs. 17/8058, S. 19.

17 *Baumbach/Lauterbach et al.*, ZPO, § 278a Rn. 4.

18 Die durch § 9 MediationsG gewährte Übergangsfrist ist am 01.08.2013 abgelaufen.

19 Beschlussempfehlung des Vermittlungsausschusses zu dem Gesetz zur Förderung der Mediation und anderer Verfahren der außergerichtlichen Konfliktbeilegung (im Folgenden Beschlussempfehlung VA), BT-Drs. 17/10102.

20 Beschluss des BT zu dem Gesetz zur Förderung der Mediation und anderer Verfahren der außergerichtlichen Konfliktbeilegung (im Folgenden Beschluss BT), BR-Drs. 377/12.

Bundesrat[21] angenommen wurde und zur Abschaffung der gerichtsinternen Mediation und zur Einführung des erweiterten Güterichtermodells führte.[22] Nach der nunmehr geltenden Neuregelung wird dem Gericht die Möglichkeit eröffnet, die Beteiligten zwecks gütlicher Einigung an einen nicht entscheidungsbefugten Richter, den sogenannten Güterichter zu verweisen (§ 36 Abs. 5 S. 2 FamFG, § 278 Abs. 5 ZPO). Dieser kann auch das Verfahren der Mediation als Konfliktlösungsmethode wählen (Methodenfreiheit) und ein vollständiges Mediationsverfahren durchführen.[23] Im Gegensatz zu einem außergerichtlich tätigen Mediator wird der Güterichter hoheitlich tätig und ist an Art. 79 Grundgesetz (GG) und § 25 Deutsches Richtergesetz (DRiG) gebunden. Er ist kein Mediator im Sinne des MediationsG.[24] Ebenso wie der außergerichtliche Mediator ist der Güterichter jedoch nicht entscheidungsbefugt. Scheitert das güterichterliche Verfahren, wird der Rechtsstreit an das entscheidungsbefugte Gericht zurückverwiesen. Allerdings kann der Güterichter bei Erfolg der Güteverhandlung einen Prozessvergleich protokollieren und damit einen Vollstreckungstitel schaffen (§§ 36 Abs. 5 S. 2 i.V.m. Abs. 2, 86 Abs. 1 Nr. 3 FamFG). Im Rahmen des Gütetermins kann der Güterichter mit den Parteien die Erfolgsaussichten einer kontradiktorischen Entscheidung diskutieren, Vergleichsvorschläge einbringen und seine mit der Rolle des Richters verbundene Autorität auch im Rahmen der Mediation nutzen.[25] Ein weiterer Unterschied des güterichterlichen Verfahrens zur außergerichtlichen Mediation liegt in dem Rahmen, in dem das Verfahren stattfindet. Die Termine des Güteverfahrens finden in der Regel unter Anwesenheit der Parteivertreter[26] im Gerichtsgebäude statt und der zeitliche Rahmen[27] der Mediationen ist stärker begrenzt. Allein aus

---

21 Beschluss des BR zu dem Gesetz zur Förderung der Mediation und anderer Verfahren der außergerichtlichen Konfliktbeilegung (im Folgenden Beschluss BR), BR-Drs. 377/12 (B).

22 Zu der Einführung des erweiterten Güterichtermodells und dem im Vermittlungsausschuss gefundenen Kompromiss vgl. *Carl*, ZKM 2012, 16 ff.; *Hess* in: Fischer/Unberath, Das neue Mediationsgesetz S. 23 ff.; *Prütting*, AnwBl 2012, 204 (206 f.); *Wagner*, ZKM 2012, 110 (112 ff.).

23 So auch *Ahrens*, NJW 2012, 2465 (2466); a.A. *Carl*, ZKM 2012, 16 (19).

24 *Begr.* Beschlussempfehlung RA, BT-Drs. 17/8058 S. 17; *Baumbach/Lauterbach et al.*, ZPO, § 278 Rn. 43.

25 *Prütting*, AnwBl 2012, 204 (207).

26 Inwiefern die Parteien der Anwesenheit der Parteivertreter zustimmen müssen, ist strittig. Die Beurteilung richtet sich danach, ob die Parteivertreter als Dritte i.S.d. § 2 Abs. 4 MediationsG eingestuft werden, vgl. dazu unten § 2 C. III. dieser Arbeit.

27 Über die durchschnittliche Verfahrensdauer der Güterichterverhandlungen in Familiensachen unter Anwendung der Methode der Mediation gibt es noch keine

diesen Rahmenbedingungen ergibt sich eine andere Dynamik, die auf die Parteien wirkt. Die Autorität, die mit der Person des Richters und der Institution Gericht verbunden ist, kann sich positiv auf die Einigungsbereitschaft der Konfliktbeteiligten auswirken[28], gleichzeitig kann der dadurch entstehende Druck aber auch die Wirkmechanismen der Mediation[29] – zumindest in Teilen – untergraben. Die Entscheidung, ob der Rechtsstreit an einen Güterichter verwiesen wird oder nicht, steht im pflichtgemäßen Ermessen des Gerichtes (§ 36 Abs. 5 S. 1 FamFG). Inwieweit hierfür eine Zustimmung der Parteien erforderlich ist, ist strittig. Während die einen die Entscheidung des Gerichts als verbindlich einstufen,[30] setzen die anderen ein Einverständnis der Parteien voraus.[31] Damit ergibt sich – je nach Auffassung – ein weiterer Unterschied zur außergerichtlichen Mediation, die in Deutschland bislang nicht verpflichtend angeordnet werden kann.[32] Hinzu kommt, dass ein Güterichterverfahren nicht zwangsläufig mit der Methode der Mediation verknüpft ist. Vielmehr steht es dem Güterichter frei, welche Konfliktbeilegungsmethode er anwendet (§ 36 Abs. 5 S. 2 FamFG). Die Parteien haben keinen Anspruch darauf, dass der Güterichter die Methode der Mediation wählt. Dem Güterichter steht es zudem frei, auch innerhalb des Verfahrens einen Methodenwechsel vorzunehmen.[33] Diese Befugnisse hat ein gerichtsexterner Mediator nur mit Zustimmung der Parteien.

Erhebungen. Bezüglich der in Bayern durchgeführten Modellprojekte wird von einer durchschnittlichen Verfahrensdauer von drei Stunden (reine Verhandlungszeit) berichtet, vgl. *Greger*, ZRP 2006, 229 (230).

28 Die durchgeführten Pilotprojekte zur gerichtsinternen Mediation und die Erfahrungen, die z.B. in Bayern bereits mit dem Güterichterverfahren gesammelt wurden, bescheinigen eine hohe Effektivität und Erledigungsquote, vgl. beispielsweise den Abschlussbericht des Pilotprojektes „Gerichtsnahe Mediation in Niedersachen", abzurufen unter http://www.mj.niedersachsen.de/portal/live.php?navigation_id=3787&article_id=10690&_psmand=13 (letzter Zugriff am 16.08.2013) sowie den Abschlussbericht über den „Modellversuch Güterichter" des Bayerischen Staatsministeriums der Justiz, abzurufen unter http://www.reinhard-greger.de/aber/gueterichter.htm (letzter Zugriff am 16.08.2013); *Greger*, ZRP 2006, 229.

29 Die Wirkmechanismen werden in § 2 B. dieser Arbeit dargestellt.

30 Für einen obligatorischen Charakter der Verweisung vgl. *Duve*, ZKM 2012, 108 (109).

31 Gegen einen verpflichtenden Charakter und für eine (zumindest konkludente) Zustimmung vgl. *Greger* in Greger/Unberath, MediationsG, Teil 4 Rn. 97 und Rn. 108; *Röthemeyer*, ZKM 2012, 116 (117); in diesem Sinne auch *Ewig*, ZKM 2012, 4, der annimmt, dass eine Verweisung nur sinnvoll sei, wenn die Parteien einverstanden sind.

32 Auf diesen Aspekt wird in § 6 B. dieser Arbeit eingegangen.

33 *Greger* in Greger/Unberath, MediationsG, Teil 4 Rn. 98 f.

Eine weitere gesetzliche Grundlage der Mediation in Familiensachen findet sich in § 23 Abs. 1 S. 3 FamFG. Anlässlich des Inkrafttretens des Gesetzes zur Förderung der Mediation und anderer Verfahren der außergerichtlichen Konfliktbeilegung wurden auch in den Verfahrensordnungen Anpassungen vorgenommen, um die einvernehmliche Streitbeilegung zu fördern. Nach § 23 Abs. 1 S. 3 FamFG soll in geeigneten Fällen[34] in dem verfahrenseinleitenden Antrag angegeben werden, ob der Antragstellung der Versuch einer Mediation oder eines anderen Verfahrens der außergerichtlichen Konfliktlösung vorausgegangen ist und ob einem solchen Verfahren Gründe entgegenstehen.[35] Aus dieser Neuregelung erwächst für die Anwaltschaft die Pflicht, ihre Mandanten über die Möglichkeiten alternativer außergerichtlicher Streitbeilegung zu informieren sowie über das Güterichterverfahren aufzuklären. Fehlen die Angaben nach § 23 Abs. 1 S. 3 FamFG, dann ist die Klage zwar nicht unzulässig, für den Anwalt kann daraus jedoch eine Haftung resultieren.[36]

Bereits seit Inkrafttreten des FamFG am 01.09.2009[37] kann das Gericht nach § 135 FamFG für den Bereich der Folgesachen und gemäß § 156 S. 3 FamFG für bestimmte Kindschaftssachen anordnen, dass die Beteiligten an einem kostenfreien Informationsgespräch über Mediation oder einer sonstigen Möglichkeit der außergerichtlichen Konfliktbeilegung teilnehmen. Die Nichtteilnahme kann nach § 81 Abs. 1 Nr. 5 und § 150 Abs. 4 S. 2 FamFG kostenrechtliche Nachteile haben.

---

34 Als geeignete Fälle werden nach dem Gesetzesentwurf neben Ehewohnungs- und Haushaltssachen insbesondere Kindschaftssachen angesehen, die Fragen der elterlichen Sorge oder des Umgangs betreffen, *Begr.* RegE-MediationsG, BT-Drs. 17/5335 S. 22.

35 Inwiefern sich § 23 FamFG tatsächlich auf die Beratungstätigkeit der Anwälte auswirkt, bleibt abzuwarten. Vereinzelt werden schon jetzt Befürchtungen geäußert, dass die Angabe nach § 23 Abs. 1 S. 3 FamFG zu einer Floskel verkommen wird, vgl. *Kinderrechtekommission des DFGT*, Stellungnahme zum MediationsG; kritisch zu der entsprechenden Regelung in § 253 ZPO bezüglich der Frage, ob die Angaben mit der Vertraulichkeit der Mediation zu vereinbaren sind, vgl. *Risse*, SchiedsVZ 2012, 244 (253). Optimistisch zu den Auswirkungen des § 23 FamFG *Paul/Pape*, ZKJ 2012, 464 (465).

36 *Ewig*, ZKM 2012, 4 (5).

37 Art. 1 des Gesetzes zur Reform des Verfahrens in Familiensachen und in den Angelegenheiten der freiwilligen Gerichtsbarkeit (im Folgenden FGG-Reformgesetz), BGBl. I S. 2586.

B. Wirkungsweise, Grundannahmen und Ziele der Mediation

Obwohl die Inhalte des Mediationsverfahrens je nach Anwendungsbereich, Fallkonstellation und Ausbildung des Mediators differieren, besteht hinsichtlich der wesentlichen Charakteristika – die auch Niederschlag im MediationsG gefunden haben – Einigkeit.

Hauptziel jeder Mediation ist es, dass die Betroffenen ihren Konflikt eigenverantwortlich und einvernehmlich lösen, vgl. § 1 Abs. 1 MediationsG. Der Begriff der Eigenverantwortlichkeit steht für die *„Autonomie und Selbstverantwortung von Menschen im Konflikt“*[38]. Als Hauptpersonen des Verfahrens sind es die Medianten, die den Inhalt der Sitzungen und der Abschlussvereinbarung bestimmen. Es ist ihre Aufgabe, gemeinsam zu einer einvernehmlichen Lösung ihres Konfliktes zu gelangen. Eine Delegation der Verantwortung findet nicht statt. Der Mediator hat keine Entscheidungsbefugnis (§ 1 Abs. 2 MediationsG).

Ziel der Mediation ist eine Vereinbarung, in der die Lebensverhältnisse der Beteiligten umfassend und zukunftsgerichtet geregelt sind.[39] Um zu einer solchen Vereinbarung zu gelangen, wird im Mediationsverfahren die Multi-Dimensionalität des Konfliktes herausgearbeitet.[40] Alle Hintergründe des Konflikts und die Beweggründe der Parteien können berücksichtigt werden. Die Medianten bestimmen, welche Aspekte ihnen wichtig sind und welche Bedeutung ihnen zugemessen wird. Das *„Monopol juristischer Relevanzkriterien“*[41] gilt in der Mediation nicht. Ebenso wenig sind Beweisregeln oder Regeln zur Relevanz von Argumenten zu beachten, sodass sich die Lösung allein am Kontext des Geschehens orientieren kann.[42] Ziel des Mediationsverfahrens ist es, dass sich die Parteien von ihrem Denken in Ansprüchen und Positionen lösen. Sie sollen miteinander in Dialog treten und mithilfe des Mediators die hinter den Positionen stehenden Interessen und Bedürfnisse herausarbeiten.[43] Eine der Hauptaufgaben

---

38 *Diez et al.*, Familien-Mediation und Kinder S. 29.

39 *Strempel*, Konsens – Zeitschrift für Mediation 1999, 198 (199); *Wacker*, ZRP 2009, 239 (240).

40 *Breidenbach*, Mediation S. 259.

41 *Katzenmeier*, ZKM 2005, 159 (160).

42 Vgl. *Grillo*, STREIT 2001, 91.

43 Die Unterscheidung in Positionen und Interessen lässt sich auf das Harvard -Konzept zurückführen und stellt in Form des „sachbezogenen Verhandelns“ einen Grundpfeiler der Mediationstechniken dar. Unter Positionen versteht man den nach außen getragenen Standpunkt bzw. eine Forderung, die gestellt wird. Interessen hingegen sagen aus, warum jemand eine Position vertritt und liegen häufig hinter den Positionen

des Mediators ist es, die Kommunikation zwischen den Medianten zu fördern und eine gleichwertige Einbindung aller Parteien in die Mediationssitzung sicherzustellen (§ 2 Abs. 3 S. 2 MediationsG). Zur Förderung der Kommunikation ist es wichtig, dass die Parteien unmittelbar miteinander in Kontakt treten. Aus diesem Grund hat auch der Gesetzgeber die gemeinsame Anwesenheit der Medianten als Regelfall bestimmt. Einzelgespräche[44] sind nur im allseitigen Einverständnis aller Parteien möglich (§ 2 Abs. 3 S. 3 MediationsG).[45]

Der höchstpersönliche Charakter der Mediation wird durch die Vertraulichkeit des Verfahrens unterstrichen. Die Mediation soll einen geschützten Rahmen bieten, in dem es den Parteien erleichtert wird, sich ihren Interessen zuzuwenden und Hintergründe des Konfliktes offenzulegen. Aufgrund dessen ist auch die Verschwiegenheit des Mediators und der weiteren in die Durchführung der Mediation eingebundenen Personen in § 4 MediationsG festgeschrieben. Ein weiterer, aus der Eigenverantwortlichkeit der Medianten resultierender Aspekt ist die Freiwilligkeit des Verfahrens.

Spezifisches Ziel der Trennungs- und Scheidungsmediation ist es, die Eltern als Konfliktparteien dafür zu sensibilisieren, dass trotz Beendigung ihrer Paarbeziehung ihre Elternverantwortung fortbesteht.[46] Sie sollen befähigt werden, diese Ebenen zu trennen, um ihre Kinder nicht unnötig mit dem Paarkonflikt zu belasten. Zudem sollen die Eltern durch die Mediation unterstützt werden, sich nicht nur über ihre eigenen Bedürfnisse bewusst zu werden, sondern auch die Bedürfnisse und Interessen des anderen Elternteils sowie die ihrer Kinder wahrnehmen und akzeptieren zu können. Die Reorganisation des Miteinanders – mit dem Ziel, die gemeinsame Verantwortungsübernahme für das Kind aufrecht zu erhalten – ist oberste Prämisse bei einer solchen Mediation. Angestrebt wird ein Spannungsabbau zwischen den Eltern, der sich positiv auf das Familienleben

---

verborgen. Oftmals sind dies die tatsächlichen Bedürfnisse, Gefühle, Wünsche und Wertvorstellungen einer Person, vgl. *Fisher et al.*, Das Harvard-Konzept S. 70 ff.

44 Der Wortlaut des § 2 Abs. 3 S. 3 MediationsG spricht von *„getrennten Gesprächen"*, sodass grundsätzlich auch mehrere Medianten in verschiedene Gruppen aufgeteilt werden könnten. In der Gesetzesbegründung (*Begr.* RegE-MediationsG, BT-Drs. 17/5335 S. 15) wird hingegen der Begriff *„Einzelgespräch"* benutzt, sodass von einer *„redaktionellen Unsauberkeit"* auszugehen ist, *Pielsticker* in Fritz/Pielsticker, MediationsG, § 2 Rn. 95.

45 Zum Ablauf einer Präsenzmediation mit Einzelgesprächen, vgl. *Risse*, NJW 2000, 1614 (1616 f.).

46 In diesem Sinne auch *Jopt* in: Hahn/Lomberg et al., Scheidung und Kindeswohl S. 171; *Proksch* in: Hahn/Lomberg et al., Scheidung und Kindeswohl S. 62.

auswirkt. Insbesondere wird mit einer erfolgreichen Mediation die Hoffnung verbunden, dass der in der Mediation erlernte Umgang miteinander auch außerhalb und nach der Mediation positive Wirkungen entfaltet und die Basis für ein friedliches zukünftiges Miteinander bildet.[47] Eine psychologische Bearbeitung des Paarkonfliktes hingegen ist weder Ziel der Mediation, noch in dem zeitlichen Rahmen des Verfahrens zu erreichen.

C. Rollen der Beteiligten in der Mediation

Im letzten Abschnitt wurde untersucht, welche Wirkungsweisen, Grundannahmen und Ziele der Mediation zugrunde liegen. Nun soll der Blick auf die an der Mediation beteiligten Personen, ihre Aufgaben und ihre Rolle im Verfahren gewendet werden.

I. Der Mediator

Das Rollenverständnis des Mediators wird durch zahlreiche Faktoren beeinflusst. Ausgangsberuf, Ausbildung, Verbandszugehörigkeit und das Tätigkeitsfeld beeinflussen die Arbeit des Einzelnen. Nichtsdestotrotz gibt es zahlreiche übereinstimmende Grundhaltungen, die die meisten Mediatoren ihrer Tätigkeit und ihrem beruflichen Selbstverständnis zugrunde legen. Viele dieser Grundsätze sind nunmehr auch im MediationsG verankert. Sowohl aus den Legaldefinitionen des § 1 MediationsG, als auch aus den §§ 2 – 4 MediationsG ergeben sich Anforderungen an die Person des Mediators und an seine Verfahrensführung.

§ 1 Abs. 2 MediationsG fordert die Unabhängigkeit und die Neutralität des Mediators. Mit der Rolle des Mediators ist es unvereinbar, wenn er Weisungen der Medianten unterliegt oder ein persönliches Interesse an dem Ergebnis der Mediation hat.[48] Umstände, die die Neutralität oder Unabhängigkeit des Mediators beeinflussen können, hat der Mediator offenzulegen (§ 3 Abs. 1 S. 1 MediationsG). Über die Neutralität und Unabhängigkeit des Mediators hinaus resultiert aus der gemeinsamen Beauftragung durch die Parteien für ihn die Verpflichtung, diesen gleichermaßen zur Verfügung zu stehen und keine Bevorzugungen vorzunehmen. Diese, als Allparteilichkeit[49] bezeichnete Anforderung unterscheidet den Mediator von einem anwaltlichen Interessensvertreter und soll eine

---

47 Vgl. *Montada* in Greger/Unberath, Die Zukunft der Mediation S. 6; *Proksch*, Konsens – Zeitschrift für Mediation 1998, 7 (8).

48 *Greger* in Greger/Unberath, MediationsG, § 1 Rn. 48.

49 *Begr.* RegE-MediationsG, BT-Drs. 17/5335 S. 15.

faire und angemessene Einbindung der Parteien in die Mediation garantieren (§ 2 Abs. 3 S. 1, 2 MediationsG). Konkret bedeutet dies, dass keine Partei den Mediationsprozess dominieren, jeder Mediant in gleicher Weise zu Wort kommen und die Gelegenheit und Unterstützung erhalten soll, um seine Interessen und Bedürfnisse darlegen zu können.

Ein weiteres, die Rolle des Mediators maßgeblich beeinflussendes Merkmal ist seine fehlende Entscheidungsbefugnis. Als Konsequenz der Eigenverantwortlichkeit und Entscheidungsherrschaft der Parteien darf der Mediator nicht dazu berufen oder damit beauftragt sein, eine Entscheidung herbeizuführen. Aufgabe des Mediators ist es vielmehr, die Parteien durch die Mediation zu führen (§ 1 Abs. 2 MediationsG) und ihnen als Verantwortlicher für die Struktur und den Ablauf des Verfahrens den Rahmen für ihre Konfliktlösung zu bereiten. Ausgerichtet ist die Arbeit des Mediators dabei darauf, Einvernehmen zwischen den Parteien herzustellen und die Kommunikation zu fördern, vgl. § 2 Abs. 3 S. 2 MediationsG. Gelangt der Mediator zu der Überzeugung, dass eine *„eigenverantwortliche Kommunikation oder Einigung der Parteien nicht zu erwarten ist"*, kann er die Mediation beenden (§ 2 Abs. 5 S. 2. MediationsG). Eine Pflicht zur Beendigung ist anzunehmen, wenn eine autonome Entscheidung eines oder beider Medianten unmöglich erscheint und die Defizite nicht durch unterstützende Maßnahmen behoben werden können. Gleiches gilt, wenn die Konfliktpartner nicht in der Lage sind, sich aus Verhaltensmustern zu lösen, die ein erhebliches Ungleichgewicht zwischen den Parteien begründen und die einem Verhandeln auf Augenhöhe entgegenstehen.[50] Gerade bei emotionalen Familienkonflikten ist von dem Mediator diesbezüglich eine besondere Sensibilität und Achtsamkeit zu fordern. Ob die Eignung zur Durchführung der Mediation gegeben ist, muss der Mediator während der gesamten Dauer der Mediation überprüfen.

Um eine nachhaltige Streitbeilegung zu erreichen, hat der Mediator als Leiter des Verfahrens sicherzustellen, dass die Medianten den Inhalt der erarbeiteten Vereinbarung verstehen und wissen, welche Konsequenzen sich daraus für sie ergeben. Um sicherzustellen, dass die Parteien umfassend informiert sind, hat der Mediator auf die Möglichkeit hinzuweisen, die Vereinbarung extern anwaltlich überprüfen zu lassen (§ 2 Abs. 6 S. 2 MediationsG).

Schließlich kann es zu den Aufgaben des Mediators gehören, das gefundene Ergebnis in einer Abschlussvereinbarung zu dokumentieren (§ 2 Abs. 6 S. 3

50 Zu weiteren Konstellationen, die zu einer Beendigungspflicht führen können, vgl. *Unberath* in Greger/Unberath, MediationsG, § 2 Rn. 171 ff.

MediationsG). Je nachdem, ob der Mediator zur Rechtsdienstleistung befugt ist oder nicht, treffen ihn diesbezüglich unterschiedliche Pflichten.[51]

II. Die Medianten

Die Medianten sind die Hauptpersonen in der Mediation. Das Gelingen oder Scheitern der Mediation hängt im Wesentlichen davon ab, ob sie bereit sind, miteinander in Kontakt zu treten und eine Lösung zu erarbeiten. Die Themen und der Inhalt der Mediationssitzungen werden durch sie bestimmt,[52] eine Lösung, die ihren Bedürfnissen gerecht wird, ist Ziel des Verfahrens. Im MediationsG finden sich lediglich einige, die Autonomie der Medianten unterstreichende Rechte: Die Parteien wählen den Mediator aus (§ 2 Abs. 1 MediationsG), sie bestimmen, ob Dritte in die Mediation einbezogen werden (§ 2 Abs. 4 MediationsG) und sie können die Mediation jederzeit beenden (§ 2 Abs. 5 S. 1 MediationsG).

Die Regelungen des Gesetzgebers werden üblicherweise durch individuelle Parteivereinbarungen ergänzt. Diese mit den Medianten gemeinsam erarbeiteten Verhaltensregeln und Absprachen bilden die Grundlage für den Verlauf der Mediationssitzungen. Neben Vereinbarungen zur Verschwiegenheit und zur Vertraulichkeit des Verfahrens[53] vereinbaren viele Medianten eine Verfahrensförderungspflicht, Kooperationsbereitschaft und einen offenen, fairen und gerechten Umgang miteinander.[54]

---

51 Vgl. hierzu *Unberath* in Greger/Unberath, MediationsG, § 2 Rn. 183 ff.

52 Für den Mediator besteht die Möglichkeit, die Medianten auf regelungsbedürftige Aspekte hinzuweisen. Üblicherweise wird hiervon jedoch zurückhaltend Gebrauch gemacht. Im Sinne der Eigenverantwortlichkeit der Medianten werden diese eher dazu aufgefordert, selbst zu überlegen, welche regelungsbedürftigen Aspekte bestehen. Sie selbst sollen entscheiden können, ob sie einen Aspekt einbeziehen wollen oder nicht. Hilfreich kann es sein, den Medianten Listen oder Informationsmaterial mitzugeben, sodass sie sich einen Überblick über die typischerweise im Zusammenhang mit Trennung und Scheidung zu regelnden Aspekte informieren können.

53 Aufgrund der unvollständigen Erfassung der Themen Verschwiegenheit und Vertraulichkeit in § 4 MediationsG ist es auch nach Inkrafttreten des MediationsG zu empfehlen, diese Aspekte vertraglich zu vereinbaren. Insbesondere eine Regelung zu der Verschwiegenheit der Medianten untereinander sowie der Verwendung von in der Mediation erlangten Dokumenten und Informationen ist sinnvoll, vgl. *Risse*, SchiedsVZ 2012, 244 (246); *Wagner*, ZKM 2012, 110 (111).

54 Vgl. *Hutner*, SchiedsVZ 2003, 226 (228), der zu Recht darauf hinweist, dass unabhängig von der rechtlichen Qualifizierung, der appellative Charakter einer solchen schriftlichen Vereinbarung nicht zu unterschätzen ist.

In den Mediationssitzungen selbst übernehmen die Medianten die Konfliktarbeit. Sie entscheiden, welche Themen sie besprechen möchten, besorgen die dazu erforderlichen Informationen, holen ggf. externes Fachwissen ein und erarbeiten miteinander eine Lösung für ihren Konflikt. Diese Rolle erfordert von den Medianten, dass sie für sich und ihre Bedürfnisse einstehen können und in der Lage sind, miteinander zu kooperieren.[55]

III. Die Rechtsanwälte

Je nach Anwendungsbereich der Mediation und Fallkonstellation kommt den Rechtsanwälten eine unterschiedliche Bedeutung und Rolle zu. In der außergerichtlichen Familienmediation nehmen Rechtsanwälte in der Regel nicht unmittelbar an den Mediationssitzungen teil. Ihnen kommt jedoch, sollten rechtliche Aspekte betroffen sein, eine beratende Funktion zu. Sie sind die rechtlichen Sachverständigen der Parteien und dafür zuständig, den Parteien zu erklären, wie ihr Sachverhalt rechtlich zu bewerten ist, welche Ansprüche bestehen und welche Vor- und Nachteile durch ein gerichtliches Verfahren bzw. eine Einigung in der Mediation eintreten können. Die Frage, ob und zu welchem Zeitpunkt bzw. in welcher Phase der Mediation externe Rechtsberatung in Anspruch genommen wird, ist den Medianten überlassen. Üblich und empfehlenswert ist es, spätestens vor Beendigung der Mediation das (vorläufig) gefundene Ergebnis juristisch überprüfen zu lassen. Der Gesetzgeber hat in § 2 Abs. 6 MediationsG den Mediator dazu verpflichtet, die Parteien auf die Möglichkeit, die Abschlussvereinbarung extern überprüfen zu lassen, hinzuweisen. Insbesondere wenn der Mediator nicht zur Rechtsdienstleistung berechtigt ist, übernehmen Rechtsanwälte oder Notare auch die Formulierung der Abschlussvereinbarung und informieren die Medianten über etwaige Formerfordernisse, wie etwa eine notarielle Beurkundungspflicht. Die Beratung des Anwalts kann jedoch auch bereits mit der Überprüfung der Mediationsabrede beginnen und während der gesamten Dauer der Mediation begleitend stattfinden.[56] Auch die Herstellung der Vollstreckbarkeit einer Vereinbarung kann in den Aufgabenbereich der Anwälte fallen. Entweder, indem sie selbst in Form eines Anwaltsvergleiches (§ 794 Abs. 1 Nr. 4b ZPO) die Vollstreckbarkeit begründen, oder dadurch, dass sie die Parteien über die weiteren Möglichkeiten und die dazu erforderlichen Schritte

55 Dieser Zustand kann ggf. auch erst im Laufe der Mediation erreicht werden, vgl. *Unberath* in Greger/Unberath, MediationsG, Einleitung Rn. 100.

56 Vgl. zu den unterstützenden Möglichkeiten *Ewig*, ZKM 2012, 4 (5 ff.).

informieren.[57] Für Mediatoren, die selbst zur Rechtsdienstleistung befugt sind, ist das MediationsG für die Tätigkeit als Mediator lex specialis.[58] Um eine unzulässige Vermischung der Tätigkeitsbereiche sowie Interessenkonflikte zu verhindern, hat der Gesetzgeber in § 3 MediationsG die Offenbarungspflichten und Tätigkeitsbeschränkungen normiert.[59] Für die Anwesenheit der Rechtsanwälte in den Mediationssitzungen der außergerichtlichen und gerichtsnahen Mediation bedarf es der Zustimmung aller Beteiligten (§ 2 Abs. 4 MediationsG).[60] Je nach Konstellation und Themengebiet kann die Einbeziehung von Parteianwälten erforderlich sein oder aber der Konfliktlösung im Wege stehen. Eine allgemeingültige Empfehlung ist nicht möglich. Ob eine anwaltliche Vertretung in der (außergerichtlichen) Mediation erfolgt, bleibt somit der Entscheidung der Parteien überlassen. Gerade bei familiären Konflikten sollte der vertrauliche Rahmen zur Klärung des höchstpersönlichen Konfliktes nicht mehr als unbedingt nötig durch Dritte gestört werden.

IV. Sonstige Beteiligte

Neben den Hauptakteuren können weitere Personen direkt oder indirekt an einem Mediationsverfahren beteiligt sein, in der Mediationssitzung anwesend sein

---

57 Zu den weiteren Möglichkeiten, die Vollstreckbarkeit der Abschlussvereinbarung herbeizuführen vgl. *Unberath* in Greger/Unberath, MediationsG, § 2 Rn. 313 ff.

58 *Ewig*, ZKM 2012, 4 (5); ausführlich zu dem Verhältnis von Quellberufsrecht und MediationsG vgl. *Römermann/Doench/Praß*, Die Steuerberatung 2013, 158 (160 ff.).

59 Vgl. hierzu *Römermann/Doench/Praß*, Die Steuerberatung 2013, 158 (166 ff.).

60 So auch die *Begr.* RegE-MediationsG, BT-Drs. 17/5335 S. 15; ebenfalls für ein Zustimmungserfordernis vgl. *Unberath* in Greger/Unberath, MediationsG, § 2 Rn. 134 f.; *Horstmeier*, Das neue Mediationsgesetz S. 49; a.A. Stellungnahme des BR zu dem Entwurf eines Gesetzes zur Förderung der Mediation und anderer Verfahren der außergerichtlichen Konfliktbeilegung (im Folgenden Stellungnahme BR), BR-Drs. 60/11 (B) S. 3; kritisch zu dem Zustimmungserfordernis vgl. *Duve*, ZKM 2012, 108 (109). Zumindest für den Bereich der gerichtlichen Mediation hat der Streit mit Einführung des Güterichterkonzeptes weitestgehend an Inhalt verloren. Die Verfahrensanforderungen der güterichterlichen Mediation richten sich nicht nach den Vorschriften des MediationsG, sondern nach den jeweils geltenden gerichtlichen Verfahrensordnungen, vgl. *Ahrens*, NJW 2012, 2465 (2469 f.); *Greger/Weber*, MDR-Sonderheft 2012, 3 (5). Eine anwaltliche Vertretung ist im Rahmen der Güteverhandlung daher nicht von der Zustimmung aller Parteien abhängig. Zu der Frage nach einem Anwaltszwang im güterichterlichen Verfahren vgl. *Bacher* in BeckOK-ZPO, § 278 Rn. 30; *Baumbach/Lauterbach et al.*, ZPO, § 278 Rn. 51; *Ewig*, ZKM 2012, 4 (5); *Greger/Weber*, MDR-Sonderheft 2012, 3 (4).

oder begleitend extern tätig werden. Je nach Fallkonstellation kann es erforderlich sein, zusätzliches externes Fachwissen in Anspruch zu nehmen. Zu diesem Zwecke können z.B. Steuerberater, Gutachter oder Finanzexperten in die Mediation einbezogen oder zu Rate gezogen werden.

In der Familienmediation kommt aber auch die Beteiligung von Personen, die für das Kind von besonderer Bedeutung sind, in Betracht. Neben betreuenden Personen, wie etwa den Großeltern, können auch professionelle Dritte, wie Mitarbeiter der Jugend- und Sozialdienste oder Verfahrensbeistände am Mediationsprozess beteiligt werden.

D. Ablauf der Familienmediation

Konkrete Vorgaben, wie das Verfahren der Mediation abzulaufen hat, macht der Gesetzgeber nicht. Lediglich aus § 2 MediationsG ergeben sich einige Grundpfeiler, die in den folgenden Ausführungen jeweils in der Beschreibung des entsprechenden Verfahrensabschnitts der Mediation aufgegriffen werden. Im Übrigen ist der Mediator in seiner Entscheidung darüber, wie er den Ablauf der Mediation gestaltet, die einzelnen Sitzungen strukturiert und die Medianten durch die Mediation führt, frei.

Typischerweise orientiert sich der Ablauf einer Mediation an den folgenden fünf Stufen bzw. Phasen: *Einführung und Auftragsklärung*, *Themensammlung*, *Interessenklärung*, *Entwickeln und Bewerten von Lösungsoptionen* sowie der Phase der *Abschlussvereinbarung*.[61]

Nach § 2 Abs. 1 MediationsG steht vor Beginn des eigentlichen Verfahrens die gemeinsame Wahl des Mediators durch die Parteien.[62] Damit die Parteien eine fundierte Entscheidung treffen können, muss der Mediator auf Verlangen der Parteien Auskunft über seinen fachlichen Hintergrund sowie über seine Ausbildung und seine Erfahrungen bezüglich der Mediation geben (§ 3 Abs. 5 MediationsG).

In der *Einführungsphase*, die auch als Auftragsklärung oder Arbeitsbündnis bezeichnet wird, lernen die Medianten den Mediator und das Verfahren der Mediation kennen. Nach § 2 Abs. 2 MediationsG hat der Mediator sodann die Parteien über die Grundsätze und den Ablauf des Mediationsverfahrens zu

---

61 Je nach Ausbildungsinstitut und Lehrmeinung werden die Phasen einer Mediation unterschiedlich eingeteilt und bezeichnet. Da die Unterschiede häufig nur marginal sind und den Inhalt kaum berühren, wird auf eine Darstellung derselben verzichtet.

62 Eine Checkliste zur Auswahl des geeigneten Mediators findet sich bei *Horstmeier*, Das neue Mediationsgesetz S. 54 ff.

informieren sowie sich zu vergewissern, dass die Medianten die Informationen verstanden haben und freiwillig an der Mediation teilnehmen. Gemeinsam wird erörtert, ob sich das Verfahren der Mediation für den zwischen den Parteien bestehenden Konflikt eignet und es wird die Motivation der Konfliktpartner zur Durchführung einer Mediation thematisiert.[63] Der Mediator weist, wenn es angezeigt ist, auf andere Konfliktlösungsverfahren sowie unterstützende Maßnahmen, wie etwa eine Therapie, hin. Für den Mediator ist es in dieser ersten Phase wichtig – wenn auch nicht immer abschließend möglich – einzuschätzen, ob die Konfliktpartner die erforderlichen Fähigkeiten mitbringen, um eine Mediation, die ein großes Maß an Eigenverantwortlichkeit erfordert, durchzuführen. In der Trennungs- und Scheidungsmediation gehört hierzu auch die Frage, ob die Parteien die Trennung – zumindest mehr oder weniger – akzeptieren können[64] und ob eine grundlegende Bereitschaft besteht, sich auf den Mediationsprozess einzulassen. Darüber hinaus werden in der ersten Phase der Mediation notwendige Daten aufgenommen und Fragen der Kostentragung besprochen. Wenn möglich, wird der Konflikt in ein Stadium eingeordnet, d.h. es wird zum Beispiel geklärt, ob bereits rechtliche Schritte erfolgt sind, es ein Gerichtsverfahren gibt oder Vereinbarungen und Verträge geschlossen wurden, die den Konflikt betreffen.[65] Zudem hat der Mediator die Parteien auf die Rolle von Beratungsanwälten hinzuweisen (§ 2 Abs. 6 S. 2 MediationsG) und muss alle Umstände offen legen, die seine Unabhängigkeit und Neutralität beeinflussen könnten (§ 3 Abs. 1 S. 1 MediationsG). Er klärt die Parteien über den Umfang seiner Verschwiegenheitspflicht auf (§ 4 S. 4 MediationsG).

Schließlich wird auf Grundlage der besprochenen Aspekte in der Regel die *Eingangsvereinbarung*[66] mit den Konfliktparteien ausgehandelt und zwischen

---

63 *Hohmann/Morawe*, Praxis der Familienmediation S. 117; *Motz*, FamRZ 2000, 857 (858).

64 Sollte dies nicht der Fall sein bzw. sollten hieran Zweifel bestehen, bedeutet dies nicht, dass eine Mediation nicht versucht werden sollte. Die Situation erfordert jedoch von dem Mediator eine besondere Sensibilität und eine an die besondere Situation angepasste Vorgehensweise, um auf die bestehenden Ambivalenzen angemessen reagieren zu können. Zu der Arbeit mit Ambivalenzen in der Mediation vgl. *Diez*, Werkstattbuch Mediation S. 66 ff.

65 Vgl. *Kessen/Troja* in Haft/Schlieffen, Hdb.-Mediation, § 13 Rn. 11 ff.

66 Der Vertrag, der zwischen den Parteien und dem Mediator zu Beginn der Mediation geschlossen wird, wird auch als Mediatoren- oder Mediatorvertrag (vgl. *Pielsticker* in Fritz/Pielsticker, MediationsG, § 2 Rn. 165 mit entsprechendem Formulierungsvorschlag; *Unberath* in Greger/Unberath, MediationsG, § 2 Rn. 26 ff.) oder als Mediationsvereinbarung (vgl. *Horstmeier*, Das neue Mediationsgesetz S. 59 f. ebenfalls mit

den Parteien und dem Mediator geschlossen. Die Eingangsvereinbarung ist Basis für die gesamte Mediation und enthält typischerweise eine Verständigung über die Grundregeln der Mediation, die Vereinbarung zur Kostentragungspflicht sowie über den Ort und den Umfang der Sitzungen.[67] Besprochen wird in der Regel auch, wer an den Mediationssitzungen teilnimmt. Der Gesetzgeber geht von der Grundkonstellation aus, dass die Sitzungen unter persönlicher Anwesenheit aller Medianten stattfinden. Wie die Regelung des § 2 Abs. 3 MediationsG zeigt, sind jedoch auch Einzelsitzungen möglich, wenn alle Parteien einverstanden sind. Dritte können ebenfalls an den Mediationssitzungen teilnehmen, wenn die Parteien ihre Zustimmung erteilen (§ 2 Abs. 4 MediationsG).

Positiv abgeschlossen ist die erste Phase, wenn es dem Mediator gelingt, das Vertrauen der Medianten zu gewinnen und ihnen die Zuversicht zu geben, dass eine Lösung ihres Konfliktes in der Mediation möglich ist.[68]

In der Phase der *Themensammlung*, auch als Bestandsaufnahme bezeichnet, wird mit den Konfliktparteien erarbeitet, welche regelungsbedürftigen Bereiche und Konfliktpunkte es gibt. Jede Partei wird aufgefordert, alle Themen und Aspekte zu nennen, die für sie von Bedeutung sind. Gleichzeitig wird eine Bestandsaufnahme gemacht und die zur Klärung der Themen erforderlichen Fakten, wie etwa Einkommensnachweise, Rentenversicherungsnachweise oder Wertgutachten von Grundstücken, zusammengetragen und für alle Beteiligten vollständig offen gelegt. Sollten Informationen, die zur Konfliktlösung benötigt werden, noch nicht vorliegen, wird vereinbart, bis wann diese eingeholt und der anderen Partei zugänglich gemacht werden. Steht eine Themenliste fest, wird ausgewertet, welche übereinstimmenden und divergierenden Themen bestehen und es wird sich auf die Reihenfolge der Themenbearbeitung (Herausarbeiten von Prioritäten) geeinigt.[69]

---

einem Formulierungsvorschlag) bezeichnet. Ausführlich zu der uneinheitlichen Begriffsverwendung, *Fischer* in: Fischer/Unberath, Das neue Mediationsgesetz S. 61 ff. Für die folgende Bearbeitung wird die vertragliche Vereinbarung zu Beginn der Mediation als Eingangsvereinbarung oder Mediatorvertrag bezeichnet. Der Begriff Mediationsvereinbarung wird ausschließlich für die Vereinbarung verwendet, die die Parteien bei erfolgreicher Mediation schließen.

67 Zur rechtlichen Qualifikation sowie weiteren Inhalten des Mediatorvertrages, vgl. *Unberath* in Greger/Unberath, MediationsG, § 2 Rn. 23 ff.

68 Vgl. *Pearson*, Judges' Journal 1981, 4.

69 Vgl. *Hohmann/Morawe*, Praxis der Familienmediation S. 137; *Kessen/Troja* in Haft/Schlieffen, Hdb.-Mediation, § 13 Rn. 20 ff.; *Motz*, FamRZ 2000, 857 (858).

In der *Interessensphase* wenden sich die Medianten den Themen im Einzelnen zu. Der Mediator unterstützt die Medianten mithilfe bestimmter Fragetechniken darin, sich über ihre Interessen und Bedürfnisse klar zu werden und diese zu artikulieren.[70] Die Interessensphase wird oftmals als „*Herzstück*“[71] der Mediation bezeichnet und ist in der Regel am zeit- und arbeitsintensivsten. Für die Medianten ist es nicht immer einfach, die Ebene der Positionen zu verlassen und sich darauf einzulassen, die Beweggründe für ihre Forderungen zu ergründen. Durch die Interessenarbeit offenbaren sich oftmals die Kernelemente des Konfliktes und die Medianten lösen sich – bei positivem Verlauf der Mediation – aus ihrem erstarrten Konfliktverhalten. Üblicherweise ergeben sich im Laufe der Interessenarbeit nochmals Veränderungen der Themenliste, da die Medianten sich damit auseinandersetzen, was ihnen wirklich wichtig ist. Durch das Herausarbeiten der Interessen vertieft sich das Verständnis für die eigenen Wünsche und idealerweise auch das für die Bedürfnisse des anderen.[72] Der Mediator ermutigt die Parteien dazu, sich über ihre eigenen Bedürfnisse klar zu werden und diese zu artikulieren (Selbstbehauptung) und dem Gegenüber zu erläutern, warum ihnen etwas wichtig ist.[73] Gemeinsamkeiten und Unterschiede werden schriftlich fixiert.

Nachdem die Themen gesammelt und die jeweiligen Interessen herausgearbeitet wurden, dient die vierte Phase der Mediation dem *Entwickeln von Lösungsoptionen*. Die Konfliktpartner erarbeiten mithilfe des Mediators, der hierfür verschiedene Kreativtechniken wie etwa das „Brainstorming“[74] anwenden kann, verschiedene Lösungsoptionen für ihre Konfliktpunkte. Ziel dieser Phase ist es, den „*Kuchen möglicher Lösungsoptionen*“[75] zu erweitern, Denkblockaden zu überwinden und gewohnte Denkmuster zu hinterfragen.[76] Der

---

70 Instruktiv zu den verschiedenen Fragetechniken siehe *Diez*, Werkstattbuch Mediation S. 159 ff.

71 So z.B. durch *Diez et al.*, Familien-Mediation und Kinder S. 48 und *Kessen/Troja* in Haft/Schlieffen, Hdb.-Mediation, § 13 Rn. 26.

72 Vgl. *Kessen/Troja* in Haft/Schlieffen, Hdb.-Mediation, § 13 Rn. 28.

73 Eine gute Übersicht, mit welchen Techniken der Mediator die Interessensarbeit leiten und unterstützen kann, findet sich bei *Kessen/Troja* in Haft/Schlieffen, Hdb.-Mediation, § 13 Rn. 30 ff. Zu der Arbeit mit Selbstbehauptungen sowie Wechselseitigkeit und Gemeinsamkeiten vgl. *Diez*, Werkstattbuch Mediation S. 83 ff.

74 Zu den verschiedenen Techniken, Lösungsoptionen zu entwickeln, vgl. *Kessen/Troja* in Haft/Schlieffen, Hdb.-Mediation, § 13 Rn. 49 ff.

75 *Kessen/Troja* in Haft/Schlieffen, Hdb.-Mediation, § 13 Rn. 70.

76 *Kessen/Troja* in Haft/Schlieffen, Hdb.-Mediation, § 13 Rn. 50 ff.

Mediator ermutigt die Medianten, kreativ zu werden und auch abwegig erscheinende Wünsche oder unkonventionell erscheinende Ideen zu äußern.[77]

Die gefundenen Lösungsideen werden sodann einer Bewertung unterzogen. Hierfür kann der Mediator wiederum verschiedene Techniken einsetzen und die Medianten dabei unterstützen, die Lösungsoptionen daraufhin zu überprüfen, inwieweit sie sich mit den herausgearbeiteten Interessen decken. Oftmals wird in diesem Zusammenhang auch über die individuellen Gerechtigkeits- und Fairnessvorstellungen gesprochen und diese als weiterer Maßstab zur Überprüfung der Lösungsoptionen herangezogen. So wird, bei positivem Verlauf der Mediation, sukzessive die für alle Beteiligten beste Lösungsoption herausgefiltert.[78]

Die vierte Stufe schließt mit einer Entscheidung der Medianten für eine Lösungsoption – bzw. zumeist für einen Strauß an Einzelaspekten, der dann zu einer umfassenden und aufeinander abgestimmten Lösung zusammengefügt werden muss. Zu diesem Zeitpunkt kommt es üblicherweise zu einer Konsultation von Beratungsanwälten. Die Medianten lassen sich unabhängig voneinander von nicht an der Mediation beteiligten Rechtsanwälten beraten und besprechen mit diesen die vorläufig gefundene Einigung. Auch andere Fachleute, wie etwa Steuerberater, Vermögens- oder Bankberater oder Sachverständige, können in dieser Phase zur Unterstützung beratend tätig werden. Die Parteien besprechen auch mit ihren Anwälten, wie die Situation einer Nichteinigung aussehen würde, z.B. ihre Chancen im Rahmen einer gerichtlichen Auseinandersetzung.[79]

Der Mediationsprozess endet mit der fünften Phase, der Vertragsphase bzw. der *Phase der Abschlussvereinbarung*. Es kommt zu einer schriftlichen – ggf. juristisch formulierten[80] – Fixierung der gefundenen Ergebnisse (§ 2 Abs. 6 S. 3 MediationsG). Je nach Arbeitsweise des Mediators oder Wunsch der Medianten unterzeichnen nur die Medianten oder zusätzlich auch der Mediator

77 *Hohmann/Morawe*, Praxis der Familienmediation S. 157.

78 Das Bewerten und die Auswahl von Lösungsoptionen wird teilweise als zusätzliche Phase dargestellt, vgl. z.B. *Kessen/Troja* in Haft/Schlieffen, Hdb.-Mediation, § 13 Rn. 66 ff. Das „Herausfiltern" leitet der Mediator durch verschiedene Verfahrenstechniken an und erarbeitet mit den Medianten z.B. eine Unterteilung in „gut denkbar, denkbar, schwer denkbar und gar nicht denkbar", *Hohmann/Morawe*, Praxis der Familienmediation S. 157.

79 Dieses Vorgehen wird oftmals als „*BATNA – Best Alternative to a Negotiated Agreement*" bezeichnet, vgl. *Tamm/Tonner*, Verbraucherrecht S. 1328.

80 Zu der Abschlussvereinbarung in der Familienmediation, siehe § 5 B. III. 2. a) dieser Arbeit. Die Abschlussvereinbarung wird auch als Mediationsvereinbarung bezeichnet (vgl. Fn. 66 dieser Arbeit).

die Abschlussvereinbarung.[81] Oft regt der Mediator die Durchführung eines Abschiedsrituals an, welches den Übergang in den neuen Lebensabschnitt kennzeichnet.[82]

Falls gewünscht oder erforderlich, kommt es nun anschließend an den Mediationsprozess zu einer notariellen Beurkundung oder gerichtlichen Protokollierung bzw. Überprüfung der Vereinbarung.

E. Abgrenzung des Mediationsverfahrens zu anderen Verfahren bei familiären Konflikten

Das Mediationsverfahren wird im alltäglichen Sprachgebrauch und in der Vorstellung vieler Menschen mit anderen Verfahren vermischt und verwechselt. Dies lässt sich zum einen darauf zurückführen, dass es bis zur Einführung des MediationsG weder eine einheitliche Definition noch allgemeingültige Ausbildungsstandards[83] gab, zum anderen rührt es daher, dass der Beruf des Mediators nicht an einen bestimmten Grundberuf gebunden ist. Hinzu kommt, dass das Mediationsverfahren Elemente anderer Verfahren beinhaltet bzw. in anderen Verfahren mit den Methoden der Mediation gearbeitet wird.[84] Um den Anwendungsbereich der Familienmediation näher zu bestimmen, sollen im Folgenden die Unterschiede zu anderen Verfahren zur Beilegung familiärer Konflikte dargestellt werden.

I. Gerichtliche Verfahren

Bei einem Vergleich der grundsätzlichen Zweckausrichtung eines klassischen Gerichtsverfahrens mit der eines Mediationsverfahrens sind die Unterschiede

---

81 *Hohmann/Morawe*, Praxis der Familienmediation S. 182.

82 *Diez et al.*, Familien-Mediation und Kinder S. 60.

83 Auch im Mediationsgesetz (§ 5) finden sich nur allgemeine Grundsätze zu den Ausbildungsanforderungen. Die Zertifizierung, die sich nach der gemäß § 6 MediationsG noch zu erlassenden Rechtsverordnung richtet, ist eine Option ohne Verpflichtungscharakter, vgl. hierzu *Römermann/Doench/Praß*, Die Steuerberatung 2013, 158 (161 ff.).

84 Darüber hinaus existieren einige Sonderformen von Mediation, die in dem Bereich der Familienmediation kaum Anwendung finden. In Deutschland hat sich in letzter Zeit insbesondere die „*Shuttle-Mediation*“ durchgesetzt, bei der Einzelgespräche mit den Parteien geführt werden. Diese Methode, die z.B. von Rechtschutzversicherungen angeboten wird, findet oft per Telefon oder online statt. Zu den Besonderheiten der Online-Mediation (e-Mediation) siehe *Fritz* in Fritz/Pielsticker, MediationsG, Teil IV Rn. 47 ff.; *Tamm/Tonner*, Verbraucherrecht S. 1330 ff.

evident.[85] Im Gerichtsverfahren streben die Parteien in der Regel danach, *„im Kampf um das Recht siegend Recht"* zu bekommen, während es in der Mediation darum geht, *„im Streit um den Konsens eine interessensgerechte Lösung zu erarbeiten"*[86]. Folgt man diesem Gedanken und pauschalisiert die Betrachtungsweise weiter, können die Unterschiede zwischen Mediationsverfahren und klassischen Gerichtsverfahren wie folgt benannt werden:

> *„Autonome Lösung gegen fremdbestimmte Entscheidung, Analyse des konfliktuösen Sachverhalts gegen Geltendmachung von Rechten, informelles gegen formelles Verfahren, flexible Einzelfall-Lösungen gegen voraussehbare Ergebnisse, diskursive Gerechtigkeit gegen normative Gerechtigkeit, Sicherung der Beziehungen gegen Sicherung subjektiver Rechte, Zukunftsorientierung gegen Vergangenheitsorientierung."*[87]

In der Realität trifft diese, die Gegensätze hervorhebende Verallgemeinerung nicht immer zu. Je nach Verfahren und Einstellung der Beteiligten kann auch ein Gerichtsverfahren viele Eigenschaften aufweisen, die grundsätzlich dem Mediationsverfahren zugesprochen werden. Besonders das familiengerichtliche Verfahren, und vor allem das in den §§ 151–168a FamFG normierte Verfahren in Kindschaftssachen, ist verstärkt auf konsensuale Lösungen ausgerichtet. Nichtsdestotrotz unterscheidet sich das familiengerichtliche Verfahren schon durch sein Setting und die Rolle der beteiligten Professionen von einem außergerichtlichen Mediationsverfahren. In einem familiengerichtlichen Verfahren sind die Parteien in der Regel anwaltlich vertreten; § 114 Abs. 1 FamFG schreibt dies verpflichtend für Ehesachen (§ 121 FamFG) und Folgesachen (§ 137 Abs. 2 und 3 FamFG) vor. Gleiches gilt für bestimmte Kindschaftssachen (Übertragung oder Entziehung der elterlichen Sorge, Umgangsrecht, Herausgabe eines gemeinschaftlichen Kindes der Ehegatten, Umgangsrecht eines Ehegatten mit dem Kind des anderen Ehegatten), wenn die Einbeziehung in den Scheidungsverbund rechtzeitig beantragt wurde.

Die Anwesenheit von Rechtsanwälten führt dazu, dass die Kommunikation schwerpunktmäßig zwischen diesen und dem Gericht stattfindet. Rechtliche Bezugskriterien und Fachsprache dominieren das Geschehen. Als Interessensvertreter versuchen die Parteianwälte das „Beste" für ihren Mandanten zu erreichen. Auch der übrige Rahmen, die Leitung des Verfahrens durch den Richter, die Atmosphäre des Gerichtssaals und der formelle Ablauf eines Gerichtsverfahrens

85 Vgl. *Greger* in: Greger/Unberath, Die Zukunft der Mediation S. 89, der die Ansicht vertritt, dass ein *„krasserer Gegensatz kaum vorstellbar"* sei.

86 *Mähler/Mähler*, Zeitschrift für Mediation 1999, 200 (201).

87 *Hager*, Konflikt und Konsens S. 51.

unterscheiden sich erheblich von einer außergerichtlichen Mediation. Die Tatsache, dass der Richter – anders als der Mediator – zu einer autoritativen Entscheidung befugt ist, führt zu einer anderen Dynamik und wirkt sich auf die Offenheit der Beteiligten aus. Selbst ein gerichtlicher Vergleich als konsensuale Verfahrensbeendigung ist durch die Umstände des Gerichtsverfahrens beeinflusst und unterscheidet sich daher von einer in der Mediation gemeinsam erarbeiteten Vereinbarung.

II. Schieds- und Schlichtungsverfahren

Deutlich abgrenzen lässt sich das Mediationsverfahren auch von den Schieds- und Schlichtungsverfahren. Diese werden in unterschiedlichen Formen von staatlich anerkannten Schieds- oder Gütestellen, öffentlichen Schlichtungsstellen, ehrenamtlichen Schiedspersonen oder durch private (nicht-staatliche) Schiedsgerichte angeboten (§§ 1025–1066 ZPO). All diesen Verfahrensformen gemein ist, dass im Gegensatz zur Mediation eine neutrale Person (der Schlichter oder Schiedsrichter) einen Kompromiss zur Beilegung des Konfliktes vorschlägt, der je nach Verfahrensausgestaltung für die Parteien bindend oder nicht bindend ist.[88] Die Entscheidung des Rechtsstreites bzw. die Erarbeitung eines Lösungskompromisses wird an den Dritten (z.B. den Schiedsrichter) delegiert. Üblicherweise wird im Rahmen einer Schlichtung seitens des Schlichters ein Vorschlag unterbreitet, den die Parteien auch ablehnen können, während beim Schiedsverfahren der Dritte ermächtigt wird, anstelle des Gerichtes mit Bindungswirkung zu entscheiden.[89] Vielen Verfahren, insbesondere den schiedsrichterlichen Verfahren, liegt ein sehr legalistisches Verständnis zugrunde.[90] Der Lösungsvorschlag orientiert sich an der rechtlichen Bewertung des Sachverhaltes und nicht, wie in der Familienmediation üblich, an den hinter den Positionen stehenden wirklichen Bedürfnissen und Interessen der Parteien. Zur Beilegung familiärer Konflikte gibt es seit April 2006 im OLG Bezirk München das erste deutsche Familienschiedsgericht.[91] Dieses bietet den Parteien an, anstelle oder bei Ruhen eines gerichtlichen Verfahrens, Streitigkeiten über Unterhalt und

---

88 Ob auch der außergerichtlich tätige Mediator Vorschläge in die Sitzungen einbringen darf, wird unterschiedlich bewertet: Für die Möglichkeit des Mediators, auch aktiv inhaltliche Vorschläge einzubringen vgl. *Horstmeier*, Das neue Mediationsgesetz S. 88 f.; a.A. *Greger* in Greger/Unberath, MediationsG, § 1 Rn. 35.

89 *Unberath* in Greger/Unberath, MediationsG, Einleitung Rn. 23.

90 *Proksch*, Konsens – Zeitschrift für Mediation 1998, 7 (11).

91 www.familienschiedsgericht.de. Ein weiteres Familienschiedsgericht befindet sich in Stuttgart (www.schiedsgericht-familienrecht.de).

Vermögensauseinandersetzungen schnell und kostengünstig vor dem Schiedsgericht entscheiden zu lassen.

III. Außergerichtliche Vergleichsverhandlungen

Ihrer Struktur nach können die außergerichtlichen (anwaltlichen) Vergleichsverhandlungen zwischen einem Gerichtsverfahren und einem außergerichtlichen Mediationsverfahren angesiedelt werden. Sie unterliegen nicht dem formellen Ablauf eines Gerichtsverfahrens, die typischen Parteirollen bleiben jedoch zumeist bestehen. Die Anwälte stehen sich, auch wenn die Verhandlungen konsensorientiert strukturiert und geführt werden, in einem dualen System gegenüber.[92] Sie haben als Parteivertreter die Pflicht, die Rechtsansprüche ihrer Partei nicht aus den Augen zu verlieren, da sie stets bei Scheitern der außergerichtlichen Verhandlungen mit einem Gerichtsverfahren rechnen müssen.[93] Zudem findet die Kommunikation in der Regel hauptsächlich zwischen den Parteianwälten statt. Das führt dazu, dass die Kommunikation von juristischen Formulierungen geprägt ist, die für den juristischen Laien nicht ohne Weiteres verständlich sind und ihn somit zu großen Teilen von der Kommunikation ausschließen. Die Verhandlungsebene ist in der Regel sachlich und positionsorientiert[94] und richtet sich an der rechtlichen Bewertung des Sachverhaltes aus.

IV. Kooperative Praxis

Als weitere Form außergerichtlicher Streitbeilegung erlangen zunehmend Verfahren, die als *kooperative Praxis, kooperatives Mandat, Kokon-Verfahren*[95] oder nach ihren englischen Ursprungsnamen *Collaborative Law* oder *Collaborative Practice* bezeichnet werden, in Deutschland Bekanntheit.[96]

Im Unterschied zur Mediation ist es bei der Kooperativen Praxis üblich, dass ein nach den Bedürfnissen der Parteien zusammengestelltes interdisziplinäres Expertenteam – zumindest aber zwei Parteianwälte – mit den

---

92 *Mähler/Mähler* in Haft/Schlieffen, Hdb.-Mediation, § 19 Rn. 19.

93 *Mähler/Mähler* in: Duss-von Werdt, Mediation S. 42.

94 *Gröne*, Lösungen durch Scheidungsmediation S. 79.

95 Vgl. www.kokon-verfahren.de.

96 In Deutschland gibt es mittlerweile die Deutsche Vereinigung für Cooperative Praxis (www.cooperative-praxis.de) sowie regionale Netzwerke wie das Münchener Netzwerk für Cooperative Praxis (MNCP).

Ziel der Zusammenschlüsse ist es, ein interdisziplinäre Expertennetzwerk anbieten zu können und die Verbreitung der Cooperativen Praxis in Deutschland zu fördern.

Parteien eine Lösung erarbeitet. Je nach Fallkonstellation, Wunsch der Parteien oder Verfahrensausgestaltung können Anwälte, Coaches, Therapeuten oder weitere Fachleute wie Finanz- und Steuerexperten beteiligt sein. Im Bereich familiärer Streitigkeiten bei Trennung und Scheidung wird die Methodik der Zusammenarbeit als *„collaborative divorce“*[97] bezeichnet. Die Verfahrensform *Collaborative Law* wird auch als Mediation ohne Mediator beschrieben, da sie viele Verfahrensgrundlagen der Mediation übernimmt,[98] aber ohne den neutralen Dritten, den Mediator, auskommt.[99] Vielmehr übernehmen die Parteianwälte die Verfahrensleitung und arbeiten zielgerichtet auf eine Konfliktlösung hin. In der Sache vertreten sie parteilich die Interessen ihres jeweiligen Mandanten, in Bezug auf den Ablauf des Verfahrens arbeiten sie konsensorientiert. Im Gegensatz zur Mediation erfolgt die Kommunikation direkt zwischen den Parteianwälten oder den Parteien und nicht über die *„neutrale Brücke“*[100] des Mediators. Vorteil der Kooperativen Praxis ist, dass die Parteien zwar eigenständig eine Lösung erarbeiten können, jedoch gleichzeitig durchgehend von ihren Parteivertretern Unterstützung erfahren.[101] Somit steht die Kooperative Praxis methodisch zwischen dem Mediations- und dem Gerichtsverfahren.

V. Beratung

Insbesondere im Vorfeld eines familiengerichtlichen Verfahrens – aber auch begleitend dazu – nehmen viele Beteiligte ein Beratungsangebot wahr. In der Regel werden prozessorientierte Beratungen (z.B. Ehe- und Erziehungsberatungen – vgl. §§ 17, 18 und 28 Sozialgesetzbuch VIII (SGB VIII)) durch die Beratungsstellen- und dienste der Träger der Kinder- und Jugendhilfe angeboten. Im Unterschied zur Mediation kann das Gericht nach § 156 Abs. 1 S. 4 FamFG die Teilnahme an einer Beratung verpflichtend anordnen. Dadurch entsteht für die

---

97 *Mähler/Mähler* in: Rapp, Mediation S. 140.

98 Übereinstimmende Grundlagen sind etwa die Offenlegung aller entscheidungsrelevanten Informationen, die Verpflichtung zur Kooperations- und Konsensbereitschaft, Verschwiegenheit und Vertrauensschutz, die Freiwilligkeit der Teilnahme am Verfahren, die Verpflichtung, keine gerichtlichen Maßnahmen während des laufenden Verfahrens einzuleiten oder fortzusetzen sowie die Verjährungshemmung, vgl. die Grundlagen Cooperativer Praxis des Münchener Netzwerks, abgerufen unter www.cooperative-praxis.de/muenchen (letzter Zugriff am 11.06.2013).

99 *Engel*, Collaborative Law S. 3 ff.

100 *Engel*, Collaborative Law S. 117.

101 *Bruhn*, NJOZ 2008, 1726 (1732).

Eltern die Pflicht zur Wahrnehmung des ihnen auch schon davor zustehenden Beratungsanspruches (§§ 17, 18, 28 SGB VIII).[102]

Ziel der prozessorientierten Beratung ist es, dass die Parteien mithilfe des Beraters ihren Konflikt selbstständig lösen.[103] Dieser Ansatz deckt sich mit der Mediation, in der auch den Parteien die Herrschaft über ihren Konflikt überlassen wird. Im Vergleich zum Mediationsverfahren hat die Beratung einen umfassenderen Ansatz und eine weitreichendere Zielsetzung. Während sich das Mediationsverfahren an einer festen Verfahrensstruktur orientiert und zielgerichtet auf eine (schriftlich fixierte) Lösung eines Konfliktes ausgerichtet ist, verläuft die Beratung ihrer Struktur und ihrem Inhalt nach offener. So kann auch die Frage, ob eine Trennung der Eltern stattfinden soll oder nicht, Thema einer Beratung sein. Oftmals erfolgt die Teilnahme an einer Beratung auch nur durch einen Konfliktpartner, oder durch beide getrennt.[104] Allerdings können auch in der Beratung Vereinbarungen über zu regelnde Aspekte – insbesondere über den Umgang mit den Kindern – getroffen werden. Insgesamt ist die Mediation mehr auf die konkrete Lösung des Konfliktes gerichtet, die Beratung eher auf die Aufarbeitung zwischenmenschlicher Probleme.[105]

VI. Therapie

Im Zusammenhang mit familiären Konflikten können unterschiedliche Therapieformen sinnvoll sein. Neben einer Therapie für die betroffenen Kinder kommen Einzel- oder Paar- bzw. Familientherapien für die Eltern in Betracht. Unabhängig von der Art der Therapie[106] ist das bei allen Therapieformen übereinstimmende Ziel, den individuellen Leidensdruck der Betroffenen zu mindern und ihnen dabei zu helfen, die eigenen Verhaltensweisen und Bedürfnisse besser zu verstehen. Die Mediation hingegen ist auf eine lösungsorientierte Steuerung des Konfliktes ausgerichtet. Viele, vor allem analytische Therapieformen, finden schwerpunktmäßig auf der emotional-psychischen Ebene statt, orientieren sich an der Vergangenheit und helfen dem Betroffenen durch Aufarbeitung des

---

102 *Prenzlow*, FPR 2012, 366.

103 *Besemer*, Mediation – Vermittlung S. 43.

104 *Gröne*, Lösungen durch Scheidungsmediation S. 80.

105 *Besemer*, Mediation – Vermittlung S. 43.

106 Neben den Verhaltenstherapien und den tiefenpsychologischen Therapien (z.B. analytische Psychotherapie) sowie der tiefenpsychologisch fundierten Psychotherapie gibt es zahlreiche weitere Differenzierungen, auf die an dieser Stelle jedoch verzichtet werden soll.

Erlebten, die aktuellen Probleme besser zu verstehen.[107] Die psychischen Probleme und Störungen der Konfliktpartner stehen im Vordergrund.[108] In der Mediation hingegen wird die Vergangenheitsbewältigung nur insoweit thematisiert, als es unerlässlich ist, um mit den Konfliktpartnern eine zukunfts- und ressourcenorientierte Regelung zu erarbeiten – mithin, um die Organisation der Trennung zu verwirklichen.[109] Die tiefliegenden, persönlichen Probleme werden nur thematisiert, wenn sie eine sachliche Lösung des aktuellen Konfliktes verhindern.[110] Insbesondere, wenn noch nicht entschieden ist, ob eine Trennung gewollt ist, kann eine Paartherapie helfen, Klarheit zu gewinnen. Wenn es angezeigt ist, kann eine Therapie auch unterstützend zu einem Mediationsprozess wahrgenommen werden.

F. Zusammenfassung

Die Familienmediation ist ein vielseitiges und flexibles Verfahren zur Beilegung familiärer Konflikte. Durch das Gesetz zur Förderung der Mediation und anderer Verfahren außergerichtlicher Streitbeilegung hat sie erneut an Bedeutung gewonnen. In der Ausgestaltung variiert die Familienmediation je nach Sachzusammenhang und Methodik des Mediators. Übereinstimmendes Ziel ist es, eine nachhaltige und allen Interessen gerecht werdende, selbstbestimmte und einvernehmliche Beilegung eines Konfliktes zu erreichen.

107 *Buchner/Appelt/Alt-Saynisch*, FPR 2008, 160.
108 *Gröne*, Lösungen durch Scheidungsmediation S. 80 f.
109 *Buchner/Appelt/Alt-Saynisch*, FPR 2008, 160 f.
110 *Besemer*, Mediation – Vermittlung S. 43.

§ 3 Familien in Trennung und Scheidung

Nachdem die Wirkungsweisen und der Ablauf der Familienmediation dargestellt wurden, soll der Blick auf die Situation von Familien gelenkt werden, die sich in Trennung und Scheidung befinden. Ein Verfahren kann nur dann effektiv sein, wenn es die Bedürfnisse der Menschen, für die es ausgestaltet wurde, berücksichtigt. Kenntnisse über die sozialpsychologischen Hintergründe einer Trennung und Scheidung sowie über die Dynamik familiärer Konflikte sind daher Voraussetzung einer bedürfnisorientierten Verfahrensgestaltung.[111]

A. Familiäre Konflikte bei Trennung und Scheidung

Familiäre Konflikte im Zusammenhang mit Trennung und Scheidung sind allgegenwärtig. Allein im Jahr 2012 wurden in Deutschland 179.147 Ehen geschieden – davon waren 143.022 minderjährige Kinder betroffen.[112] In Großstädten erlebt jedes zweite Kind die Trennung seiner Eltern.[113] Im gesamten deutschsprachigen Raum wird die jährliche Zahl von Scheidungskindern auf ca. 250.000 geschätzt.[114] Hinzu kommen die bislang statistisch nicht erfassten Trennungen von nicht verheirateten Paaren mit Kindern.

Die hohen Trennungszahlen wirken sich auch auf die Berufsgruppen und die wissenschaftliche Forschung aus. Nicht nur die Juristen im Bereich des Familienrechts[115] – sondern insbesondere die Vertreter sozialwissenschaftlicher Berufe

---

111 Da eine Darstellung in allen Einzelheiten den Rahmen dieser Bearbeitung überschreiten würde, wird für weitere Informationen auf *Friedrich/Springer*, Die Opfer der Rosenkriege; *Fthenakis et al.*, Ehescheidung; *Hetherington/Kelly*, Perspektiven der Kinder; *Koch/Strecker*, Kindern bei Trennung und Scheidung helfen; *Krabbe*, Scheidung ohne Richter; *Napp-Peters*, Familien nach der Scheidung und *Stolz/Strini*, Kindheit im Schatten des Elternkonfliktes und Hochkonflikthafte Trennungsfamilien, verwiesen.

112 Statistisches Bundesamt, abgerufen unter https://www.destatis.de/DE/ZahlenFakten/GesellschaftStaat/Bevoelkerung/Ehescheidungen/Tabellen/EhescheidungenKinder.html (letzter Zugriff am 16.08.2013).

113 *Koch/Strecker*, Kindern bei Trennung und Scheidung helfen S. 14.

114 *Friedrich/Springer*, Die Opfer der Rosenkriege S. 9.

115 Laut Angaben der Bundesrechtsanwaltskammer hat sich die Zahl der Fachanwälte für Familienrecht von bundesweit 1.160 im Jahr 1998 auf 8.719 im Jahr 2012 erhöht,

beschäftigen sich ausführlich und zum Teil auch kontrovers mit den Auswirkungen von Trennungen und Scheidungen auf die Familien. Es finden sich Ratgeber für Eltern (mit Verhaltensvorschlägen und rechtlichen Hinweisen), sozialwissenschaftliche Studien, die die Entwicklung von Scheidungskindern untersuchen sowie zahlreiche Schriften über die psychischen und psychosomatischen Auswirkungen der Trennung auf die Familienmitglieder.

Auch für die Rechtswissenschaft sind diese sozialwissenschaftlichen Erkenntnisse von großer Relevanz. Für die inhaltliche Entscheidung und die Beratung in Familiensachen sowie für die Ausgestaltung (juristischer) Verfahren ist ein entsprechendes Hintergrundwissen unentbehrlich. Kenntnisse über die Dynamik, nach der ein Konflikt typischerweise verläuft, sowie über die unterschiedlichen Phasen einer Trennung erleichtern die Beurteilung der jeweiligen Familiensituation. Anschließend an die Darstellung dieser Themenkomplexe wird, um die Verhaltensweisen der Familienmitglieder nachvollziehen zu können, das Erleben der Trennung aus Sicht der Eltern und der Kinder geschildert.

I. Konfliktdynamik und hochstrittige Elterntrennungen

Ein Konflikt kann definiert werden als *„Gleichzeitigkeit gegensätzlicher Verhaltenstendenzen, die Ausdrucksform unterschiedlicher Bedürfnisse bzw. Interessen sind“*[116]. Hierbei kann die Inkompatibilität der Bedürfnisse oder Interessen tatsächlich bestehen, oder aber auch nur in der Vorstellung der Konfliktpartner vorhanden sein.[117] Während ein Konflikt üblicherweise als ein belastendes Ereignis charakterisiert wird, kann ein Konflikt auch als Chance positiver Veränderung gesehen werden.[118]

Die Dynamik eines Konfliktes lässt sich in verschiedene Stufen oder Phasen einteilen. Es bestehen verschiedene Aufteilungen und Systeme.[119] Um ein

---

abgerufen unter http://www.brak.de/w/files/04_fuer_journalisten/statistiken/statistiken-2011/entwicklungfaebis2012.pdf (letzter Zugriff am 16.08.2013).

116 *Dettenborn*, Kindeswohl und Kindeswille S. 30.

117 *Bush/Folger*, The promise of mediation S. 56.

118 Vgl. hierzu *Hartges*, Außergerichtliche Konfliktlösung – Modell ÖRA S. 14 ff. Diese richtet den Fokus auf die positiven Elemente eines Konflikts und betont die mit einem Konflikt verbundene Chance, *„Ungleichgewichtigkeiten auszubalancieren, Beziehungen neu zu definieren und Anpassungen an Veränderungen“* zu ermöglichen.

119 Für eine Übersicht über die bestehenden Konfliktsysteme sowie mit einem eigenen innovativen Modell in Form eines Konfliktbarometers, siehe *Hartges*, Außergerichtliche Konfliktlösung – Modell ÖRA S. 14–40.

Grundverständnis der Konfliktdynamik zu vermitteln, wird zurückgegriffen auf die Aufteilung *Glasls*.[120] Dieser beschreibt die Entwicklung eines Konfliktes mithilfe von neun Stufen bzw. Phasen.

Nach der Aufteilung *Glasls* beginnt ein Konflikt mit der *Stufe der Verhärtung* – die gegensätzlichen Positionen werden den Streitenden bewusst, Standpunkte prallen aufeinander. Trotzdem gehen die Konfliktpartner zu diesem Zeitpunkt noch davon aus, dass die Differenzen durch Gespräche lösbar sind. Auf die „*Verhärtung*" folgt die *Phase der (polemischen) Debatte*. Es findet eine Polarisierung der Streitpositionen statt – ein „*Schwarz-Weiß-Denken*" tritt in den Vordergrund. Aspekte der Über- bzw. Unterlegenheit werden relevant. Anschließend erreicht der Konflikt die *Aktionsphase* – die Partner gelangen zu der Überzeugung, dass Reden nicht mehr hilft und lassen Taten sprechen. Die Empathie mit dem Partner geht verloren – die Ablehnung äußert sich in der Auseinandersetzung nun auch verstärkt in Gestik, Mimik, Tonfall und Körperhaltung. Die vierte Konfliktstufe kann als *Koalitionsphase* bezeichnet werden. Die Partner werben um Anhänger für ihre Sichtweisen und bedienen sich Klischees, Stereotypen und Übertreibungen, um Freunde, Kollegen, Nachbarn, aber auch andere Familienmitglieder – insbesondere Kinder – auf ihre Seite zu ziehen. Sie versuchen, den anderen in ein schlechtes Licht zu rücken und organisieren regelrechte „*Image-Kampagnen*". Mit der fünften Phase – der sogenannten *Gesichtsverlust-Stufe* – hat der Streit einen hohen Eskalationsgrad erreicht. Die Konfliktpartner tragen nun öffentlich ihre Differenzen aus und versuchen mit allen Mitteln, den Gesichtsverlust des (ehemaligen) Partners herbeizuführen. Es findet eine gezielte Diffamierung des Anderen statt. Diese Tendenz wird auf der sechsten Stufe – der *Phase der Drohstrategien* noch verstärkt. Drohungen und Gegendrohungen werden geäußert und durch das Aufstellen von Ultimaten untermauert. Eine Kommunikation ist kaum noch möglich. Auf der siebten Eskalationsstufe kommt es zu *begrenzten Vernichtungsschlägen* – der Andere wird nicht mehr als Mensch, sondern nur noch als Gegner wahrgenommen. Gegenseitige Verletzungshandlungen sind an der Tagesordnung. Auf der achten Stufe, der *Zersplitterungsphase*, wird die „*Zerstörung und Auflösung des feindlichen Systems*" verfolgt. Der oft verwendete Begriff „*Rosenkrieg*" wird Realität. Die neunte und letzte Stufe wird von *Glasl* als „*gemeinsam in den Abgrund*" bezeichnet – es kommt zur totalen Konfrontation – die Vernichtung des Gegners wird zum alleinigen Lebensinhalt.

---

120 Die folgende Aufteilung der Konfliktstufen und die Zitate bezüglich ihrer Beschreibung sind *Glasl*, Konfliktmanagement S. 235 ff. entnommen.

Um die Elternkonflikte für die praktische Anwendung leichter einordnen zu können, hat *Alberstötter*[121] den Konfliktverlauf – in Anlehnung an das Konfliktmodell von *Glasl* – auf drei Konfliktstufen reduziert. Die erste Stufe zeichnet sich nach seinem Modell durch *„zeitweilig gegeneinander gerichtetes Reden und Tun"* aus, die zweite Stufe durch *„verletzendes Agieren und eine Ausweitung des Konfliktfeldes"* und die dritte Stufe durch einen *„Beziehungskampf um jeden Preis"*. Inhaltlich unterscheiden sich die Stufen nicht wesentlich von den Ausführungen *Glasls*. Hervorzuheben ist jedoch, dass *Alberstötter* zusätzlich darlegt, inwieweit sich die verschiedenen Eskalationsgrade auf die Arbeit der professionell an der Trennung und Scheidung Beteiligten auswirken.

Seiner Erfahrung nach kann auf der ersten Konfliktstufe noch auf zahlreiche Ressourcen der Eltern zurückgegriffen werden. Zu diesem Zeitpunkt stimmten die Eltern in Grundfragen überein und könnten selbst bei gelegentlichen Eskalationen schnell wieder in einen gemeinsamen Dialog zurückfinden. Sie verfügten über ein hohes Selbsthilfepotential und seien offen für Unterstützung von außen. Eine freiwillige Inanspruchnahme von Hilfsangeboten sei der Regelfall. Auf der zweiten Eskalationsstufe sei eine Kooperation der Eltern ebenfalls noch zu erreichen, sofern keine vollständige Kontaktverweigerung bestehe. Und selbst, wenn die Eltern in der Konfliktspirale den *„point of no return"* überschritten hätten, könne es unter kompetenter Anleitung gelingen, zumindest kleine Entscheidungen einvernehmlich zu treffen. Spätestens ab der dritten Stufe, so *Alberstötter*, weiche das *„Vertrauen in die Selbstorganisation des Elternsystems"*, was ein Eingreifen staatlicher Organe in die Autonomie der Eltern bedinge.

Die Ausführungen *Alberstötters* machen deutlich, dass Interventionen, je nachdem, auf welcher Konfliktstufe sich die Eltern befinden, unterschiedlich wirken. Das Maß staatlicher Einflussnahme muss daher entsprechend angepasst werden.

Eine besondere Schwelle bei den Betrachtungen der Konfliktdynamik stellt die Einordnung eines Konfliktes als hochstrittig dar. Während es vielen Paaren gelingt, im unteren Konfliktbereich zu bleiben, ihre Kommunikation aufrechtzuerhalten und weiterhin autonome Entscheidungen zu treffen, gibt es auch Elterntrennungen, die als hochstrittig eingestuft werden müssen. Die hiervon betroffenen Eltern zeichnen sich durch ihre intensiven, dauerhaften und verlustreichen Auseinandersetzungen aus. Typisch ist, dass der elterlichen

---

121 Die folgenden Ausführungen und Zitate bezüglich der Beschreibung der Konfliktstufen nach *Alberstötter* sind *Alberstötter* in: Weber/Schilling, Eskalierte Elternkonflikte S. 29–45 entnommen.

Auseinandersetzung (oft unbewusst) der Vorrang gegenüber der Wahrnehmung der Bedürfnisse des Kindes eingeräumt wird.[122] Zudem bestehen die Konflikte oft über mehrere Jahre und die Paare können selbst kleinste Konflikte nicht mehr ohne Hilfe von außen lösen.[123]

In Deutschland wird die Zahl hochstrittiger Scheidungen auf fünf bis zehn Prozent geschätzt[124] und es wird angenommen, dass diese Gruppe „hochstrittiger Eltern“ Berater, Mediatoren, Therapeuten, Richter, Rechtsanwälte und Verfahrenspfleger in dem Bereich „Trennung und Scheidung“ bis zu 95 Prozent auslasten.[125] Ähnliche Zahlen liefern Studien aus den USA, die zu dem Ergebnis kommen, dass 10 Prozent hochkonflikthafter Scheidungsfälle rund 90 Prozent der Kapazitäten des juristischen und psychosozialen Personals binden.[126] Von noch größerer Relevanz sind die Auswirkungen hochstrittiger Elterntrennungen auf das Kindeswohl, denn die Wahrscheinlichkeit einer Kindeswohlgefährdung hängt von der Höhe des elterlichen Konfliktpotentials ab. Je höher das Konfliktpotential der elterlichen Trennung und je länger die Dauer des Konfliktes – umso eher ist mit einer Gefährdung der Kinder zu rechnen.[127] Von Eltern, die regelrecht Krieg gegeneinander führen, ist nicht zu erwarten, dass sie das Wohl ihres Kindes noch im Blick haben (können) – auch wenn sie sich oftmals gerade zum vermeintlichen Wohl des Kindes bekämpfen.[128]

Als Erkenntnisgewinn aus den vorangegangenen Ausführungen lässt sich festhalten, dass es Aufgabe aller an der Trennung oder Scheidung der Eltern beteiligten Professionen sein sollte, nicht nur zum Schutz der Kinder zu intervenieren, sondern grundsätzlich darauf hinzuwirken, dass eine Eskalation des Konfliktes nach Möglichkeit verhindert wird. Es gilt, Eltern, die sich auf einer niedrigen Konfliktstufe befinden, in ihrer Kommunikation und ihrem Bestreben

---

122 *Spengler* in: Weber/Schilling, Eskalierte Elternkonflikte S. 54; einen Überblick über die weiteren Definitionen und Ansätze zur Bestimmung von Hochstrittigkeit findet sich bei *Bröning* in: Walper, Fichtner et al., Hochkonflikthafte Trennungsfamilien S. 19 ff.

123 *Kindler/Fichtner*, FPR 2008, 139 (140).

124 Vgl. *Walper, Fichtner et al.*, Hochkonflikthafte Trennungsfamilien S. 7 f., die davon ausgehen, dass jährlich mehr als 10.000 Kinder neu zu der Gruppe der *„Kinder mit hochstrittigen Elterntrennungen“* hinzukommen.

125 *Dietrich/Paul* in: Weber/Schilling, Eskalierte Elternkonflikte S. 13; *Krabbe*, ZKM 2010, 72.

126 *Walper, Fichtner et al.*, Hochkonflikthafte Trennungsfamilien S. 10.

127 *Spengler* in: Weber/Schilling, Eskalierte Elternkonflikte S. 56.

128 *Dietrich/Paul* in: Weber/Schilling, Eskalierte Elternkonflikte S. 73; *Wallerstein et al.*, Scheidungsfolgen S. 307.

nach Einvernehmen zu unterstützen und hochkonflikthaften Eltern professionelle Hilfe zur Deeskalation anzubieten.

II. Phasen von Trennung und Scheidung

Neben der Aufteilung in Konfliktstufen lässt sich eine Scheidung in verschiedene zeitliche Scheidungsphasen gliedern.[129] Klassischerweise wird eine Dreiteilung in die *Ambivalenzphase*, die *Scheidungsphase* und die *Nachscheidungsphase* vorgenommen.[130]

Die *Ambivalenzphase* – oder Vorscheidungsphase zeichnet sich dadurch aus, dass die Eltern noch unsicher sind, ob eine endgültige Trennung und Scheidung die richtige Entscheidung ist. Ihre ambivalenten Gefühle füreinander zeigen sich durch vermehrte Konflikte, inkonsequente Verhaltensweisen, Misstrauen und wechselnde Stimmungslagen. Die Angst vor den Folgen der Trennung führt zu einer *„zermürbenden Unentschlossenheit"*[131] und einer unsicheren Familienatmosphäre, die besonders für die Kinder belastend ist. Da in der Regel niemand die Kinder über die Ursachen der Streitigkeiten aufklärt, fühlen sie sich oft verantwortlich für die Probleme der Eltern, sind verunsichert und bemüht, den Frieden in der Familie wiederherzustellen.[132] Selbst wenn die Eltern ihre Trennungsüberlegungen geheim halten wollen oder diese leugnen, spüren die Kinder, dass etwas nicht in Ordnung ist. Sie sind unsicher, ob sie der eigenen Wahrnehmung oder den Worten der Eltern Glauben schenken sollen.

Auf die Ambivalenzphase folgt die *Scheidungsphase*. Diese ist dadurch gekennzeichnet, dass zumindest ein Partner nun endgültig zur Trennung und Scheidung entschlossen ist und daher in der Regel juristische Schritte einleitet.[133] Häufig verlässt nun ein Elternteil die gemeinsame Wohnung und es beginnen Auseinandersetzungen über Unterhalt, Umgang und Sorgerecht. Für die Kinder beginnt die Scheidungsphase normalerweise mit der Mitteilung über die

---

129 Die Darstellung der verschiedenen Scheidungsphasen lässt sich auf die Trennung nicht verheirateter Paare übertragen, auch wenn hier die rechtliche Seite der Trennung meistens einen geringeren Umfang einnimmt und nicht im gleichen Maße als Indikation herangezogen werden kann.

130 *Bauers* in: Menne/Schilling, Kinder im Scheidungskonflikt S. 42; *Stolz/Strini*, Kindheit im Schatten des Elternkonfliktes S. 17.

131 *Bauers* in: Menne/Schilling, Kinder im Scheidungskonflikt S. 42.

132 Vgl. *Krabbe*, Kinder und Jugendliche S. 1; *Parkinson/Cashmore*, The voice of a child in family law disputes S. 19; *Schüler/Löhr* in: Walper, Fichtner et al., Hochkonflikthafte Trennungsfamilien S. 145.

133 *Bauers* in: Menne/Schilling, Kinder im Scheidungskonflikt S. 48.

endgültige Trennung. Viele Eltern nehmen diese Mitteilung – in der gut gemeinten Absicht, ihre Kinder zu schonen und um einer Konfrontation zu entgehen – zu einem sehr späten Zeitpunkt vor.[134]

Der Beginn der *Nachscheidungsphase* ist durch die Beendigung der Ehe gekennzeichnet. Zu der Beendigung der Ehe gehört neben dem juristischen Scheidungsurteil[135] auch der Vollzug der *„psychischen Scheidung"*.[136] Die „psychische Scheidung" ist vollzogen, wenn die Partner die Scheidung auch emotional verarbeitet haben. Während die Voraussetzungen der juristischen Beendigung der Ehe gesetzlich normiert sind, verläuft die psychische Scheidung nicht nach bestimmten feststehenden Schritten und kann daher auf unbestimmte Zeit andauern.

III. Situation der Eltern

Ein familiärer Konflikt berührt, insbesondere wenn gemeinsame Kinder vorhanden sind, alle Bereiche des Lebens der Betroffenen. Die individuelle Ebene, die Paarebene, die Familienebene und die soziale Ebene. Es tritt eine Vielzahl von Veränderungen im sozialen, finanziellen und beruflichen Bereich auf. Lebensweise, Gewohnheiten, Rollen und Selbstbild ändern sich in kürzester Zeit in großem Ausmaß und auch die Umwelt – Verwandtschaft, Freunde und Kollegen – reagieren auf die veränderte Situation höchst unterschiedlich.[137]

Die Eltern befinden sich in der schwierigen Situation, dass sie mit ihren eigenen Problemen, Enttäuschungen und Verlustängsten umgehen und gleichzeitig darauf achten müssen, die Bedürfnisse des Kindes nicht aus dem Blick zu verlieren. *Lederle* beschreibt mithilfe des Bildes von *„Verletzten, die einander Erste Hilfe leisten"*[138], zutreffend die Situation der betroffenen Familien. Dieser bildliche Vergleich zeigt sehr deutlich, dass der Wunsch vieler Eltern, ihre Kinder tatkräftig bei der Bewältigung der Scheidung oder Trennung zu unterstützen, an ihren eigenen „Verletzungen" scheitern kann beziehungsweise nur eingeschränkt möglich ist. Die Eltern sind zunächst damit beschäftigt, *„selbst mit den Anforderungen der Trennung fertig zu werden, ihre Position zu verteidigen und*

---

134 *Bauers* in: Menne/Schilling, Kinder im Scheidungskonflikt S. 48.

135 Seit Einführung des FamFG erfolgt die Scheidung nicht mehr durch Urteil sondern durch Beschluss, § 1564 BGB i.V.m. § 116 Abs. 1 FamFG.

136 *Bauers* in: Menne/Schilling, Kinder im Scheidungskonflikt S. 52.

137 Vgl. *Textor*, Situation der Erwachsenen in Online-Familienhandbuch.

138 *Lederle* in: Menne/Schilling, Kinder im Scheidungskonflikt S. 241.

ihr ‚Recht' zu bekommen"[139]. Mit dem Anstieg der Selbstaufmerksamkeit sinkt in der Regel gleichzeitig die Empathiefähigkeit.[140] Darunter leiden insbesondere die betroffenen Kinder, deren Bedürfnisse nicht mehr ausreichend durch die Eltern wahrgenommen werden können.

Der Zustand der Eltern ist geprägt durch Schmerz, Trauer, emotionale Erstarrung, Selbstmitleid, Depressivität, Hoffnungslosigkeit, Angst, Unsicherheit, Wut, Hass, Verbitterung, Rachegefühle, Aggressivität, Minderwertigkeitsgefühle, Selbstzweifel und Schuldgefühle.[141] Die Belastung der Eltern kann sich in Schlafstörungen, Erschöpfung, Apathie, Nervosität, Reizbarkeit, Kopfschmerzen, Drogen- und Medikamentenmissbrauch, erhöhtem Alkohol- und Nikotingenuss sowie Depressionen äußern.[142] Dass langanhaltende familiäre Konflikte nicht zu bagatellisieren sind, zeigen die erheblichen Auswirkungen, die nicht nur für den Einzelnen, sondern auch für den Sozialstaat eine erhebliche Belastung bedeuten. So lassen sich beispielweise bei Geschiedenen deutlich höhere Raten an psychischen und psychosomatischen Störungen, Suiziden und Krankenhauseinweisungen sowie an medizinischen Behandlungen feststellen.[143]

Besonders kompliziert gestaltet sich häufig der Kontakt zum Ex-Partner, der in den meisten Fällen jedoch unausweichlich ist. Selbst bei vollständigem Kontaktabbruch auf der sozialen Ebene bestehen zwischen den ehemaligen Partnern – aus der Ehe oder Elternschaft resultierende – finanzielle Verknüpfungen fort, die regelmäßige Kontakte miteinander erforderlich machen. Besteht ein gemeinsames Sorgerecht oder finden Umgangsbesuche statt, ist eine Kommunikation mit dem ehemaligen Partner – und sei es über Dritte – nicht zu vermeiden. Insgesamt sind die Eltern in der Phase von Trennung und Scheidung mit zahlreichen Aufgaben konfrontiert, die sie häufig ohne Hilfe von außen – sei es durch private oder professionelle Unterstützung – kaum bewältigen können.

Auch die Beziehung der Eltern zu den Kindern ändert sich in der Phase von Trennung und Scheidung. Während das Kind für einige Eltern zum Symbol der gescheiterten Paarbeziehung wird, nehmen andere Eltern aufgrund ihrer inneren Bedürftigkeit eine geradezu symbiotisch enge Beziehung zu ihrem Kind

---

139 *Schüler/Löhr* in: Walper, Fichtner et al., Hochkonflikthafte Trennungsfamilien S. 152.

140 *Jopt* in: Hahn/Lomberg et al., Scheidung und Kindeswohl S. 183.

141 *Textor*, Situation der Erwachsenen in Online-Familienhandbuch.

142 *Textor*, Situation der Erwachsenen in Online-Familienhandbuch. Dieser weist zu Recht darauf hin, dass eine Trennung sich auch positiv auf das Befinden des Einzelnen auswirken und eine befreiende Wirkung mit sich bringen kann.

143 *Bastine*, ZKM 2005, 11.

auf.[144] So kann die Trennung der Eltern das Eltern-Kind-Verhältnis verstärken oder zu einer Entfremdung führen.[145]

IV. Situation der Kinder im Konflikt der Eltern

Ein Blick auf die hohen Scheidungszahlen zeigt, dass das Thema Trennung und Scheidung im Alltag vieler Kinder präsent ist.[146] Trennungen und Scheidungen sind zum „Normalfall" geworden – eine Tatsache, die zwar ernüchternd klingen mag, für die betroffenen Kinder jedoch eine Erleichterung darstellen kann. Heutzutage ist es – zumindest in größeren Städten – nichts Besonderes mehr, mehrere Väter oder Mütter zu haben, nur bei einem Elternteil aufzuwachsen oder das Wochenende bei dem anderen Elternteil zu verbringen. Das Stigma „Scheidungskind" hat an Relevanz verloren. Kinder sind durch Erfahrungen von Klassenkameraden oder Freunden mit dem Thema Elterntrennung vertraut. Die Trennung der eigenen Eltern ist durch das Auseinanderfallen des gewohnten Familiengefüges für die Kinder trotzdem ein individuelles Drama. Kinder empfinden das Zusammenleben mit beiden Elternteilen als selbstverständliche Lebensform von Familie.[147] Außer in Fällen von Kindesmissbrauch, bei massiven Gewaltausbrüchen zwischen den Eltern, Alkohol- oder Drogensucht wünschen sich die Kinder – egal, wie unharmonisch die Beziehung der Eltern ist – in der Regel, dass ihre Eltern zusammenbleiben.[148] Insbesondere kleinere Kinder können aufgrund ihrer (noch) nicht vollständig ausgebildeten kognitiven Fähigkeiten die Abwesenheit eines Elternteils und die veränderte Lebenssituation nicht nachvollziehen. Durch die Trennung der Eltern, oftmals verbunden mit dem Auszug des einen Elternteils, wird die kindliche *„Sicht familiärer Ordnung"*[149] zutiefst erschüttert. Die für das Kind so wichtigen festen Rhythmen und Strukturen des familiären Zusammenlebens werden aufgelöst[150] und das Kind muss sich mit einer völlig neuen Situation auseinandersetzen. Kinder sind mit dem Dilemma konfrontiert, zwei Elternteile zu lieben, die sich jedoch

---

144 *Wallerstein*, Mediation Quarterly 1986/87, 7 (13).

145 *Wallerstein*, Mediation Quarterly 1986/87, 7 (13).

146 Nach Angaben des Statistischen Bundesamtes waren im Jahr 2012 143.022 Kinder von der Scheidung ihrer Eltern betroffen, siehe dazu bereits oben § 3 A.

147 *Lederle v. Eckardstein et al.*, Eltern bleiben Eltern S. 3.

148 *Koch/Strecker*, Kindern bei Trennung und Scheidung helfen S. 15; *Reich* in: Krabbe, Scheidung ohne Richter S. 60.

149 *Lederle v. Eckardstein et al.*, Eltern bleiben Eltern S. 3.

150 *Hetherington/Kelly*, Perspektiven der Kinder S. 70.

nicht (mehr) lieben oder sogar offen hassen.[151] Für Kinder und Jugendliche bedeutet die Trennung der Eltern eine mehr oder weniger *„abrupte Verwandlung eines überschaubaren, geordneten und zumeist finanziell gesicherten Lebens ins Gegenteil“*[152]. Durch das Auseinanderbrechen des Partnerschaftssystems wird auch das Eltern-Kind-System erheblich bedroht. Das kindliche Vertrauen in die *„Konstanz von Familienstrukturen“*[153] geht verloren und es entstehen *„binukleare Familiensysteme“*[154]. Nicht nur die Aufteilung der Kernfamilie wiegt für die Kinder schwer, sondern auch weitere Veränderungen, wie ein Schulwechsel, ggf. verbunden mit einem Umzug, die Aufbürdung nicht altersgemäßer Aufgaben oder die Konfrontation mit neuen Partnern der Eltern, können die Situation für die Kinder zusätzlich erschweren.[155] Nicht zu unterschätzen ist auch die plötzliche Abwesenheit eines Elternteils im Alltag der Kinder sowie der Verlust von Familieneinkommen.[156]

Selbst wenn die Kinder – je nach Alter und Reife – die Gründe der Trennung nachvollziehen können, oder diese, um weitere Streitigkeiten der Eltern zu vermeiden, sogar befürworten, stellt das Auseinanderbrechen der gewohnten Strukturen für sie eine Überforderung dar. *Wallerstein*[157] berichtet von Kindern aller Altersstufen, die über Jahre hinweg altersunangemessene Verantwortung für sich selbst oder für psychisch labile Elternteile übernehmen mussten oder als „Puffer“ im Konflikt der Eltern fungierten. Viele Eltern lassen ihre Kinder zudem über einen längeren Zeitraum im Ungewissen darüber, was passiert.[158] Diese *„Ausgrenzung aus einem Prozess, der sie in entscheidender Weise betrifft“*[159], verunsichert die Kinder. Während der Trennung der Eltern beschäftigen sich Kinder mit Fragen wie:

> *„Werde ich den Papa/die Mama je wiedersehen? Wo werden wir wohnen, wo wird er/sie hinziehen? Werde ich den Papa/die Mama finden, wo ich doch noch nicht alleine mit der Straßenbahn fahren kann? Wer wird das Geld verdienen, damit wir was zu essen haben? Was geschieht mit meinen Freunden, wenn wir in einen anderen Bezirk, in eine andere*

---

151 *Emery*, Renegotiating Family Relationships S. 46.
152 *Hetherington/Kelly*, Perspektiven der Kinder S. 156.
153 *Lehmkuhl/Lehmkuhl*, Scheidung – Trennung S. 7.
154 *Textor*, Eltern-Kind-Beziehung in Online-Familienhandbuch.
155 *Hetherington/Kelly*, Perspektiven der Kinder S. 156 f.
156 *Kelly*, Va. J. Soc. Pol'y & L. 2002/2003, 129 (130).
157 *Wallerstein*, Mediation Quarterly 1986/87, 7 (13).
158 Zu der Frage, wann und in welcher Form die Trennung dem Kind mitgeteilt werden kann bzw. sollte, vgl. *Niesel*, Trennung vom Partner in Online-Familienhandbuch.
159 *Rexilius* in Bergmann et al., Lösungsorientierte Arbeit im Familienrecht, S. 32.

Stadt ziehen? Wer kümmert sich dann um meinen Hamster, werde ich ihn mitnehmen dürfen? ...".[160]

Diese und zahlreiche andere Fragen beschäftigen die Kinder nachhaltig und führen zu einer erheblichen Überlastung, die sich in den verschiedensten Symptomen und Gefühlen äußern kann. Kinder fühlen sich allein gelassen, überflüssig und verloren – sie sind enttäuscht darüber, dass ihre Bemühungen, die Beziehung der Eltern zu retten, gescheitert sind.[161] Da sie die Gründe für die Trennung und die daraus resultierenden Folgen häufig nicht rational nachvollziehen und überblicken können, vermischen sich in ihrer Vorstellung Phantasie und Realität. Nicht nur unrealistische Wiedervereinigungsphantasien sondern auch die Angst, von beiden Elternteilen verlassen zu werden, sind typische Gedankengänge.[162] Die Phantasie, schuld an der Trennung der Eltern zu sein, ist oft zu beobachten.[163] Diese Annahme wird aus Kindersicht dadurch bestärkt, dass sich viele der elterlichen Auseinandersetzungen um Fragen der Erziehung – also um das Kind – drehen und es sich daher als Konfliktanlass wahrnimmt.[164]

Die von der Fachliteratur umfassend untersuchten und beschriebenen Reaktionen von Kindern auf die Trennung der Eltern sind neben den eben benannten Schuldgefühlen und der Angst, verlassen zu werden, typischerweise Wut, Trauer, Störungen des Selbstwertgefühls, verringerte Leistungen, Loyalitätskonflikte sowie ein allgemeines Misstrauen in die Verlässlichkeit menschlicher Beziehungen.[165] Insgesamt wird angenommen, dass Kinder durch die Trennung oder Scheidung der Eltern – vorübergehend – ein bis zwei Entwicklungsstufen zurückfallen.[166] Sie werden wieder unselbständiger und nehmen Verhaltensweisen auf, die sie bereits abgelegt hatten. Gleichzeitig lässt sich jedoch beobachten,

---

160 *Figdor*, Kinder aus geschiedenen Ehen S. 37.

161 Vgl. *Bauers* in: Menne/Schilling, Kinder im Scheidungskonflikt S. 48; *Figdor*, Kinder aus geschiedenen Ehen S. 36; *Krabbe*, Kinder und Jugendliche S. 1.

162 *Figdor*, Kinder aus geschiedenen Ehen S. 38; *Wallerstein et al.*, Scheidungsfolgen S. 303.

163 *Liemandt*, ZKM 2004, 222 (224); *Maywald*, FPR 2010, 460.

164 Vgl. *Figdor*, Kinder aus geschiedenen Ehen S. 36; *Lederle* in: Menne/Schilling, Kinder im Scheidungskonflikt S. 242.

165 *Bauers* in: Menne/Schilling, Kinder im Scheidungskonflikt S. 40; *Figdor*, Kinder aus geschiedenen Ehen S. 38; *Krabbe*, Kinder und Jugendliche S. 1; *Unger*, Rückschau von Erwachsenen S. 273 ff.; *Wallerstein*, Mediation Quarterly 1986/87, 7 (14); *Struck* in Wiesner, SGB VIII, § 17 Rn. 14.

166 Vgl. *Diez et al.*, Familien-Mediation und Kinder S. 167; *Krabbe et al.*, Kinder und Jugendliche im Konflikt S. 3.

dass sich Kinder für ihr Alter schon sehr erwachsen verhalten und viel Verantwortung übernehmen. Insbesondere Mädchen reagieren zum Teil stark angepasst und versuchen, die Eltern zu unterstützen.

Für die Kinder besteht eine Hauptschwierigkeit darin, nur wenige Handlungsmöglichkeiten zu haben und gleichzeitig mit den Konsequenzen der elterlichen Entscheidungen leben zu müssen.[167] Dies ruft bei vielen betroffenen Kindern ein Gefühl der Ohnmacht hervor. Zudem besteht, insbesondere, wenn die familiären Konflikte über einen langen Zeitraum andauern, die Gefahr, dass die Kinder – beabsichtigt oder unbeabsichtigt – von den Eltern in den Konflikt mit hineingezogen werden. Kinder werden dann schnell zu Bündnispartnern, Tröstern, Richtern oder Schlichtern,[168] zu Informanten, Nachrichtenkurieren oder Mitwissern von Geheimnissen[169]. Gemäß der von *Unger* durchgeführten Studie[170] findet eine Funktionalisierung des Kindes im Elternkonflikt statt – Parentifizierung[171] und Rollenkonfusionen sind an der Tagesordnung.[172] Die Kinder sollen als Spitzel den anderen Elternteil ausforschen, als Briefträger fungieren und dem anderen Elternteil (oftmals negative) Nachrichten übermitteln, Geheimnisse für sich behalten, die der andere Elternteil nicht erfahren soll (z.B. über neue Beziehungen) oder sie werden als Druck- oder Drohmittel missbraucht.[173]

Zusätzlich werden die Kinder durch die Trennung der Eltern mit herausfordernden Entwicklungsaufgaben konfrontiert. Neben der Bewältigung alltäglicher Schwierigkeiten wird von den Kindern verlangt, dass sie die Trennung der Eltern und die damit verbundenen Veränderungen verstehen und den Verlust

---

167 *Schüler/Löhr* in: Walper, Fichtner et al., Hochkonflikthafte Trennungsfamilien S. 144.

168 *Lederle v. Eckardstein et al.*, Eltern bleiben Eltern S. 3.

169 Vgl. *Textor*, Eltern-Kind-Beziehung in Online-Familienhandbuch; Zitate von Kindern über die unangemessenen Ansprüche, die Erwachsene an sie stellen, finden sich bei: *Peter*, FamPra.ch 2011, 633 (637 f.).

170 In der von Unger durchgeführten Studie wurden mittels 14 persönlicher Gespräche sowie durch die Auswertung von 52 ausgefüllten Fragebögen die Auswirkungen der Elterntrennung auf die Kinder untersucht. Die Studie hat ergeben, dass ca. 40 Prozent der Teilnehmer von Funktionalisierungen, wie etwa der induzierten Ablehnung eines Elternteils oder materiellen Bestechungen berichteten, *Unger*, Rückschau von Erwachsenen S. 299.

171 Parentifizierung beschreibt eine Rollenumkehr zwischen Eltern und Kindern. Dem Kind wird eine nicht kindgerechte Eltern-Rolle zugewiesen, *Peter*, FamPra.ch 2011, 633 (635); *Unger*, Rückschau von Erwachsenen S. 243.

172 *Unger*, Rückschau von Erwachsenen S. 302.

173 *Unger*, Rückschau von Erwachsenen S. 304–307.

der früheren Welt verarbeiten. Sie sollen sich nicht nur mit den eigenen Ängsten, Sorgen und ihrer Wut auseinandersetzen, sondern oftmals auch noch die besondere Bedürftigkeit der Eltern mit auffangen. Bei dieser Anzahl an Herausforderungen ist eine Überforderung der Kinder logische Konsequenz.

Wie Kinder die Trennung ihrer Eltern erleben und wie sie darauf reagieren, kann ganz unterschiedlich sein und hängt von zahlreichen Faktoren ab. Als maßgebliche Faktoren werden insbesondere das Alter, der Entwicklungsstand, die Konstitution sowie die sozialen und kognitiven Kompetenzen des Kindes genannt. Von Bedeutung sind auch Art und Umfang der kindlichen Bewältigungsstrategien und das Vorhandensein von Resilienzfaktoren[174]. Darüber hinaus sind die Qualität der Eltern-Kind-Beziehung, das Trennungsverhalten der Eltern sowie die Zugriffsmöglichkeit auf die Unterstützung von Dritten relevant.[175]

Grundsätzlich lässt sich sagen, dass Babys und Kleinkinder auf die Trennung der Eltern mit Problemen beim Essen und Schlafen reagieren und dazu neigen, vermehrt zu schreien.[176]

Ab dem Kindergarten-/Vorschulalter (zwei bis fünf Jahre) zeigt sich die Belastung bei den Kindern ebenfalls durch Schlaf- und Essstörungen. Gleichzeitig reagieren die Kinder mit vermehrtem Anklammern, Wutanfällen und aggressivem Verhalten, Bedrücktheit und innerem Rückzug.[177] Auch Regressionen in der Sauberkeitserziehung und Sprachstörungen oder Sprachverweigerungen sind oft zu beobachten.[178]

Bei Grundschulkindern (sechs bis neun Jahre) äußert sich die Belastung vor allem durch Schulprobleme, Konzentrationsschwierigkeiten, Traurigkeit, häufiges Weinen und vermehrt aggressives Verhalten.[179]

---

174 Der Begriff *Resilienz* umfasst die psychische Widerstandskraft einer Person, deren Fähigkeit, schwierige Lebenssituationen ohne anhaltende Beeinträchtigung zu überstehen, Duden-online, abgerufen unter www.duden.de (Stand 17.06.2013). Resilienz kann sowohl als Eigenschaft, als auch als Prozess verstanden werden und umfasst Faktoren (begünstigende Momente, Situationen oder Rahmenbedingungen), die die Widerstandsfähigkeit des Individuums beeinflussen und sich positiv auf die Verarbeitung von Krisen auswirken, vgl. *Stolz/Strini*, Kindheit im Schatten des Elternkonfliktes S. 59. Resilienz kann auch als *„Imprägnierung"* eines Menschen übersetzt werden und beschreibt die Tatsache, dass sich Belastungen auf Menschen unterschiedlich auswirken, *Fegert*, Brühler Schriften zum Familienrecht 2000, 33 (46).

175 *Bauers* in: Menne/Schilling, Kinder im Scheidungskonflikt S. 40.

176 *Märtin*, Die sanfte Scheidung S. 82.

177 *Bauers* in: Menne/Schilling, Kinder im Scheidungskonflikt S. 50.

178 *Stolz/Strini*, Kindheit im Schatten des Elternkonfliktes S. 39.

179 *Märtin*, Die sanfte Scheidung S. 82.

Bei Kindern zwischen dem zehnten und dreizehnten Lebensjahr sind die Auswirkungen häufig besonders stark zu beobachten. Ihnen ist – anders als jüngeren Kindern – eher bewusst, was das Auseinanderbrechen des gewohnten Familiengefüges für sie bedeutet. Durch Erfahrungen von Freunden und Informationen aus den Medien sind sie mit dem Thema Scheidung und Trennung vertraut und malen sich häufig den schlimmsten Fall aus. Typische Symptome sind Kopf- und Bauchschmerzen, eine Verschlechterung der Schulleistungen sowie ein verändertes Verhalten gegenüber Gleichaltrigen.[180] In den Streit der Eltern mischen sie sich regelmäßig ein. Sie solidarisieren sich mit einem Elternteil und lehnen den (vermeintlich) schuldigen Elternteil ab.[181] Durch die beginnende Pubertät, die mit dem Auseinanderfallen des gewohnten Familienlebens zusammentrifft, fällt es ihnen schwer, ihren Platz im Leben zu finden.

Bei Jugendlichen (14–18 Jahre) äußert sich die Trennung der Eltern nicht so sehr durch typische körperliche Symptome, sondern tritt eher durch Verhaltensweisen nach außen. Jugendliche kapseln sich oftmals stark von ihrem Zuhause ab und suchen sich eine neue „heile Welt“ im Freundeskreis, Sportverein oder in ersten Beziehungen.[182] Gleichzeitig wird die Ablösung vom Elternhaus durch Schuldgefühle erschwert. Für viele Jugendliche ist es belastend, den Elternteil, bei dem sie ihren Lebensmittelpunkt haben, *„nun auch noch zu verlassen“*.[183] Die typischerweise in der Pubertät auftretenden Probleme und Konflikte zeigen sich verstärkt. Die Jugendlichen vermissen eine stabile Basis für ihren Ablösungsprozess.[184]

In einem gewissen Umfang und für eine gewisse Zeit sind die geschilderten Symptome als normal zu bewerten und gehören zu dem Anpassungsprozess an die veränderte Lebenssituation.[185] Die typischen Scheidungssymptome verschwinden in der Regel, wenn sich das Kind an die veränderten Lebensumstände gewöhnt hat. In der Literatur werden Zeitspannen von einem halben Jahr bis zu drei Jahren als Anpassungszeitraum genannt.[186] Bei einigen Kindern treten

---

180 *Märtin*, Die sanfte Scheidung S. 83.

181 *Unger*, Rückschau von Erwachsenen S. 374.

182 *Unger*, Rückschau von Erwachsenen S. 374.

183 *Märtin*, Die sanfte Scheidung S. 84.

184 Vgl. *Märtin*, Die sanfte Scheidung S. 84; *Textor*, Eltern-Kind-Beziehung in Online-Familienhandbuch.

185 Vgl. *Bauers* in: Menne/Schilling, Kinder im Scheidungskonflikt S. 40; *Lederle* in: Menne/Schilling, Kinder im Scheidungskonflikt S. 243.

186 *Krabbe et al.*, Kinder und Jugendliche im Konflikt S. 4 (ein halbes bis eineinhalb Jahre); *Napp-Peters*, Familien nach der Scheidung S. 10 (ein bis zwei Jahre); *Schüler/*

jedoch auch Langzeitfolgen auf. Als typische Langzeitfolgen werden sowohl internalisierende Störungen als auch externalisierende Störungen, ein geringerer Schulerfolg, verminderte kognitive Kompetenzen, ein niedrigeres Selbstbewusstsein, verminderte soziale Kompetenzen, eine kritischere Einstellung zur Ehe und auch eine geringere Qualität der eigenen Liebesbeziehungen genannt.[187]

Wallerstein et al.[188] haben in ihrer über 25 Jahre andauernden Langzeitstudie über die Auswirkungen von Trennung und Scheidung auf die Kinder festgestellt, dass sich ein Großteil der Folgewirkungen erst im Erwachsenenalter zeigt. Gerade dann wirkt sich das Fehlen einer guten Vorlage negativ auf die eigenen Beziehungen der früheren Scheidungskinder aus.[189] Die Wahl des falschen Partners, eine geringe Problemresistenz oder die Weigerung, sich auf eine echte Partnerbeziehung einzulassen, sind nach *Wallerstein et al.* nur einige der für die gesellschaftliche Entwicklung relevanten Spätfolgen.[190] Allerdings konnte in der Studie von *Wallerstein et al.* und auch in der Untersuchung von *Hetherington et al.*[191] festgestellt werden, dass manche Kinder die Trennung und Scheidung ihrer Eltern gut überstanden haben und sogar gestärkt aus dieser Phase hervorgegangen sind.[192] In der Studie von Unger berichtete immerhin jeder fünfte Teilnehmer, über die Trennung der Eltern erleichtert gewesen zu sein.[193] Die Trennung der Eltern muss also nicht zwangsläufig eine Katastrophe für das Kind

---

Löhr in: Walper, Fichtner et al., Hochkonflikthafte Trennungsfamilien S. 145 (zwei bis drei Jahre).

187 Vgl. *Bröning*, Kinder im Blick S. 27; *Hetherington/Kelly*, Perspektiven der Kinder S. 15; *Walper/Fichtner* in: Walper, Fichtner et al., Hochkonflikthafte Trennungsfamilien S. 97.

188 In der von *Wallerstein, Lewis* und *Blakeslee* durchgeführten Studie wurden in einer Langzeituntersuchung über 25 Jahre Familien zu ihrer Lebenssituation interviewt. Hierbei wurden 60 „Scheidungsfamilien" und als Vergleichsgruppe 27 Familien ohne Elterntrennung befragt. Interviewt wurden Eltern und Kinder. Die Nachbefragungen fanden alle fünf Jahre nach der Erstbefragung statt, *Wallerstein et al.*, Scheidungsfolgen S. 324 ff.

189 *Wallerstein et al.*, Scheidungsfolgen S. 32.

190 *Wallerstein et al.*, Scheidungsfolgen S. 32.

191 Bei der Untersuchung von *Hetherington et al.*, wurden über einen Zeitraum von 20 Jahren (mittels drei unterschiedlicher Studien) insgesamt 1400 Familien mit mehr als 2500 Kindern befragt. Interviewt wurden sowohl Scheidungsfamilien, als auch Familien, bei denen keine Trennung erfolgt ist, *Hetherington/Kelly*, Perspektiven der Kinder S. 374 ff.

192 Vgl. *Hetherington/Kelly*, Perspektiven der Kinder S. 19; *Wallerstein et al.*, Scheidungsfolgen S. 33.

193 *Unger*, Rückschau von Erwachsenen S. 252.

sein, sondern kann auch zu einer Lebensgestaltung führen, die für das Kind entspannter und harmonischer ist.[194] Ausschlaggebendes Kriterium für eine gute Verarbeitung der elterlichen Trennung ist die Bereitschaft der Eltern, als Gesprächspartner, Unterstützer und Beistand dem Kind zur Verfügung zu stehen.[195]

B. Zusammenfassung

Familiäre Konflikte in Zusammenhang mit Trennung und Scheidung sind für die betroffenen Familienmitglieder eine große Belastung. Insbesondere Kinder zeigen oft Jahre nach der Trennung der Eltern noch Symptome, die aus der Phase der Trennung resultieren. Allerdings hängt die Überwindung der Trennungsfolgen von zahlreichen Faktoren ab, was für die professionellen Verfahrensbeteiligten die Möglichkeit eröffnet, positiv zu intervenieren. Ziel der Bemühungen muss es sein, durch angemessene Maßnahmen die zwangsläufig eintretenden Belastungen der Familien so gut wie möglich aufzufangen. Kenntnisse über die Konfliktdynamik familiärer Auseinandersetzungen sowie über die typischen Phasen einer Trennung und Scheidung sind hierfür Voraussetzung.

---

194 *Maywald* in Hdb.-Verfahrensbeistandschaft, Rn. 902.

195 *Rexilius* in Bergmann et al., Lösungsorientierte Arbeit im Familienrecht, S. 33.

§ 4 Kindgerechte Verfahrensgestaltung

Wie die vorangegangenen Ausführungen verdeutlicht haben, sind die Familien in der Phase von Trennung und Scheidung mit vielen herausfordernden Aufgaben konfrontiert. Zwangsläufig müssen Regelungen getroffen werden, die den veränderten Lebenssituationen gerecht werden. Sind Kinder von der Trennung betroffen, sind es neben dem Kindesunterhalt vor allem die Bereiche des Sorge- und Umgangsrechts, für die Neuregelungen erforderlich sind.

Zusätzlich zu der Schwierigkeit, im konkreten Einzelfall inhaltlich zu bestimmen, was das Beste für das Kind ist, stellt sich aus juristischer Sicht auch die Frage, wie ein Verfahren ausgestaltet sein muss, um die Familien bei diesen Entscheidungen effektiv zu unterstützen. Häufig wird unberücksichtigt gelassen, dass auch die Ausgestaltung des Verfahrens in erheblichem Umfang Einfluss darauf hat, wie sich das Leben des Kindes nach der Trennung der Eltern verändert. Die Art und Weise, wie eine Entscheidung zustande gekommen ist, wirkt sich nicht nur auf den Inhalt der Entscheidung, sondern auch auf das Verhalten der Familienmitglieder, insbesondere auf die Umsetzung und Nachhaltigkeit der Regelung aus. Strebt man eine bestmögliche Verwirklichung des Kindeswohls an, muss dieser Aspekt berücksichtigt werden.

Neben der Ausrichtung der materiellen Entscheidung am Wohl des Kindes, muss auch das der Entscheidung zugrunde liegende Verfahren kindgerecht ausgestaltet sein.

A. Problemaufriss und Begriffsbestimmungen

Die Frage, welche Anforderungen ein Verfahren erfüllen muss, um ein kindgerechtes Verfahren zu sein, lässt sich nicht leicht beantworten. Die Schwierigkeiten beginnen bereits bei dem Versuch, eine aussagekräftige Definition zu finden. Definiert werden kann das *kindgerechte Verfahren* als Verfahren, welches auf die Verwirklichung des *Kindeswohls* ausgerichtet ist.

Die Bestimmung des Begriffs *Kindeswohl* ist allerdings mit zahlreichen Schwierigkeiten verbunden. Ungeachtet der weitreichenden Bedeutung und der zahlreichen gesetzlichen Verankerungen[196] wird in der Literatur fast einhellig die Meinung vertreten, dass eine Definition des Kindeswohls nicht möglich sei,[197] ohne selbst wieder ausfüllungsbedürftige Begriffe zu verwenden.[198] Aus der begrifflichen Unbestimmtheit ergibt sich die Folgeschwierigkeit, dass das Kindeswohl nicht empirisch überprüft werden kann, da sich aus dem Begriff allein keine beobachtbaren Fakten ergeben.[199] Gleiches gilt für den Begriff des *kindgerechten Verfahrens*. Möchte man dieses *„hypothetisches Konstrukt“*[200] trotzdem zur Bewertung eines Verfahrens heranziehen, bedarf es bestimmter überprüfbarer Kriterien, anhand derer eine Konkretisierung möglich ist. Um der Unbestimmtheit des *Kindeswohlbegriffs* entgegenzuwirken, hat die Rechtsprechung[201] eine Vielzahl von Maßstäben und Leitgedanken entwickelt.[202] Diese variieren je nach Sachzusammenhang. Übereinstimmend werden die körperliche, geistige und seelische Unversehrtheit des Kindes sowie, in Anlehnung an § 1626 Abs. 2 BGB, die Möglichkeit, zu einer selbstständigen und verantwortungsbewussten Person heranzuwachsen, als unabdingbar angesehen.[203] Darüber hinaus werden insbesondere für den Bereich elterlicher Sorge das *„Förderungsprinzip“*[204],

---

196 Vgl. hierzu auf internationaler Ebene insbesondere Art. 3 und Art. 18 UN-KRK sowie Art. 24 Abs. 2 und Abs. 3 der Grundrechtscharta der EU. Auf nationaler Ebene finden sich vor allem im Bürgerlichen Gesetzbuch, im SGB VIII sowie im Verfahrensrecht zahlreiche Nennungen. Beispielhaft sollen hier aufgrund ihrer besonderen Bedeutung §§ 1666 Abs. 1 (Gerichtliche Maßnahmen bei Gefährdung des Kindeswohls) und 1697a BGB (Kindeswohlprinzip) hervorgehoben werden. Zur Entwicklung und Geltung der UN-KRK in Deutschland vgl. *Ivanits*, Die Stellung des Kindes S. 41 ff.; eine Übersicht über die gesetzlichen Grundlagen des Kindeswohls findet sich bei *Koritz*, FPR 2012, 212.

197 Vgl. *Harbauer* in: Gerber, Kindeswohl contra Elternwillen S. 44; *Kostka*, Im Interesse des Kindes S. 107.

198 Vgl. *Fthenakis*, Brühler Schriften zum Familienrecht 1984, 33 (38); *Köster*, Sorgerecht und Kindeswohl S. 116.

199 *Dettenborn*, Kindeswohl und Kindeswille S. 49.

200 Vgl. *Dettenborn*, Kindeswohl und Kindeswille S. 49.

201 Vgl. exemplarisch BGH, NJW 2010, 2805 ff.; OLG Braunschweig, BeckRS 2012, 05204; OLG Celle, BeckRS 2012, 17264.

202 Dazu kritisch *Rexilius* in Bergmann et al., Lösungsorientierte Arbeit im Familienrecht, S. 18 f., der darauf hinweist, dass auch diese Kriterien mangels *„eindeutiger Definitionen, passendender diagnostischer Instrumente und verbindlicher Interpretationsmuster“* wenig Aussagekraft besitzen.

203 *Olzen* in MüKo-BGB, § 1696 Rn. 22.

204 *Berger/Mansel* in Jauernig, BGB, § 1671 Rn. 6; *Jaeger* in Johannsen/Henrich, § 1671 Rn. 52 ff.

der „*Erhalt der (familiären) Bindungen*“[205] sowie die Frage nach „*Kontinuität und Stabilität*“[206] im Leben des Kindes als maßgeblich benannt. Aus diesen inhaltlichen Kriterien ergeben sich für die Definition des *kindgerechten Verfahrens* nur begrenzt unmittelbar ableitbare Anforderungen. Zwar kann sich auch ein Verfahren z.B. auf den Erhalt familiärer Bindungen auswirken; wie jedoch ein Verfahren ausgestaltet sein muss, um dieses Ziel zu erreichen, ergibt sich daraus nicht.

B. Kriterien für ein kindgerechtes Verfahren

Die Möglichkeiten, ein Verfahren kindgerecht auszugestalten sind vielfältig und können durch die unterschiedlichsten Beweggründe bestimmt sein. Im vorherigen Abschnitt wurde erläutert, dass die Zielsetzung, das Kindeswohl zu verwirklichen, für sich genommen nicht geeignet ist, um daraus konkrete Verfahrensanforderungen abzuleiten. Im Folgenden sollen daher weitere Aspekte diskutiert werden, die als kindgerechte Verfahrenskriterien in Betracht kommen.

I. Einvernehmen als Kriterium?

Fraglich ist, ob die Zielsetzung, *Einvernehmen zu erlangen*, ein taugliches Verfahrenskriterium ist. Das Einvernehmen wird gerade für den Bereich des Familienrechts wiederholt als maßgeblich zur Verwirklichung des Kindeswohls genannt. Für das familienrechtliche Verfahren findet sich der Gedanke des Einvernehmens in den §§ 36 Abs. 1 S. 2, 156, 163 Abs. 2, 165 Abs. 4 S. 1 FamFG. Im materiellen Zivilrecht findet er sich in den §§ 1626 Abs. 2 S. 2, 1627 S. 1, 1687 Abs. 1 S. 1, 1687b Abs. 1 S. 1 BGB sowie in § 17 Abs. 2 SGB VIII für den Bereich der Kinder- und Jugendhilfe. Mit der FGG-Reform und der Einführung des Mediationsgesetzes hat der Gedanke der einvernehmlichen Konfliktbeilegung an Bedeutung gewonnen. Der verstärkten Inanspruchnahme und Verbreitung konsensualer Konfliktlösungsmethoden bei familiären Streitigkeiten liegt die Erkenntnis zugrunde, dass die elterliche Kooperation erheblichen Einfluss auf die weitere Entwicklung des Kindes hat.[207] Mit dem elterlichen Einvernehmen wird die Hoffnung verbunden, dass sich die Einigung positiv auf das Verhalten der Eltern und somit auch auf das Kind auswirkt.

---

205 *Berger/Mansel* in Jauernig, BGB, § 1671 Rn. 6; *Jaeger* in Johannsen/Henrich, § 1671 Rn. 68 ff.

206 OLG Köln, BeckRS, 2012, 12088; *Coester* in Staudinger, BGB, § 1666 Rn. 71; *Jaeger* in Johannsen/Henrich, § 1671 Rn. 64 ff.

207 *Spengler* in: Weber/Schilling, Eskalierte Elternkonflikte S. 55.

Demgemäß nimmt der Aspekt des Einvernehmens eine wichtige Rolle ein, wenn es um die Frage nach einer kindgerechten Verfahrensausgestaltung geht. Für sich allein genommen eignet sich das Kriterium des Einvernehmens hingegen nicht zur Beurteilung, ob ein Verfahren kindgerecht ist. Konzentriert man die Verfahrensbeurteilung allein auf die Frage, ob Einvernehmen erzielt wurde, lässt man wichtige weitere Aspekte außer Acht.[208] Die Tatsache, dass eine Regelung einvernehmlich getroffen wurde, sagt zum Beispiel noch nichts darüber aus, ob die Interessen des Kindes ausreichend berücksichtigt,[209] ob das Kind am Verfahren angemessen beteiligt[210] und ob es vor nachteiligen Regelungen geschützt wurde. Auch § 156 Abs. 1 S. 1. FamFG stellt das Hinwirken auf Einvernehmen unter die Bedingung, dass *„dies dem Kindeswohl nicht widerspricht"*. Darüber hinaus ist auch die Frage, warum eine Einigung zustande gekommen ist, nicht unerheblich.[211] Gerade bei gerichtlichen Vergleichen lässt sich beobachten, dass die Motivation zur Einigung häufig eher aus einem Kosten- und Zeitdruck oder einer Unsicherheit der Beweis- oder Rechtslage resultiert, als aus dem Wunsch, eine gemeinsame Lösung zu finden.[212] Eine solche Motivation wirkt sich jedoch anders auf die Nachhaltigkeit der gefundenen Regelung und das Verhalten der Beteiligten aus, als eine von gegenseitigem Verständnis geprägte, selbst erarbeitete Regelung. Die Hintergründe des Einvernehmens und das Empfinden der Beteiligten im Einigungsprozess sind somit wichtige Faktoren bei der Frage nach einer kindgerechten Verfahrensgestaltung. Hinzu kommt, dass nicht ein einzelner Aspekt ausschlaggebend ist, sondern es immer auf ein Zusammenspiel mehrerer Faktoren ankommt. Aufgrund dessen wird der Aspekt des Einvernehmens in dieser Arbeit nicht als Kriterium zur Überprüfung ausgewählt.

---

208 Vgl. *Emery*, Renegotiating Family Relationships S. 69, der klarstellt, dass der Index, mit dem eine Mediation bewertet werden sollte, nicht die Tatsache der Einigung sein sollte. Vielmehr könne es in manchen Fällen ein Erfolg sein, keine Einigung zu erreichen.

209 Kritisch zu der Berücksichtigung der Kindesinteressen bei vereinbarten Regelungen, *Kostka*, FamPra.ch 2009, 634 (646); *Parkinson/Cashmore*, The voice of a child in family law disputes S. 217; *Salgo*, FPR 2010, 456 (457 f.).

210 Zu dem Risiko, dass die Anhörungs- und Beteiligungsrechte des Kindes in auf Einvernehmen zielenden gerichtlichen und außergerichtlichen Verfahren vernachlässigt werden, vgl. *Ivanits*, ZKJ 2012, 98 ff.

211 Vgl. *Ryrstedt*, International Journal of Law, Policy and the Family 2012, 220 (221), die darauf hinweist, dass die Frage, warum die Eltern sich geeinigt haben, von großer Bedeutung ist.

212 Vgl. *Falke/Gessner* in: Blankenburg/Gottwald et al., Alternativen in der Ziviljustiz S. 305.

Um eine differenzierte Betrachtung und eine umfassende Bewertung zu ermöglichen, sollen an Stelle des Einvernehmens die Parameter *Deeskalation*, *Förderung von Elternverantwortung*, *Schutz des Kindes* und *Kindesbeteiligung* zur Konkretisierung herangezogen werden.

II. Deeskalation

Erstes Beurteilungskriterium für ein kindgerechtes Verfahren soll der Aspekt Deeskalation sein. Das Ausmaß des Elternkonfliktes und die Qualität der Beziehungen innerhalb der Familie spielen eine Schlüsselrolle für die weitere Entwicklung des Kindes. In der Regel ist nicht die Trennung an sich als traumatisches Ereignis für die Entwicklung und das Wohlergehen des Kindes ausschlaggebend, sondern die Konflikthaftigkeit der Beziehung zwischen den Eltern.[213] Die Reduktion der familiären Konfliktbelastung wirkt sich positiv auf die Gesamtsituation der Familie aus. Somit ist die Frage, ob ein Verfahren eine deeskalierende Wirkung hat, ein wichtiger Indikator für ein kindgerechtes Verfahren.

Eine deeskalierende Wirkung wird angenommen, wenn durch das Verfahren eine Abschwächung des Konfliktniveaus eintritt und eine Eskalation, d.h. eine (unkontrollierte) Verschärfung des Konfliktes, verhindert wird. Der Eintritt einer deeskalierenden Wirkung lässt sich dabei auf unterschiedliche Gründe zurückführen. Während einige der Gründe auf die höchstpersönliche Situation der Parteien zurückzuführen sind,[214] lassen sich andere Kriterien mit der Verfahrensgestaltung in Verbindung bringen. Kriterien, die durch das Verfahren beeinflusst werden können, sind die *Kommunikation* sowie die *Verfahrensgerechtigkeit und Akzeptanz des Ergebnisses.*

1. Kommunikation

Konflikte und Kommunikation hängen untrennbar zusammen. Konflikte entstehen durch Kommunikation, werden durch diese ausgetragen und können durch sie gelöst werden.[215] Die Bedeutung von Kommunikation für ein Gelingen gemeinsamer Elternschaft und Sorge hat auch die Rechtsprechung wiederholt

---

213 Vgl. *Buchholz-Graf* in: Buchholz-Graf/Vergho, Beratung für Scheidungsfamilien S. 17; *Emery*, Renegotiating Family Relationships S. 205; *Holtzworth-Munroe*, Journal of family studies 2010, 116 (117); *Müller* in: *Weber/Schilling*, Eskalierte Elternkonflikte S. 104.

214 Eine deeskalierende Wirkung kann z.B. durch das Verstreichen von Zeit, durch eine veränderte Wohnsituation oder auch durch eine neue Partnerschaft eintreten.

215 *Gröne*, Lösungen durch Scheidungsmediation S. 46.

festgestellt und erkannt, dass es dem Wohl des Kindes am besten entspricht, wenn die Kommunikation auf der Elternebene verbessert wird.[216]

Ist die Beziehung zwischen zwei Menschen konfliktbelastet, so ist zumeist auch ihre Fähigkeit, miteinander zu kommunizieren, stark eingeschränkt. Bei Menschen im Konflikt bestehen meist drei Kommunikationsprobleme: Die Konfliktpartner kommunizieren nicht miteinander (oder zumindest nicht in einer Art und Weise, dass sie einander verstehen), sie hören sich gegenseitig nicht zu oder es treten Missverständnisse auf.[217] Diese Schwierigkeiten auf der Ebene der Kommunikation wirken sich wiederum konfliktverstärkend aus, was einen Teufelskreis bildet, aus dem die Betroffenen häufig nicht alleine herausfinden. Sätze wie: *„Ich kann mit ihm/ihr einfach nicht reden"*, *„er/sie versteht mich nicht"*, „er/*sie dreht mir das Wort im Mund um*" oder *„egal, was ich sage, es kommt überhaupt nicht bei ihr/ihm an"*, sind häufig von Menschen im Konflikt zu hören.

Über Kommunikation und die Gründe für ihr Funktionieren bzw. ihr Versagen gibt es zahlreiche wissenschaftliche Theorien. Diese darzulegen, würde den Rahmen dieser Arbeit sprengen. Herausgegriffen werden sollen daher nur die Grundlagen der Kommunikationslehre, die für ein Verständnis der folgenden Ausführungen erforderlich sind.

> *„Kommunikation ist ein Vorgang, bei dem Menschen (Sender) in verschiedenen Kommunikationsformen (verbale Sprache, Körpersprache, auch Schweigen) anderen Menschen (Empfängern) Mitteilungen (Nachrichten, Informationen, Botschaften) zukommen lassen, die diese aufnehmen (entschlüsseln).“*[218]

Auf diesem Übertragungswege kann es sowohl auf Sender-, als auch auf Empfängerseite zu zahlreichen Störungen kommen, die verhindern, dass eine Information so übermittelt und empfangen wird, wie vom Sender intendiert. Eine einzelne Nachricht enthält neben der Sachinformation gleichzeitig einen Beziehungsaspekt (wie behandele ich meine Mitmenschen durch meine Art der Kommunikation?), einen Selbstoffenbarungsaspekt (was gebe ich von meiner Persönlichkeit preis?) und einen Appellaspekt (was will ich bewirken?).[219] Diese

---

216 Vgl. OLG Brandenburg, BeckRS 2012, 14953; OLG Hamm, BeckRS 2012, 04021. Der Senat des OLG Hamm hat den Parteien sogar direkt vorgeschlagen – zum Wohle des Kindes – unter professioneller Anleitung ihre Kommunikation zu verbessern.

217 *Fisher et al.*, Das Harvard-Konzept S. 60 f.

218 *Gröne*, Lösungen durch Scheidungsmediation S. 47.

219 *Schulz von Thun*, Miteinander reden Bd. 1 S. 15.

vier Seiten einer Nachricht wirken auf den Empfänger, der wiederum die für ihn nicht eindeutigen Nachrichteninhalte, beeinflusst durch seine eigenen Erwartungen und Befürchtungen, mit Inhalt füllt.[220]

Abb: nach Schulz von Thun – Miteinander reden Bd. 1 S. 15.

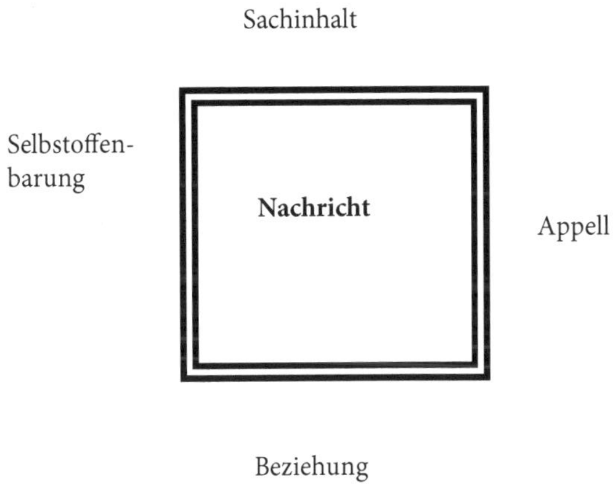

Bei Menschen im Konflikt ist vor allem die Beziehungsebene häufig so stark belastet, dass Nachrichten kaum noch vom Gegenüber ohne negative Eigenbewertung aufgenommen werden können.

In Bezug auf die Verfahrenssituation bedeutet dies, dass eine deeskalierende Wirkung eintritt, wenn die Kommunikation zwischen den Beteiligten verbessert und eine Fehlkommunikation aufgelöst werden kann.

2. *Verfahrensgerechtigkeit und Akzeptanz des Ergebnisses*

Eine deeskalierende Wirkung tritt auch dann ein, wenn die Beteiligten das Verfahren als fair empfinden und in der Lage sind, das Ergebnis zu akzeptieren.

Insbesondere für das Verhalten der Eltern nach der Trennung ist die Akzeptanz des Verfahrensergebnisses wichtig.[221] Die Scheidungsforschung hat gezeigt,

---

220 *Schulz von Thun*, Miteinander reden Bd. 1 S. 16.

221 Die Akzeptanz der Regelung durch das Kind und die Eltern wird z.T. sogar als das wichtigste Kindeswohlkriterium bezeichnet, vgl. *Autorenteam des Regensburger Modellprojekts* in: Buchholz-Graf/Vergho, Beratung für Scheidungsfamilien S. 54; *Lossen/Vergho*, FamRZ 1993, 768 (769).

dass gerade die Konflikte der Eltern, die nach der Trennung fortbestehen, sich negativ auf die Kinder und ihre Entwicklung auswirken.[222] Können die Eltern die gefundene Regelung innerlich annehmen, reduziert dies nachweislich die psychischen Belastungen für das Kind.[223]

Ob die Konfliktpartner eine Regelung akzeptieren, hängt maßgeblich davon ab, ob das Verfahren als solches – also der Weg zum Ergebnis – als fair empfunden wird.[224] Empfinden die Parteien das Verfahren subjektiv als gerecht,[225] besteht für sie kein Bedürfnis, den Streit eskalieren zu lassen.

III. Förderung von Elternverantwortung

Als weiteres Kriterium für ein kindgerechtes Verfahren soll der Aspekt *Förderung von Elternverantwortung* herangezogen werden.

Inwieweit ein Kind unter dem Auseinandergehen seiner Eltern leidet, hängt von verschiedenen – oftmals individuellen – Faktoren ab. Neben Alter, Entwicklungsstand, mentaler Konstitution des Kindes, Qualität der Beziehung zu den Eltern, Unterstützung seitens anderer Bezugspersonen sowie weiteren Resilienzfaktoren, hängt die Überwindung der Trennungsfolgen maßgeblich davon ab, ob die Eltern bereit sind, auch nach der Trennung ihrer Elternverantwortung nachzukommen.[226] Vermitteln diese dem Kind Sicherheit, Stabilität und Orientierung und stehen – möglichst gemeinsam – als Ansprechpartner zur Verfügung, kann die psychische Belastung des Kindes erheblich reduziert werden.[227]

Abstrakt formuliert, kann unter dem Begriff *Elternverantwortung* in Anlehnung an Art. 6 Abs. 2 S. 1 GG sowie § 8 Abs. 1 SGB VIII das Zusammentreffen von Elternrecht und Elternpflicht zur Pflege und Erziehung ihres Kindes verstanden

---

222 Vgl. *Bastine* in: Bundeskonferenz für Erziehungsberatung – Scheidungsmediation S. 34; *Staub/Felder*, Scheidung und Kindeswohl S. 22.

223 *Kaltenborn*, FamRZ 1987, 990 (998 f.).

224 Vgl. *Montada*, FPR 2004, 182 (185).

225 Die subjektive Vorstellung von Gerechtigkeit muss von der objektiven Gerechtigkeit, die sich an normativ-formalen Prinzipien orientiert, unterschieden werden. Auch wenn sich Menschen oftmals an objektiven Gerechtigkeitsprinzipien orientieren (z.B. Freiheit, Solidarität und Gleichheit), bestimmt ihre subjektive Auffassung ihr zukünftiges Verhalten, vgl. *Klinger/Bierbrauer*, ZKM 2006, 36.

226 Vgl. *Kostka*, Im Interesse des Kindes S. 165 ff.; *Rexilius* in Bergmann et al., Lösungsorientierte Arbeit im Familienrecht, S. 21.

227 *Rexilius* in Bergmann et al., Lösungsorientierte Arbeit im Familienrecht, S. 33.

werden.[228] Die Förderung von Elternverantwortung und die Unterstützung bei der Wahrnehmung ist in § 17 SGB VIII festgeschrieben.[229]

In der konkreten Situation von Trennung und Scheidung bedeutet Elternverantwortung, für das Kind da zu sein, ihm so weit wie möglich Kontinuität und Stabilität zu bieten und als Eltern gemeinsam die Pflege und Erziehung zu gestalten sowie die erforderlichen Entscheidungen zu fällen. Die Präsenz der Eltern (psychische und physische Anwesenheit) ist mit der damit verbundenen Verantwortungsübernahme ein wesentlicher Faktor für die Bewältigung der Trennungsfolgen durch das Kind.[230]

Voraussetzung für die Übernahme von Verantwortung sind die Bereitschaft und die Fähigkeit, autonom zu handeln. Für das Verfahren kommt es daher maßgeblich darauf an, ob es die Autonomie der Parteien fördert oder diese hemmt. Autonomie, abgeleitet von dem altgriechischen Wort *„autonomia"* kann als *„sich selbst Gesetze gebend"* übersetzt werden und wird mit Merkmalen wie Selbständigkeit, Selbstbestimmung und Entscheidungsfreiheit gleichgesetzt.[231] Im Verfahren kann sich die Autonomie der Konfliktpartner sowohl auf die Ausgestaltung des Verfahrens, als auch auf die inhaltliche Entscheidung beziehen.

---

228 Vgl. *Wiesner* in Wiesner, SGB VIII, § 8 Rn. 10.

229 In § 17 SGB VIII heißt es:

„(1) Mütter und Väter haben im Rahmen der Jugendhilfe Anspruch auf Beratung in Fragen der Partnerschaft, wenn sie für ein Kind oder einen Jugendlichen zu sorgen haben oder tatsächlich sorgen. Die Beratung soll helfen,

1. ein partnerschaftliches Zusammenleben in der Familie aufzubauen,

2. Konflikte und Krisen in der Familie zu bewältigen,

3. im Fall der Trennung oder Scheidung die Bedingungen für eine dem Wohl des Kindes oder des Jugendlichen förderliche Wahrnehmung der Elternverantwortung zu schaffen.

(2) Im Fall der Trennung und Scheidung sind Eltern unter angemessener Beteiligung des betroffenen Kindes oder Jugendlichen bei der Entwicklung eines einvernehmlichen Konzepts für die Wahrnehmung der elterlichen Sorge und der elterlichen Verantwortung zu unterstützen; dieses Konzept kann auch als Grundlage für einen Vergleich oder eine gerichtliche Entscheidung im familiengerichtlichen Verfahren dienen.

(3) Die Gerichte teilen die Rechtshängigkeit von Scheidungssachen, wenn gemeinschaftliche minderjährige Kinder vorhanden sind, sowie Namen und Anschriften der beteiligte Eheleute und Kinder dem Jugendamt mit, damit dieses die Eltern über das Leistungsangebot der Jugendhilfe nach Absatz 2 unterrichtet."

230 *Grabbe* in Bergmann et al., Lösungsorientierte Arbeit im Familienrecht, S. 83 f.

231 Duden-online, abgerufen unter www.duden.de (Stand 17.06.2013).

Der Grund, warum das Kriterium der Autonomie so wichtig für ein „Funktionieren als Eltern" nach der Trennung ist, liegt in dem höchstpersönlichen Charakter familiärer Beziehungen. Nur wenn die Eltern befähigt werden, eine eigene Lösung für ihren stark personalisierten Konflikt zu erarbeiten, werden Selbstheilungskräfte aktiviert, die eine Reorganisation des Beziehungsgefüges ermöglichen.[232] Bei einer delegierten Fremdentscheidung ist eine Verarbeitung der konfliktauslösenden Gefühle nur schwer möglich. Die Stärkung oder Wiederherstellung der Elternautonomie ist daher von zentraler Bedeutung für die positive Gestaltung des familiären Lebens nach der Trennung.[233] Sowohl das Wohl der Eltern, als auch das Wohl des Kindes können im Sinne einer *„emanzipatorischen Selbstverantwortung der Parteien für ihren Konflikt"* allein von den Eltern eingelöst werden.[234] Der Familie ist daher am meisten gedient, wenn die Eltern durch das Verfahren *„empowered"*, also befähigt und bestärkt werden, die Familie wieder (besser) zu leiten.[235]

IV. Schutz des Kindes

Weiteres Kriterium zur Beurteilung des Verfahrens soll der Gesichtspunkt *Schutz des Kindes* sein. Die Verpflichtung zum Schutz des Kindes *durch das Verfahren* und *im Verfahren* resultiert aus dem staatlichen Wächteramt. Ein Verfahren – sei es gerichtlich oder außergerichtlich – muss gewährleisten, dass ein Ergebnis gefunden wird, das nicht kindeswohlgefährdend ist. Aus staatlicher Sicht ist im Hinblick auf das Kindeswohl eine einvernehmliche Regelung nur unproblematisch, wenn hinsichtlich des einvernehmlich gefundenen Ergebnisses eine Kontrollmöglichkeit besteht.[236] Darüber hinaus darf auch das Verfahren selbst keine Gefährdung des Kindes bedeuten und es muss gewährleistet sein, dass eine dem jeweiligen Schutzbedürfnis des Kindes entsprechende Interessenvertretung des Kindes gegeben ist.

---

232 Vgl. *Autorenteam des Regensburger Modellprojekts* in: Buchholz-Graf/Vergho, Beratung für Scheidungsfamilien S. 46; *Proksch*, FamRZ 1989, 916 (918); *ders.* in: Hahn/Lomberg et al., Scheidung und Kindeswohl S. 56.

233 So auch *Bröning*, Kinder im Blick S. 21; *Schüler/Löhr* in: Walper, Fichtner et al., Hochkonflikthafte Trennungsfamilien S. 152.

234 *Proksch*, FamRZ 1989, 916 (918).

235 Vgl. *Bush/Folger*, The promise of mediation S. 20 ff.; *Galton*, Dispute Resolution Magazine 1996/97, 5.

236 Entwurf eines Gesetzes zur Reform des Verfahrens in Familiensachen und in den Angelegenheiten der freiwilligen Gerichtsbarkeit (im Folgenden RegE, FGG-Reformgesetz), BT-Drs. 16/6308 S. 376.

Insgesamt sind somit Kontroll-, Schutz- und ggf. Interventionsmechanismen zu fordern, die sicherstellen, dass die gefundene Regelung dem Kindeswohl entspricht und eine Überforderung des Kindes durch das Verfahren verhindert wird. Das grundsätzliche Spannungsverhältnis zwischen der Schutzfunktion des Staates bezüglich des Kindeswohls und der Annahme, dass die Eltern im Sinne des Kindes - zu seinem Wohl - handeln werden,[237] gilt es, so gut wie möglich aufzulösen.

V. Kindesbeteiligung

Als viertes Kriterium soll, unter Berücksichtigung der vorangegangenen Ausführungen zum Schutz des Kindes, die *Kindesbeteiligung* herangezogen werden.

Die Beteiligung des Kindes wird als Grundvoraussetzung und maßgeblicher Faktor für ein kindgerechtes Verfahren angesehen.[238] Es besteht Einigkeit darüber, dass eine kindgerechte Lösung des Konfliktes ohne Berücksichtigung der Sichtweise des Kindes nicht erreicht werden kann.[239] Die Beteiligung des Kindes garantiert, dass dieses als Grundrechtsträger wahrgenommen wird und dass seine Bedürfnisse und Interessen Beachtung finden.

C. Zusammenfassung

Mit den herausgearbeiteten Aspekten *Deeskalation*, *Förderung von Elternverantwortung*, *Schutz des Kindes* und *Kindesbeteiligung* wurden vier wesentliche Kriterien gefunden, die eine aussagekräftige und fundierte Überprüfung eines Verfahrens unter dem Aspekt der kindgerechten Verfahrensgestaltung ermöglichen. Während die Kriterien *Deeskalation* und *Förderung von Elternverantwortung* elternzentrierte Parameter sind und die persönliche Beziehung der Eltern abbilden, wird mit dem *Schutz des Kindes* und der *Kindesbeteiligung* das Kind in den Fokus der Untersuchung gestellt. Die Wahl von sowohl eltern- als

---

237 *Paquin*, Mediation Quarterly 1988, 69.

238 Vgl. z.B. *Ivanits*, Die Stellung des Kindes S. 144 f.

239 So auch Committee on the Rights of the Child, General Comment No. 12 (2009) Abs. 74 (im Folgenden (UN) CRC/C/GC/12), abzurufen unter http://www2.ohchr.org/english/bodies/crc/docs/AdvanceVersions/CRC-C-GC-12.pdf (letzter Zugriff am 13.07.2013): „ *[...] there can be no correct application of article 3 if the components of article 12 are not respected*" sowie *James/Haugen/Rantalaiho/Marples*, International Journal of Children's Rights 2010, 313 (331); *Peter*, FamPra.ch 2011, 633 (646).

auch kindzentrierten Parametern berücksichtigt den Umstand, dass eine Verwirklichung des Kindeswohls ohne ein entsprechendes Verhalten der Eltern nicht möglich ist.[240]

240 Vgl. *Rabaa*, Kindeswohl im Elternkonflikt S. 38 sowie *Reitz*, Die Behandlung des Sorgerechtskonfliktes S. 223, die sich dafür aussprechen, das Kindeswohl um den Aspekt des Familienwohls zu ergänzen.

§ 5 Das Mediationsverfahren als kindgerechtes Verfahren

Im letzten Abschnitt wurden Kriterien herausgearbeitet, anhand derer überprüft werden kann, ob ein Verfahren kindgerecht ist. Anhand dieser soll nun untersucht werden, ob das Mediationsverfahren geeignet ist, kindgerechte Lösungen hervorzubringen und ob es so ausgestaltet ist, dass es dem Kindeswohl bestmöglich dient. Die Parameter werden hierzu unter inhaltlichen und rechtlichen Gesichtspunkten bewertet.

Um eine Grundlage für die Analyse zu bereiten, wird vorab die empirische Forschung auf diesem Gebiet in einem Überblick dargestellt. Auf die inhaltlichen Ergebnisse der Studien wird sodann im Rahmen der Überprüfung der Parameter eingegangen.

A. Empirische Nachweise

Trotz der steigenden Bekanntheit des Mediationsverfahrens in Deutschland existieren erstaunlich wenige Forschungsarbeiten oder Studien, die sich qualifiziert dem Thema Mediation und Kinder zuwenden. Nicht zu Unrecht spricht *Bastine*[241] im Rahmen eines Vortrages im Jahre 2002 von einer *„eklatanten Forschungslücke"*.

Diese Forschungslücke wurde in den letzten Jahren teilweise dadurch geschlossen, dass in einigen empirischen Untersuchungen die Auswirkungen der Mediation auf Kinder zumindest als Teilaspekt integriert wurden.

So untersucht beispielsweise *Greger* im Rahmen der Pilotstudie *„Mediation und Gerichtsverfahren in Sorge- und Umgangsrechtskonflikten – Vergleich von Kosten und Folgekosten"*[242] neben weiteren Aspekten auch die Auswirkungen des jeweiligen Verfahrens auf die Kinder. Sowohl in Bezug auf das Gerichtsverfahren als auch in Bezug auf das Mediationsverfahren erforscht er die Akzeptanz der jeweiligen Entscheidung bei den Kindern, die Auswirkungen des Verfahrens auf die Eltern-Kind-Beziehung sowie auf die Entwicklung des Kindes. Die Studie besteht aus einer retrospektiven (2005) sowie einer zeitnahen Vergleichsuntersuchung (Beginn 2007). Untersucht wurden an 22 Projektgerichten die Kosten und Folgekosten von

241 *Bastine*, Vortrag Bad Boll 2002 S. 7.

242 *Greger*, Pilotstudie Mediation.

Familiengerichts- und Familienmediationsverfahren in Sorge- und Umgangsrechtsstreitigkeiten, die Verfahrens- und Ergebniszufriedenheit sowie die Nachhaltigkeit der getroffenen Entscheidung oder Vereinbarung. Insgesamt wurden 219 Gerichtsverfahren sowie 82 Mediationen (50 Rückmeldungen von Medianten) ausgewertet. In der zeitnahen Vergleichsuntersuchung wurden 23 Rechtsanwältinnen und Rechtsanwälte zu ihren Erfahrungen befragt sowie um eine Falldokumentation gebeten. 2009 erfolgte eine ergänzende Erhebung. Die Studie wurde durch Erfahrungsberichte und Fachgespräche inhaltlich ergänzt.

Als weitere Studien aus dem deutschsprachigen Raum sind die Studien von *Bastine et al*[243] zu nennen. *Bastine et al.* werteten in den Jahren 1996–1998 Daten von insgesamt 54 Familienmediationen aus. Dabei befragten sie nicht nur die Medianten (Studie 1) sondern auch die Mediatoren (Studie 2). Es folgte eine Nachbefragung der Medianten 14 Monate nach Beendigung der Mediation (hieran nahmen 63 % der ursprünglichen Stichprobe teil).[244]

Auch die von *Proksch* im Auftrag des Bundesministeriums für Familie, Senioren, Frauen und Jugend durchgeführte Pilotstudie (1990–1991 am Stadtjugendamt Erlangen)[245] sowie die Hauptstudie (1992–1997 am Stadtjugendamt Jena)[246], überprüfen die Auswirkungen kooperativer Vermittlungen in streitigen Familiensachen. Bei der Pilotstudie wurden 27 Paare zu ihren Erfahrungen mit der am Jugendamt durchgeführten Vermittlung befragt und 24 Paare (Kontrollgruppe) zu den Auswirkungen des gerichtlichen Verfahrens.[247] Im Rahmen der Hauptstudie wurden in der Praxisphase der Studie 210 Elternpaare (mit insgesamt 304 Kindern), die Anträge beim Familiengericht Jena rechtshängig gemacht hatten, auf die Möglichkeit der Mediation durch das Jugendamt hingewiesen.[248] Nachdem sich einige Eltern vorab geeinigt oder ihre Anträge zurückgenommen hatten, kamen 116 Paare für die Vermittlung in Betracht. 14,3 % dieser Eltern lehnten eine Vermittlung ab, sodass mit 86 Elternpaaren schließlich eine Mediation durchgeführt wurde. 75,6 % dieser Elternpaare erreichten eine Einigung.[249] Zu den Auswirkungen der Mediation fanden eine Befragung vor der Vermittlung, am Ende der Vermittlung sowie zwei weitere Befragungen in einem

243 *Bastine et al.*, Unterstützung von Familien in Scheidung; kritisch zu der Aussagekraft der Studienergebnisse *Kostka*, FamPra.ch 2009, 634 (641 f.).

244 *Bastine et al.*, Unterstützung von Familien in Scheidung S. 12.

245 *Proksch*, Pilotstudie.

246 *Proksch*, Hauptstudie.

247 *Proksch*, Pilotstudie S. 40.

248 *Proksch*, Hauptstudie S. 90.

249 *Proksch*, Hauptstudie S. 97 f.

Abstand von jeweils neun Monaten statt.[250] Zusätzlich wurden mit zufällig ausgewählten Teilnehmern ergänzende Interviews geführt. In 14 dieser Interviews wurden auch Kinder befragt.[251]

Bei Durchsicht der Studien zeigt sich, dass die empirische Forschung auf diesem Gebiet mit vielen Schwierigkeiten verbunden ist. Neben den typischerweise mit empirischen Studien verbundenen Schwierigkeiten, wie etwa einer geringen Anzahl von Rückmeldungen, kommen bei Untersuchungen mit Kindesbezug weitere Hindernisse hinzu. Vor allem ist es schwierig, die direkte Perspektive der Kinder zu erfassen. Viele Kinder sind zum einen schon aufgrund ihres jungen Alters noch nicht in der Lage, Fragen einer Studie zu beantworten, zum anderen kann es auch aus ethischen Gründen abgelehnt werden, Kinder direkt in den Forschungsprozess mit einzubeziehen und sie mit belastenden Situationen zu konfrontieren. Aufgrund dessen wird in vielen deutschen Studien von einer direkten Befragung der Kinder abgesehen und die Einschätzung wird von den Eltern, den Richtern oder den Mediatoren vorgenommen.[252] Dieses Vorgehen ist verständlich, birgt aber den Nachteil, dass sich die Perspektive der Kinder nicht unmittelbar in den Ergebnissen widerspiegelt.

Während in Deutschland bei der Befragung von Kindern Zurückhaltung herrscht, werden im Rahmen ausländischer Studien die Kinder oft direkt beteiligt und befragt. Diese Studien bieten interessante Einblicke in die Wahrnehmung der Kinder und sollen insbesondere unter diesem Aspekt zusätzlich herangezogen werden. Besonders aussagekräftig sind die australischen Studien von *Parkinson/Cashmore*[253] und *McIntosh et al*[254]. In der in Australien durchgeführten Studie von *Parkinson/Cashmore* wurden verschiedene Ansätze gewählt, um sich dem Thema Kinder in der Mediation zu nähern. Neben Literaturauswertungen wurden in den Jahren 2002 bis 2005 Interviews mit den Eltern, den Kindern und den professionell am Verfahren Beteiligten geführt und ausgewertet. Insgesamt wurden Interviews mit 47 Kindern, 90 Eltern, 42 Anwälten, 41 Mediatoren/Vermittlern sowie 20 Justizbeamten geführt. Zum Teil fanden Zweit-Interviews nach einigen Monaten statt.[255]

250 *Proksch*, Hauptstudie S. 83.

251 *Proksch*, Hauptstudie S. 66.

252 So auch in der Studie von *Greger*, Pilotstudie Mediation. Ebenfalls ohne eine direkte Befragung der Kinder wurde die Studie von *Bastine et al.*, Unterstützung von Familien in Scheidung durchgeführt.

253 *Parkinson/Cashmore*, The voice of a child in family law disputes.

254 *McIntosh/Long*, Studie 2006; *McIntosh/Long/Wells*, Studie 2009.

255 *Parkinson/Cashmore*, The voice of a child in family law disputes S. 30 f.

Die ebenfalls in Australien für das *Attorney-General's-Departement* der australischen Regierung in den Jahren 2004 bis 2009 durchgeführten Studien von *McIntosh et al.*, untersuchen die Auswirkungen der direkten und indirekten Einbeziehung von Kindern in die Mediation und liefern wertvolle Einblicke in das Erleben der Kinder. An der Ausgangsstudie nahmen 142 Familien teil und es wurden die Auswirkungen auf insgesamt 364 Kinder erfasst. 193 Kinder im Alter zwischen fünf und sechzehn Jahren wurden direkt befragt.[256] Es folgten Folgeuntersuchungen und Interviews drei Monate und 12 Monate nach Beendigung der Mediation sowie in einer umfangreichen Folgestudie vier Jahre später, an der immerhin noch 79 % der ursprünglichen Studienteilnehmer partizipierten.[257]

Eine der aktuellsten Studien, ebenfalls aus Australien, wurde von *Bell, Cashmore et al.*[258] durchgeführt. Im Rahmen der Studie wurden 33 Elternpaare zu ihren Erfahrungen und Einschätzungen der durchgeführten Mediation persönlich befragt. Ziel der Studie war es, herauszufinden, ob bei einer Mediation mit direkter Beteiligung des Kindes andere Auswirkungen und Ergebnisse der Mediation auftreten als bei einer Mediation, bei der die Kinder nicht anwesend waren. Im Unterschied zu der Studie von *McIntosh et al.,* bei der die Eltern eine Mediation freiwillig in Anspruch nahmen, untersucht die Studie von *Bell, Cashmore et al.* auch die Auswirkungen der Mediation auf Eltern, die eine Mediation als obligatorisches Vorstadium eines gerichtlichen Verfahrens durchlaufen mussten.[259] Direkt in den Interviews zu Wort gekommen sind hier lediglich drei Kinder.[260]

Auch wenn die Aussagekraft empirischer Ergebnisse je nach Kontext und Aufbau der Studie variiert,[261] spiegeln die Ergebnisse Grundtendenzen wider, die für die Bewertung des Mediationsverfahrens hilfreich sind.

---

256 *McIntosh/Long*, Studie 2006 S. 6.

257 *McIntosh/Long/Wells*, Studie 2009 S. 8.

258 *Bell/Cashmore/Parkinson/Single*, International Journal of Law, Policy and the Family 2013, 116 ff.

259 *Bell/Cashmore/Parkinson/Single*, International Journal of Law, Policy and the Family 2013, 116 (119).

260 *Bell/Cashmore/Parkinson/Single*, International Journal of Law, Policy and the Family 2013, 116 (120).

261 Selbst kritisch hinsichtlich der Aussagekraft eines Teils der Untersuchung *Greger*, Pilotstudie Mediation S. 83; kritisch zu den Forschungserkenntnissen auf dem Gebiet der Mediation im Allgemeinen, *Kostka*, FamPra.ch 2009, 634 (637).

B. Beurteilung des Mediationsverfahrens anhand der erarbeiteten Kriterien

Das Mediationsverfahren wird nun anhand der Parameter *Deeskalation*, *Förderung von Elternverantwortung*, *Schutz des Kindes* und *Kindesbeteiligung* untersucht. Hierbei werden, um eine möglichst breite Beurteilungsgrundlage zu bilden, neben den empirischen Daten Stimmen und Erkenntnisse aus der Literatur herangezogen.

I. Deeskalation

Wie bereits dargestellt, wirkt sich die Reduzierung des familiären Konfliktniveaus positiv auf das Kind aus. Gegenteilig formuliert lässt sich feststellen, dass bei verhaltensauffälligen Kindern und Jugendlichen hierfür oft ein nicht bewältigter Elternkonflikt mitursächlich ist.[262]

Für das Verfahren der Mediation stellt sich daher die Frage, ob dieses eine Deeskalation, eine Reduzierung des Konfliktniveaus bewirkt. Diese Frage soll im Folgenden anhand der herausgearbeiteten Parameter *Kommunikation* sowie *Verfahrensgerechtigkeit und Akzeptanz des Ergebnisses* untersucht werden.

1. *Kommunikation*

Wie bereits dargestellt, haben Menschen im Konflikt ihre Fähigkeit, konstruktiv miteinander zu kommunizieren, weitestgehend verloren. Ein Verfahren wirkt sich daher besonders dann positiv auf die Beteiligten aus, wenn die Kommunikation der Konfliktpartner verbessert und Fehlkommunikationen verhindert werden können. Aufgrund dessen spielt der Aspekt der Kommunikation in der Mediation eine wichtige Rolle, was sich auch in den Regelungen des Mediationsgesetzes zeigt. § 2 Abs. 3 S. 2 MediationsG schreibt als Aufgabe des Mediators fest, die Kommunikation der Parteien zu fördern, in § 2 Abs. 5 S. 2 MediationsG wird bestimmt, dass der Mediator die Mediation beenden kann, wenn er zu der Auffassung gelangt, dass eine eigenverantwortliche Kommunikation der Parteien nicht zu erwarten ist.

Die Auswirkungen, die eine Mediation speziell auf das Kommunikationsverhalten der Beteiligten hat, sind bislang empirisch noch nicht ausreichend erforscht. Dies mag zum einen daran liegen, dass es schwierig ist, das Kommunikationsverhalten genau zu ermitteln,[263] zum anderen daran, dass eine genaue

---

262 *Greger*, Pilotstudie Mediation S. 131.

263 Daher kritisch zu den durchgeführten Studien *Ivanits*, Die Stellung des Kindes S. 166.

Erfassung umfangreiche Folgestudien erforderlich machen würde, um zu überprüfen, ob sich das Kommunikationsverhalten der Beteiligten nachhaltig geändert hat. Die (wenigen) vorhandenen Studien, die Aspekte wie die Kooperationsbereitschaft und die Beziehung der Eltern untereinander untersucht haben, zeichnen ein durchmischtes Bild. In der Studie von *Bastine et al.*[264] antworteten die Eltern auf die Frage, ob sie seit der Mediation besser miteinander reden können, wie folgt: 10,64 % der Eltern antworteten mit *„Ja"*, 38,30 % mit *„eher ja"*, 29,79 % mit *„weder noch"*, 4,26 % mit *„eher nein"* und immerhin 17,02 % mit *„nein"*. Bei der Nachbefragung der Medianten 14 Monate nach Abschluss der Mediation beantworteten nur noch 57 % der Eltern die Frage mit *„Ja"* oder *„eher ja"* (direkt nach Beendigung der Mediation waren es 68,09 %). 36, 17 % gaben nun an, dass keine verbesserte Kommunikation seit der Mediation bestehe (Antwort *„nein"*). In der Studie von *Greger*, in der die Eltern zu den Auswirkungen der Mediation auf ihre Beziehung befragt wurden, berichteten nur 13 % der Befragten von negativen Auswirkungen.[265] Über die Hälfte der Eltern bewerteten die Auswirkungen auf ihre Beziehung mit *„sehr positiv"* oder *„positiv"*.[266] Auch die Ergebnisse der Pilotstudie von *Proksch* lassen auf eine – wenn auch nicht immer signifikante – Verbesserung von Kooperation und Kommunikation der Konfliktpartner untereinander schließen. Während vor Beginn der Vermittlung 57,6 % der Eltern angaben, dass eine Zusammenarbeit mit dem anderen Elternteil nicht möglich sei, waren es nach der Vermittlung 48,5 %. Die eigene Fähigkeit zur Kooperation schätzten nach der Vermittlung 78,1 % (vorher 67,6 %) als gut ein.[267] In der Hauptstudie gaben 77,3 % der Frauen und 61,1 % der Männer vor der Vermittlung an, nicht bzw. gar nicht miteinander reden zu können. Nach der Mediation waren es nur noch 26 % der Frauen und 13,9 % der Männer.[268] Am stärksten verbesserte sich laut der Studie die Kooperation hinsichtlich der gemeinsamen Elternschaft. Während vor der Vermittlung nur 6,5 % der Frauen und 8,3 % der Männer angaben, selten oder nie Konflikte wegen der Kinder zu haben, waren es nach der Mediation 34,8 % der Frauen und 47,3 % der Männer. Bei der zweiten Nachbefragung gaben dies sogar 44,4 % der Frauen und 58,3 % der Männer an. Die streitbefriedende Wirkung scheint somit fortzuwirken.

---

264 *Bastine et al.*, Unterstützung von Familien in Scheidung Anhang Tabelle C 40 und C 89.

265 Bei der Vergleichsstudie über das Gerichtsverfahren waren es 46 %.

266 *Greger*, Pilotstudie Mediation S. 71.

267 *Proksch*, Pilotstudie S. 46.

268 *Proksch*, Hauptstudie S. 133.

In der Studie von *Bell, Cashmore et al.*, berichteten die Eltern übereinstimmend von einer Verbesserung der Kommunikation durch die Mediation.[269]

Nachdem die empirischen Untersuchungen keinen eindeutigen Befund liefern, soll das Zusammenspiel von Mediation und Kommunikation aus theoretischer Sicht beleuchtet werden. Es stellt sich die Frage, auf welche Wirkmechanismen der Mediation aus theoretischer Sicht zurückgegriffen werden kann, um die Annahme zu belegen, dass die Mediation sich positiv auf die Kommunikation der Medianten auswirkt.

Als erster Anhaltspunkt kann dienen, dass die Kommunikation in der Mediation thematisiert wird. Viele Mediatoren sprechen bereits am Anfang der Mediation mit den Medianten über die Kommunikation. Nicht selten werden in der Eingangsvereinbarung konkrete Regeln über die Art und Weise vereinbart, wie in der Mediation miteinander kommuniziert und umgegangen werden soll. Hier können, je nach Fallkonstellation und Wunsch der Beteiligten, ein respektvoller Umgang, gegenseitiges Ausredenlassen, das Unterlassen verletzender und beleidigender Äußerungen oder auch konkrete Sprechzeiten vereinbart werden.

Um die Kommunikation der Parteien zu fördern, achtet der Mediator darauf, dass die Medianten respektvoll miteinander umgehen und gleichermaßen zu Wort kommen (§ 2 Abs. 3 S. 2 MediationsG). Durch seine Art zu kommunizieren, beeinflusst er das Verhalten der Medianten und hilft ihnen, sich gegenseitig zuzuhören. Er strukturiert die Kommunikation der Medianten und durchbricht in Wahrnehmung seiner verfahrensleitenden Position destruktive Kommunikationsstile.[270]

Um eine Verbesserung der Kommunikation zu erreichen, bedienen sich Mediatoren bestimmter Kommunikationstechniken.[271] Zu den Grundqualifikationen eines jeden Mediators gehören das aktive Zuhören, das Paraphrasieren, das Zusammenfassen von Inhalten, die Trennung der Sach- und Beziehungsebene sowie zahlreiche Fragetechniken.[272] Geprägt ist das Kommunikationsverhalten

---

269 *Bell/Cashmore/Parkinson/Single*, International Journal of Law, Policy and the Family 2013, 116 (132).

270 Ausführlich zu den Möglichkeiten, destruktive Kommunikationsformen zu vermeiden, siehe *Rosenberg*, Gewaltfreie Kommunikation.

271 Zu den Kommunikationstechniken in der Mediation, vgl. *Diez*, Werkstattbuch Mediation S. 158–209; *Schweizer* in Haft/Schlieffen, Hdb.-Mediation, § 14 Rn. 1 ff. sowie *Weiler/Schlickum*, Praxisbuch Mediation S. 26 ff.

272 Dazu im Einzelnen *Horn*, FPR 2006, 363 ff.; *Kessen/Troja* in Haft/Schlieffen, Hdb.-Mediation, § 13 Rn. 29 ff. sowie *Etscheit* in Fritz/Pielsticker, MediationsG, Teil II Rn. 61 ff.

vieler Mediatoren von der durch *Rosenberg*[273] begründeten Methode der Gewaltfreien Kommunikation. Diese Methode fußt auf vier Komponenten: der Beobachtung einer Situation, der Äußerung von Gefühlen, der Mitteilung von Bedürfnissen sowie der Formulierung einer spezifischen Bitte. Ziel dieses Kommunikationsverhaltens ist es, Beobachtungen von Wertungen zu unterscheiden, die eigenen Gefühle festzustellen und diese dem Gegenüber zu offenbaren. Gleichzeitig wird angestrebt, Verantwortung für die eigenen Gefühle zu übernehmen und die daraus resultierenden Bedürfnisse nach außen zu tragen. Schuldzuweisungen sollen vermieden werden. Schließlich soll mit einer positiv formulierten Bitte (und nicht einer Forderung), der konkrete Wunsch an den Gesprächspartner gerichtet werden. Durch diese „achtsame" Kommunikationsform sollen Missverständnisse und Angriffe vermieden, und ein ehrlicher Austausch ermöglicht werden. In der Mediation kann die Gewaltfreie Kommunikation vom Mediator selbst verwendet werden, um mit den Medianten zu kommunizieren, aber auch die Kommunikation der Medianten kann durch Anleitung entsprechend unterstützt werden.

Im Sinne der Gewaltfreien Kommunikation ist es Aufgabe des Mediators, Angriffe und Schuldzuweisungen in wertneutrale Aussagen umzuformulieren und die geäußerten Ansichten und Positionen in bewertungsfreie Themen umzuformulieren.[274]

Gelingt es dem Mediator, eine positive oder zumindest wertneutrale Kommunikation zwischen den Medianten zu fördern, tritt in der Regel eine deutliche Entspannung des Konfliktes ein. Gerade bei familiären Konflikten, bei denen sich Kommunikationsmuster über viele Jahre verfestigt haben, kann durch eine Durchbrechung alter Kommunikationsmuster viel gewonnen werden. Allein der Umstand, dass sich die Eltern nicht mehr negativ vor dem Kind über den anderen Elternteil äußern oder Streitigkeiten vor ihm austragen, führt bei den betroffenen Kindern zu einer wesentlichen Entlastung. Durch die veränderte Kommunikation fällt es den Medianten leichter, die Bedürfnisse des anderen Elternteils wahrzunehmen und dessen Ansichten zu verstehen. Die positiven Auswirkungen der Mediation auf die gegenseitige Wahrnehmung konnten durch die Studie von *Greger* belegt werden. Die hinsichtlich der Akzeptanz der Lösung untersuchte gegenseitige Einschätzung fiel bei den „Mediationseltern" wesentlich besser aus als bei der Vergleichsgruppe der

273 Die folgenden Ausführungen zur Gewaltfreien Kommunikation sind *Rosenberg*, Gewaltfreie Kommunikation S. 25–109 entnommen.

274 *Kessen/Troja* in Haft/Schlieffen, Hdb.-Mediation, § 13 Rn. 30.

„Gerichtseltern".[275] Dieses Ergebnis verleitet zu der Annahme, dass die „Mediationseltern" im Unterschied zu den „Gerichtseltern" die Möglichkeit hatten, ihre Ansichten und Bedürfnisse zu artikulieren und dem Gegenüber verständlich zu machen. Sowohl aus empirischer als auch aus theoretischer Sicht spricht somit einiges dafür, dass durch die Mediation das Risiko zukünftiger Eskalationen aufgrund von Fehlkommunikation verringert, und die Kommunikation der Eltern positiv beeinflusst werden kann.

Diese positive Einschätzung wird allerdings nicht uneingeschränkt geteilt. Die Herstellung einer funktionierenden Kommunikation zwischen den Eltern wird als *„hohes, wenn nicht ideales Ziel"*[276] beschrieben und es werden Zweifel geäußert, ob ein über viele Jahre verfestigtes Kommunikationsverhalten in dem begrenzten Zeitrahmen eines Mediationsverfahrens nachhaltig verändert werden kann. Den skeptischen Stimmen ist zuzugestehen, dass es fraglos nicht in allen Konstellationen gelingen wird, innerhalb der Dauer eines Mediationsverfahrens ein destruktives Kommunikationsverhalten in ein wertschätzendes Miteinander zu verändern. Das Potential der Mediation, die Kommunikation der Medianten nachhaltig zu beeinflussen, wird davon aber nicht berührt. Auch wenn die Kommunikation der Medianten nur zu einem gewissen Grad gefördert werden kann, wird durch die Mediation doch ein positiver Impuls für das zukünftige Miteinander gesetzt.

2. *Verfahrensgerechtigkeit und Akzeptanz des Ergebnisses*

Wie bereits oben ausgeführt, hat die Frage, ob die Eltern ein Verfahren subjektiv als gerecht empfinden, Auswirkungen auf die Akzeptanz des zum Abschluss des Verfahrens gefundenen Ergebnisses. Die Akzeptanz des Ergebnisses wirkt sich auf die Beziehung der Eltern deeskalierend aus und erhöht die Wahrscheinlichkeit, dass die Vereinbarung von ihnen umgesetzt wird.

Eine erste Orientierung, wie es um die subjektive Verfahrensgerechtigkeit und die Akzeptanz des Ergebnisses in der Mediation steht, kann der Studie von *Greger* entnommen werden. Bei einem Vergleich der Wirkmechanismen von Gerichtsverfahren und Mediation kommt die Studie zu folgenden Ergebnissen: Von den befragen Eltern, die eine gerichtliche Klärung in Anspruch genommen hatten („Gerichtseltern"), gaben hinsichtlich der Umgangsentscheidung nur 23,5 % an, dass sie die Entscheidung als völlig richtig empfinden, 44,1 % nahmen sie als überwiegend richtig hin und immerhin 32,3 % beurteilten

275 *Greger*, Pilotstudie Mediation S. 66.
276 *Ivanits*, ZKJ 2012, 98 (101).

die Entscheidung als überwiegend unrichtig oder sogar als falsch.[277] Weit positiver fielen die Einschätzungen der „Mediationseltern" aus. Die gefundene Umgangsregelung fanden 45 % der Befragten völlig richtig, weitere 40 % überwiegend richtig und lediglich 15 % waren mit der gefundenen Regelung unzufrieden („*überwiegend unrichtig*" oder „*falsch*").[278] Hinsichtlich des Ablaufs des Mediationsverfahrens (Verfahrenszufriedenheit) gaben 88,6 % der „Mediationseltern" an, zufrieden zu sein, wobei 50 % sogar die Beurteilung „*sehr zufrieden*" abgaben.[279] Bei den „Gerichtseltern" waren nur 45 % der Befragten mit dem Umgangsverfahren zufrieden, die Bewertung „*sehr zufrieden*" gaben nur 14,3 % ab.[280]

Auch die Studie von *Bastine et al.*[281] zeichnet ein positives Bild: Auf die Frage, ob in den zentralen Fragen akzeptable Regelungen gefunden wurden, antworteten 84,78 % der Medianten mit „*ja*" oder „*eher ja*". 66,67 % der in dieser Gruppe Befragten fanden, dass sie mit der getroffenen Vereinbarung das gewünschte Ergebnis erreicht haben („*ja*" oder „*eher ja*"). Auch im Rahmen der Nachbefragung empfanden 81,25 % der Eltern die getroffene Vereinbarung im Nachhinein als „*fair*" oder „*weitgehend fair*". 77,08 % bestätigten die Praktikabilität der Vereinbarung.[282]

79 % der Teilnehmer der Studie von *McIntosh et al.* berichten von einer deutlich deeskalierenden Wirkung.[283] Die interviewten Kinder gaben an, dass sie sich nach der Mediation deutlich weniger von den elterlichen Konflikten belastet fühlten und die Häufigkeit der Streitigkeiten deutlich abgenommen habe.[284] Diesen positiven Befund bestätigten die Kinder auch ein Jahr nach Beendigung der Mediation.[285]

Bei Betrachtung dieser Ergebnisse stellt sich die Frage, worauf sich die positive Bewertung des Mediationsverfahrens zurückführen lässt. Warum sind die Medianten so zufrieden mit der Mediation?

---

277 *Greger*, Pilotstudie Mediation S. 26.
278 *Greger*, Pilotstudie Mediation S. 66.
279 *Greger*, Pilotstudie Mediation S. 64.
280 *Greger*, Pilotstudie Mediation S. 25.
281 *Bastine et al.*, Unterstützung von Familien in Scheidung Anhang Tabelle C 25 und C 27.
282 *Bastine et al.*, Unterstützung von Familien in Scheidung Anhang Tabelle C 72 und C 73.
283 *McIntosh/Long*, Studie 2006 S. 120.
284 *McIntosh/Long*, Studie 2006 S. 7.
285 *McIntosh/Long*, Studie 2006 S. 60.

Antworten ergeben sich aus den schon im Jahre 1975 durchgeführten Forschungen von *Thibault und Walker*[286]. Diese stellten fest, dass sich das Maß der Verfahrensgestaltung durch die Parteien auf die Zufriedenheit mit dem Verfahren und auf die Akzeptanz des Ergebnisses auswirkt. Ihre Untersuchungen kamen zu dem Ergebnis, dass die Beteiligten ein Verfahren, auf das sie Einfluss nehmen konnten, sowohl hinsichtlich des Verfahrens als auch des Ergebnisses als fairer empfanden als bei autoritativer Verfahrensgestaltung und Entscheidung.[287]

In den folgenden Jahren bestätigten weitere Wissenschaftler die Ergebnisse von *Thibault und Walker*. Sie stellten fest, dass insbesondere der Grad empfundener Verfahrensfairness ausschlaggebend für die Zufriedenheit der Parteien war.[288] Der Ausgang des Verfahrens, d.h. das konkrete Ergebnis, hatte ihren Forschungen zufolge sogar erstaunlich wenig Einfluss darauf, ob die Beteiligten mit dem Verfahren zufrieden waren.[289] Wichtiger war es den Parteien, dass die für sie subjektiv wichtigen Verfahrensstandards eingehalten wurden und das Ergebnis des Verfahrens nicht zu sehr von dem abwich, was sie sich subjektiv vorgestellt hatten.[290] Empfanden die Parteien das Verfahren als fair, fiel es ihnen leichter, dessen Ergebnis zu akzeptieren.[291] *Unberath* fasst dies wie folgt zusammen:

> *„Die Parteien empfinden die Verfahren der einvernehmlichen Streitbeilegung im Allgemeinen und unabhängig von ihrem Ausgang als fairer, sind mit dem Ergebnis zufriedener und erfüllen die selbstauferlegten Pflichten mit größerer Wahrscheinlichkeit als die von einem Gericht auferlegten Pflichten."*[292]

---

286 *Thibaut/Walker*, Procedural justice - a psychological analysis.

287 *Thibaut/Walker*, Procedural justice - a psychological analysis S. 118 f.; zustimmend und durch eigene Untersuchungen bestätigt, *Emery*, Renegotiating Family Relationships S. 113 und S. 190 sowie *Shestowsky*, Psychology, Public Policy and Law 2004, 211 (233), die in ihrer Studie zu dem Ergebnis kommt, dass die Teilnehmer die Verfahrensvariante bevorzugen, bei der eine neutrale dritte Person sie darin unterstützt, selbst eine Entscheidung zu treffen.

288 Vgl. *Klinger/Bierbrauer*, ZKM 2006, 36 (38).

289 So bereits *Thibaut/Walker*, Procedural justice - a psychological analysis S. 118; a.A. *Ryrstedt*, International Journal of Law, Policy and the Family 2012, 220 (235), die in ihrer Auswertung dazu kommt, dass das Gefühl „gewonnen zu haben" am meisten zur Zufriedenheit mit dem Verfahren beiträgt.

290 *Bierbrauer et al.*, Verfahrensgerechtigkeit S. 79; in diesem Sinne auch *Wesche*, ZRP 2004, 49 (51).

291 Vgl. *Lind/Tyler*, Procedural Justice S. 81 ff.

292 *Unberath* in Greger/Unberath, MediationsG, Einleitung Rn. 5.

Weitere Aspekte, die von der Wissenschaft neben der Möglichkeit, auf den Verfahrensprozess und die Entscheidungsfindung Einfluss nehmen zu können, diskutiert werden, sind die Kriterien *Vertrauen*, *Neutralität* und *Ansehen*. Die Einschätzung des Verfahrens hängt ihren Erkenntnissen nach maßgeblich davon ab, ob die Konfliktparteien die verfahrensleitende Person als vertrauenswürdig und wohlwollend, unparteiisch und nicht diskriminierend ansehen, sich respektvoll behandelt und als vollwertiges Mitglied der Gesellschaft wahrgenommen fühlen.[293]

Die hohe Verfahrenszufriedenheit bezüglich der Mediation ergibt sich somit daraus, dass die Parteien in der Mediation den Ablauf des Verfahrens und den Inhalt der Regelung in einem Ausmaß bestimmen können wie bei keiner anderen Konfliktlösungsmethode.[294] Durch die Flexibilität des Verfahrens kann der Mediator situationsbezogen auf die Bedürfnisse der Medianten reagieren und das Verfahren so gestalten, dass die subjektiven Verfahrenswüsche und Vorstellungen der Beteiligten Raum finden. Der Ablauf des Verfahrens kann mit den Parteien besprochen und bei Schwierigkeiten individuell angepasst werden. Die Regeln und Maßstäbe der Parteien können zur Ausgestaltung des Verfahrens herangezogen werden.[295]

3. *Fazit zur Deeskalation*

Die Durchführung einer Vermittlung führt nicht per se zu einer Konfliktreduzierung.[296] Insbesondere bei hochkonflikthaften Streitigkeiten ist es schwierig, eine deutliche Deeskalation zu erreichen.[297] Nichtsdestotrotz bescheinigen die meisten empirischen Studien der Mediation eine signifikante und nachhaltige

---

293 Vgl. die Zusammenfassung der Forschungsergebnisse durch *Lind* in Bierbrauer et al., Verfahrensgerechtigkeit S. 3 ff.

294 So auch *Unberath* in Greger/Unberath, MediationsG, Einleitung Rn. 96.

295 Vgl. *Shestowsky*, Psychology, Public Policy and Law 2004, 211 (223), die davon ausgeht, dass neben der Einflussnahme auf den Ablauf des Verfahrens und den Inhalt der Entscheidung auch die Ausrichtung des Verfahrens nach den eigenen, substantiellen Regeln der Parteien Einfluss auf deren Bewertung des Verfahrens hat.

296 Kritisch zu den Erwartungen, die an eine Mediation gestellt werden, *Kostka*, FamPra.ch 2009, 634 (643).

297 So waren es in der Ausgangsstudie von *McIntosh et al.* vor allem die hochkonflikthaften Fälle, bei denen die Eltern auch ein Jahr nach Beendigung der Mediation von einem anhaltendend starken Konfliktniveau und z.T. sogar von einer Steigerung desselben berichteten, *McIntosh/Long*, Studie 2006 S. 60.

Reduzierung des Konfliktniveaus. Der Einsatz kommunikationsfördernder Maßnahmen in Kombination mit der Ausgestaltung des Verfahrens an den Bedürfnissen der Medianten bietet eine gute Chance, das Konfliktniveau nachhaltig zu senken.[298]

II. Förderung von Elternverantwortung

Für das Wohlergehen des Kindes nach der Trennung der Eltern ist es von großer Bedeutung, wie diese ihrer Elternverantwortung – in all ihren Ausprägungen – nachkommen. Die Anwesenheit der Eltern, die Qualität ihres Kontaktes zu dem Kind sowie ihre Bereitschaft zur Verantwortungsübernahme sind ausschlaggebend für die weitere Entwicklung des Kindes.

In den folgenden Ausführungen soll untersucht werden, ob das Mediationsverfahren positive Auswirkungen auf die Bereitschaft und die Fähigkeit der Eltern zur Übernahme von Elternverantwortung hat. Hierbei soll der Aspekt der Autonomie als Vorbedingung von Elternverantwortung in die Überprüfung miteinbezogen werden.

Mit der folgenden Untersuchung wird nicht beabsichtigt, das Bild zu vermitteln, dass Eltern, die ihren Konflikt im Rahmen eines gerichtlichen Verfahrens beilegen, keine oder eine schlechtere Form von Elternverantwortung wahrnehmen.[299] Ebenso wenig wird verkannt, dass in gewissen Konstellationen eine autoritative Entscheidung die Übernahme von Elternverantwortung positiv beeinflussen kann. Auch durch ein Gerichtsverfahren – und zum Teil wohl gerade durch ein solches – können die Eltern wirkungsvoll an ihre Pflichten als Eltern erinnert werden. Gleichermaßen kann es dem Wohl des Kindes in gewissen Konstellationen entsprechen, dass eines seiner Elternteile (oder sogar beide) keine Rolle mehr im Leben des Kindes spielt.

Sinn und Zweck der folgenden Ausführungen ist es, zu untersuchen, ob das Mediationsverfahren in besonderem Maße geeignet ist, das Ziel der Förderung von Elternverantwortung, zu erreichen.

---

298 Vgl. hierzu auch *Ortloff* in Bierbrauer et al., Verfahrensgerechtigkeit S. 233, der davon ausgeht, dass Gerechtigkeit nur durch Verfahren geschaffen wird, in denen Kommunikation eine tragende Rolle spielt.

299 Zu Recht weist *Breidenbach* darauf hin, dass auch die Umsetzung einer gerichtlichen Entscheidung die Wahrnehmung von Elternverantwortung und Selbstständigkeit erfordert, *Breidenbach*, Mediation S. 268. Für eine Gleichwertigkeit von Gerichtsverfahren und Mediation, vgl. *Ivanits*, Die Stellung des Kindes S. 213.

1. *Elternverantwortung und Autonomie in der Mediation*

Statistisch nachvollziehbare Indikatoren für die Übernahme von Elternverantwortung sind schwer zu bestimmen. In Betracht kommen als Parameter die gemeinsame elterliche Sorge, regelmäßige Kontakte des Kindes zu beiden Elternteilen, die gemeinsame Erziehung des Kindes sowie die Einhaltung von Absprachen, die das Kind betreffen.[300]

Legt man diese Indikatoren zugrunde, lässt ein Blick auf die entsprechenden Studien eine besondere Eignung der Mediation zur Förderung der Elternverantwortung vermuten.

Laut der Studie von *Greger* konnten sich 96,8 % der „Mediationseltern" auf ein gemeinsames Sorgerecht verständigen.[301] Bei den „Gerichtseltern" wurde die Entscheidung für ein gemeinsames Sorgerecht nur in 22,8 % der Fälle getroffen.[302] Vergleicht man die Nachhaltigkeit der Sorge- und Umgangsregelungen, ergeben sich erhebliche Unterschiede. Bei den „Gerichtseltern" wurden bei ca. jeder vierten Sorgerechtsentscheidung das Gericht und sogar bei der Hälfte der Fälle Konfliktbeilegungsmaßnahmen erneut in Anspruch genommen, bei gerichtlichen Umgangsentscheidungen trafen sich die Parteien sogar in dreiviertel der Fälle vor Gericht wieder.[303] Bei den Studienteilnehmern, die eine Mediation durchgeführt hatten, kam es nur in Einzelfällen zur Inanspruchnahme des Gerichts, Umsetzungsprobleme im Rahmen des Sorge- oder Umgangsrechts wurden zumeist einvernehmlich gelöst.[304] Die erarbeiteten Umgangsregelungen wurden von 63,2 % der „Mediationseltern" genau eingehalten, weitere 21,1 % wichen nur gelegentlich von der Vereinbarung ab.[305] Der Kontakt zwischen den Eltern und die Eltern-Kind-Beziehung haben sich laut der Studie von *Greger* in

300 Die aufgeführten Kriterien sollen lediglich als Anhaltspunkte für die Übernahme von Elternverantwortung dienen. Es wird nicht verkannt, dass auch ein offiziell bestehendes gemeinsames Sorgerecht nicht automatisch zu der Übernahme von gemeinsamer, funktionierender Verantwortung für das Kind führt. In manchen Fallkonstellationen kann es gerade auch der Elternverantwortung entsprechen, nur einem Elternteil die elterliche Sorge zuzusprechen.

301 *Greger*, Pilotstudie Mediation S. 63; vgl. auch *Pearson*, Judges' Journal 1981, 4 (10), die bereits 1981 für den US-amerikanischen Raum festgestellt hat, dass „Mediationseltern" häufiger ein gemeinsames Sorgerecht wählen als Eltern, die ein (streitiges) gerichtliches Verfahren durchlaufen.

302 *Greger*, Pilotstudie Mediation S. 24.

303 *Greger*, Pilotstudie Mediation S. 129.

304 *Greger*, Pilotstudie Mediation S. 130.

305 *Greger*, Pilotstudie Mediation S. 70.

der Mediation deutlich besser entwickelt als bei den Gerichtsverfahren. Bei den „Gerichtseltern“ gab fast die Hälfte der Eltern an, dass sich die gerichtliche Entscheidung negativ auf ihre Beziehung untereinander sowie auf ihre Beziehung zu ihrem Kind ausgewirkt habe.[306]

In der Studie von *Bastine et al.* beantworteten 75 % der Teilnehmer die Frage, ob sie die Vereinbarung einhalten werden, mit *„ja“* und weitere 22,73 % mit *„eher ja“*.[307] Die Frage, ob die Befragten glaubten, dass der Partner die Vereinbarung einhalten werde, beantworteten sogar 95,45 % mit *„ja“* oder *„eher ja“* – was ein Indikator für das besonders hohe Vertrauen in die Kooperation und in das Funktionieren der Elternschaft ist. In der Nachbefragung 14 Monate nach Beendigung der Mediation konnte diese positive Prognose bestätigt werden. 97,91 % gaben an, die Vereinbarung einzuhalten oder zumindest weitestgehend einzuhalten. Auf die Frage, ob der Partner die Vereinbarung eingehalten habe, antworteten 85,42 % der Befragten mit *„ja“* oder *„eher ja“*. 80,96 % der Eltern waren zudem der Ansicht, dass die Ergebnisse der Mediation gut für ihr Kind seien (Antwort mit *„ja“* oder *„eher ja“*).[308] Auch im Rahmen der Nachbefragung waren noch 75 % der Eltern mit der Mediationsvereinbarung sehr zufrieden oder weitestgehend zufrieden.[309] 88,3 % bestätigten auch bei der Nachbefragung, dass die Vereinbarung gut für ihr Kind sei (Antwort *„ja“* oder *„eher ja“*).[310]

Ein positives Bild in Bezug auf die Förderung der Elternverantwortung im Mediationsverfahren zeichnet auch die Pilotstudie von *Proksch*. Hier hat die Auswertung ergeben, dass durch die Vermittlung sowohl die Zufriedenheit mit der Sorgerechtsregelung als auch mit den getroffenen Vereinbarungen zum Umgangsrecht gestiegen ist. Nach der Vermittlung gaben 46,9 % der Eltern an, mit der Besuchsregelung sehr zufrieden oder zufrieden zu sein, vorher waren es nur 36,4 %. Ihr Kind schätzten vor der Mediation 45,4 % und nach der Mediation 56,7 % als sehr zufrieden oder zufrieden ein.[311] In der Hauptstudie von *Proksch* konnten diese positiven Ergebnisse bestätigt werden. Berichteten vor der Mediation noch über 80 % der Eltern über Konflikte beim Sorge- und beim Umgangsrecht, waren es nach Abschluss der Vermittlung nur noch 18,5 % (bezüglich Sorgerecht) bzw. 24,7 % (bezüglich Umgangsrecht). Sowohl Mütter als

306 *Greger*, Pilotstudie Mediation S. 131.
307 *Bastine et al.*, Unterstützung von Familien in Scheidung Anhang Tabelle C 28.
308 *Bastine et al.*, Unterstützung von Familien in Scheidung Anhang Tabelle C 36.
309 *Bastine et al.*, Unterstützung von Familien in Scheidung Anhang Tabelle C 71.
310 *Bastine et al.*, Unterstützung von Familien in Scheidung Anhang Tabelle C 84.
311 *Proksch*, Pilotstudie S. 67 f.

auch Väter waren insgesamt deutlich zufriedener.[312] Die Zusammenarbeit in Kindesbelangen wurde nach der Vermittlung signifikant positiver bewertet. Vor der Vermittlung bewerteten nur 11,1 % der Frauen und 13,9 % der Männer die Zusammenarbeit als sehr gut oder gut, nach der Vermittlung stieg die Quote auf 34,8 % bei den Frauen und 47,2 % bei den Männern.[313] 85,5 % der Eltern waren sehr zufrieden mit dem Vermittlungsverfahren, 86,5 % gaben an, dass sich ihr Verständnis für die Bedürfnisse ihres Kindes verbessert hätte und 95,5 % begrüßten es, dass in der Mediation das Wohl des Kindes im Mittelpunkt gestanden habe.[314]

Die empirischen Befunde können durch die dem Mediationsverfahren zugrundeliegende theoretische Basis untermauert werden. Dem Mediationsverfahren werden Eigenschaften zugesprochen, die eine positive Wirkung auf die Eltern nahelegen. Dazu zählt insbesondere die Ausrichtung des Verfahrens an der Selbstbestimmung des Einzelnen. Ziel jedes Mediationsverfahrens ist es, die Medianten selbstverantwortlich eine Lösung für ihren höchstpersönlichen Konflikt erarbeiten zu lassen. Sie sollen ihr *„Binnenverhältnis autonom gestalten“*[315]. Der Mediator unterstützt das autonome Handeln der Medianten und verzichtet in Anerkennung der Selbstverantwortung der Medianten auf Ratschläge, Bewertungen und Kommentierungen.[316] Das Mediationsverfahren ist darauf ausgerichtet, die Autonomie der Parteien zu stärken. Teilweise werden die *„Herstellung oder Wiederherstellung von Autonomie“* sowie die *„Beseitigung innerer und äußerer Autonomiehindernisse und Autonomiesubstitute“* sogar als primäre Ziele des Mediationsverfahrens bezeichnet.[317]

Betont wird die Verknüpfung von Mediation und Autonomie auch im Mediationsgesetz. In § 1 Abs. 1 MediationsG ist von der *„eigenverantwortlichen Beilegung“* des Konfliktes die Rede, § 2 Abs. 5 spricht von *„eigenverantwortlicher Kommunikation“*. In der Entwurfsbegründung des MediationsG wird dazu ausgeführt: *„Das Erfordernis der Eigenverantwortlichkeit unterstreicht die Bedeutung der Autonomie der Parteien in der Mediation“*.[318] Diese auf die Stärkung der

312 *Proksch*, Hauptstudie S. 118 f.

313 *Proksch*, Hauptstudie S. 133.

314 *Proksch*, Hauptstudie S. 155.

315 *Montada* in: Greger/Unberath, Die Zukunft der Mediation S. 6.

316 Vgl. zur Rolle des Mediators bereits oben § 2 C. I.; zu der Frage, inwieweit der Mediator korrigierend in die autonome Entscheidungsfindung der Medianten eingreifen sollte, vgl. § 5 B. III. 1. b) aa).

317 *Wacker*, ZRP 2009, 239.

318 *Begr.* RegE-MediationsG, BT-Drs. 17/5335 S. 14.

Eigenverantwortlichkeit der Medianten ausgerichtete Zielsetzung der Mediation wird auch als *Empowerment* bezeichnet. Unter dem Begriff „*Empowerment*“ wird ein Vorgang verstanden, der die Menschen dabei unterstützt, sich auf ihre eigenen Stärken zu besinnen und sich ihrer Fähigkeit, mit den Problemen des Lebens umzugehen, bewusst zu werden.[319] Übersetzt werden kann *Empowerment* in diesem Zusammenhang mit „*Ermächtigung*“, „*Autonomie*“, „*Selbstbestimmung*“, „*Mitwirkungsmöglichkeit*“ oder „*Stärkung*“.[320] In der Familienmediation spielt der Gedanke des *Empowerments* eine große Rolle. Hinter dem Ziel, die Autonomie zu fördern, steht die Annahme, dass gerade die Konfliktpartner die Experten für ihren Konflikt sind und die selbständige Erarbeitung einer Lösung – bedingt durch eine Eigenmotivation – nachhaltigere Verhaltensänderungen nach sich zieht, als eine delegierte Fremdentscheidung.[321] Bei familiären Konflikten sollen die Eltern als die Hauptverantwortlichen für ihr Kind in die Pflicht genommen werden, eine Lösung zu erarbeiten.[322] Die Erfahrung der Eltern, zusammen mit dem anderen Elternteil eine Vereinbarung getroffen zu haben, führt zu einer Stärkung ihres Selbstvertrauens und setzt positive Impulse für das spätere Miteinander.[323] Wird die Entscheidung hingegen externen Dritten überlassen, wie etwa dem Richter, dann liegt es nahe, dass die Eltern sich für das Gelingen der Umsetzung weit weniger verantwortlich fühlen, als wenn sie selbst die Regelung eigenverantwortlich erarbeitet hätten. Aufgrund dessen wird dem Gerichtsverfahren teilweise sogar eine die Autonomie hemmende Wirkung zugeschrieben. *Carl* kommt zu dem Schluss, dass bedingt durch die Verrechtlichung des Konfliktes sowie die Konzentration auf die negativen Eigenschaften des anderen Elternteils („*schlechte Erfüllung der Erziehungspflichten, Schuld, Vernachlässigung…*“) das Gerichtsverfahren dazu führe, dass sich die Eltern immer hilfloser fühlten.[324] Durch die Delegation der Entscheidung würden sie verlernen, eigene Ideen und Lösungsvorschläge zu entwickeln und die persönliche Verantwortung für den Konflikt zu übernehmen. Für das zukünftige Verhalten der Eltern untereinander sowie gegenüber ihren Kindern sei diese Wirkung

---

319 *Bush/Folger*, The promise of mediation S. 2.

320 *Ivanits*, Die Stellung des Kindes S. 93.

321 Diese Annahme konnte in der Studie von *Greger* teilweise bestätigt werden. So kam es zwar auch nach erfolgreicher Beendigung der Mediation zu Konflikten zwischen den Eltern, diese konnten jedoch zumeist einvernehmlich gelöst werden, vgl. *Greger*, Pilotstudie Mediation S. 70.

322 *Emery*, Renegotiating Family Relationships S. 2.

323 *Carl*, FPR 2004, 187 (189).

324 *Carl*, FPR 2004, 187.

kontraproduktiv.[325] Die Mediation hingegen, so beschreiben es *Bush* und *Folger*, verlassen die Teilnehmer in der Regel mit mehr Respekt vor sich selbst, mit mehr Selbstvertrauen und Selbstbewusstsein,[326] was alles Aspekte sind, die sich auf die Übernahme von Elternverantwortung positiv auswirken.

2. *Autonome Konfliktlösung – Bedenken und Kontraindikationen*

Den vielfältigen Vorteilen autonomer Konfliktlösung stehen Risiken gegenüber, die im Rahmen der Analyse nicht negiert werden sollen. Der „*Chance der Selbstbestimmung steht die Selbstverantwortung für das damit verbundene Risiko gegenüber*"[327]. Die Übernahme von Selbstverantwortung kann nicht von jeder Partei gleichermaßen geleistet werden.[328]

Als risikobelastet sind vor allem die Fälle einzuordnen, in denen ein großes Machtungleichgewicht zwischen den Medianten besteht. Ein Ungleichgewicht zwischen den Medianten kann ökonomisch oder soziokulturell begründet sein.[329] Sowohl eine unterschiedliche Redegewandtheit oder Fähigkeit sich zu behaupten, als auch ein Informationsvorteil, Prozesserfahrung oder ein stark abweichender finanzieller Hintergrund können ausschlaggebend sein.[330]

Als erste Reaktion auf ein wahrgenommenes Machtungleichgewicht unter den Medianten kommt eine besondere Unterstützung der schwächeren Partei in Betracht.[331] Diese Unterstützung kann durch zusätzliche Informationen, Einzelgespräche oder den Einsatz von Interventionstechniken gelingen.[332]

---

325 *Carl*, FPR 2004, 187 (188).

326 *Bush/Folger*, The promise of mediation S. 20.

327 *Breidenbach/Gläßer*, Konsens – Zeitschrift für Mediation 1999, 207 (209).

328 Vgl. *Kostka*, Im Interesse des Kindes S. 513, der hinsichtlich der Privatisierung und Individualisierung des Scheidungsprozesses zu bedenken gibt, dass die Verantwortung für die Kinder in der kritischen Phase der Trennung allein den Eltern übertragen wird, ohne dass vorher geklärt wird, ob die Eltern zur Übernahme der Verantwortung in der Lage sind.

329 *Struck* in Wiesner, SGB VIII, § 17 Rn. 31.

330 *Schumacher*, ZKM 2001, 19 (20).

331 Vgl. *Breidenbach/Gläßer*, Konsens – Zeitschrift für Mediation 1999, 207 (211); eine Unterstützung der strukturell unterlegenen Partei aufgrund der Gefahr des Verlustes der Allparteilichkeit ablehnend, *Risse*, SchiedsVZ 2012, 244 (247). Ausführlich zum Schutz der schwächeren Partei in der Mediation, vgl. *Wendenburg*, Der Schutz der schwächeren Partei.

332 *Breidenbach/Gläßer*, Konsens – Zeitschrift für Mediation 1999, 207 (211).

Auch die Arbeit mit einem Co-Mediator[333] kann unterstützend wirken und die Allparteilichkeit der Mediatoren sichern.[334] Die getrennte Beratung der Parteien durch Rechtsanwälte sowie die rechtliche Überprüfung der gefundenen Regelung sind weitere Schutzmechanismen.[335]

Selbst bei einem evidenten Machtungleichgewicht der Medianten kann eine Mediation mit entsprechenden unterstützenden Maßnahmen und bei entsprechender Erfahrung des Mediators gewinnbringend sein.[336]

Kann ein wesentliches Mächteungleichverhältnis im Rahmen der Mediation oder mit Unterstützung durch Dritte nicht aufgehoben werden, ist ein „Verhandeln auf Augenhöhe" nicht möglich und die Mediation zur Konfliktbeilegung ungeeignet. Dann bietet das in seiner Gestaltung erheblich den Parteien selbst überlassene, wenig formalisierte Mediationsverfahren für die schwächere Partei nicht ausreichend Schutz. Bei einem *„unauflöslichen Machtungleichgewicht"*[337] ist es vielmehr angezeigt, dem Schwächeren den Schutz durch die staatlichen Gerichte zukommen zu lassen. Die Fürsorgepflicht, die ein Richter in solchen Fallkonstellationen als begrüßenswertes Korrektiv übernehmen kann,[338] kann von dem allparteilichen Mediator nicht in gleichem Maße erfüllt werden. Gerade bei Gewaltproblematiken,[339] Suchtkrankheiten oder besonderen Abhängigkeitsverhältnissen muss das Schutzbedürfnis der jeweiligen Konfliktpartei eingestuft, und gegen die Vorteile des Mediationsverfahrens abgewogen werden.

---

333 Unter einer Co-Mediation versteht man die Leitung einer Mediationssitzung durch zwei Mediatoren, die als (oftmals interdisziplinäres) Mediatorenteam entweder gleichberechtigt oder mit unterschiedlichen Rollen die Sitzung leiten. Zur interdisziplinären Zusammenarbeit in der Familienmediation, vgl. *Bernhardt/Winograd* in Haft/Schlieffen, Hdb.-Mediation, § 36 Rn. 1 ff.

334 *Bernhardt/Winograd* in Haft/Schlieffen, Hdb.- Mediation, § 36 Rn. 29. Zu dem Risiko, zu viel oder zu wenig Unterstützung zu geben, vgl. *Bush/Folger*, The promise of mediation S. 213 ff.

335 *Emery*, Renegotiating Family Relationships S. 113.

336 Dies hat auch der Gesetzgeber erkannt: Nach § 36a FamFG kann das Gericht auch bei Gewaltschutzsachen eine Mediation oder ein anderes Verfahren der außergerichtlichen Konfliktbeilegung vorschlagen, hat dabei jedoch die schutzwürdigen Belange der von Gewalt betroffenen Person zu wahren; kritisch zu Mediationen bei Gewalthintergrund vgl. *Hohmann/Morawe*, Praxis der Familienmediation S. 48 sowie *Ivanits*, Die Stellung des Kindes S. 195.

337 *Katzenmeier*, ZKM 2005, 159 (160).

338 *Risse*, NJW 2000, 1614 (1620).

339 Zu den Möglichkeiten, Bedingungen und Grenzen des Einsatzes von Familienmediation bei Gewalt in Paarbeziehungen, vgl. *Gläßer*, Mediation und Beziehungsgewalt.

Zumindest dann, wenn Angst die vorherrschende Motivation für eine Einigung ist, kann nicht mehr von einer freien, autonomen Entscheidungsfindung gesprochen werden.[340] Hier gilt: *„der Staat kann sich nicht durch eine Reprivatisierung des Konfliktes seiner Schutzpflicht entledigen."*[341] Ein Mediationsverfahren sollte nicht durchgeführt werden, wenn eine Partei eingeschüchtert oder massiv unter Druck gesetzt wird. Die Gefahr, dass die schwächere Partei einer für sie ungünstigen Regelung zustimmt, übervorteilt wird oder vorschnell nachgibt, ist zu groß und mit den Grundsätzen der Mediation nicht zu vereinbaren. Als Grundsatz gilt, dass die durch die Privatautonomie gewährte Selbstbestimmung nicht zu einer Fremdbestimmung durch die andere Partei werden darf.[342]

Die Grenzziehung, wann eine Mediation durchgeführt werden kann, muss sich an dem Schutzbedürfnis der Medianten orientieren. Eine Gefährdung oder Retraumatisierung der schwächeren Partei muss unter allen Umständen verhindert werden.[343]

3. *Fazit zur Förderung von Elternverantwortung*

Die positiven und nachhaltigen Auswirkungen der Mediation auf die Übernahme von Elternverantwortung können als besonderes Potential der Mediation hervorgehoben werden. Die autonomiefördernden Elemente des Verfahrens und die individuelle Unterstützung durch den Mediator helfen den Eltern, auch nach der Trennung ihre Elternrolle wahrzunehmen und gemeinsam zu gestalten. Von den dargestellten Kontraindikationen abgesehen, hat sich die Mediation als Verfahren zur Förderung von Elternverantwortung bewährt.

III. Schutz des Kindes in der Mediation

Ein Verfahren kann nur dann ein kindgerechtes Verfahren sein und unter Kindeswohlgesichtspunkten empfohlen werden, wenn der Schutz des Kindes ausreichend gesichert ist. Mediation ist daher nur dann ein kindgerechtes Verfahren, wenn entsprechende Schutzmechanismen und Interventionsmöglichkeiten bestehen.[344] Die Frage nach einem angemessenen Schutz des Kindes in der

---

340 *Hohmann*, ZKM 2001, 280 (282).

341 *Salgo*, FPR 2010, 456 (495).

342 BVerfG, NJW 1990, 1469 (1470).

343 *Begr.* RegE-MediationsG, BT-Drs. 17/5335 S. 23.

344 Davon zu trennen ist die Frage nach einer angemessenen Beteiligung des Kindes in der Mediation. Auf diesen Aspekt wird im nächsten Abschnitt dieser Arbeit, § 5 B. IV., eingegangen.

Mediation stellt sich auf zwei Ebenen: Wer garantiert den Schutz des Kindes in der Mediation und inwiefern findet eine (staatliche) Kontrolle der erarbeiteten Vereinbarung in Hinblick auf das Kindeswohl statt. Die Beantwortung dieser Fragen ist Inhalt der folgenden Ausführungen.

1. Wächter des Kindeswohls in der Mediation

Wie in jedem Verfahren gibt es auch in der Mediation verschiedene Verfahrensbeteiligte und externe Hilfspersonen, denen unterschiedliche Aufgaben zugeschrieben werden. Im Folgenden soll dargestellt werden, wer als „Wächter des Kindeswohls" in den Mediationssitzungen fungieren kann, d.h. wer die Interessen des Kindes vertritt und wer im Gefährdungsfall interveniert.

a) Die Eltern

Allen voran sind die Eltern für den Schutz ihrer Kinder verantwortlich. Sie sind die natürlichen Interessenvertreter. Ihnen, und nicht dem Staat einschließlich seiner Gerichte obliegt vorrangig die Wahrung des Kindeswohls (Art. 6 Abs. 2 S. 1 GG).[345] Es ist ihre Pflicht, auch nach der Trennung vernünftige, den Interessen des Kindes entsprechende Lösungen für das weitere Leben des Kindes zu finden.[346] Erst wenn die Eltern dieser Aufgabe nicht mehr gerecht werden (können), greift die Eingriffsbefugnis des Staates – das staatliche Wächteramt (Art. 6 Abs. 2 S. 2 GG).

Auf den ersten Blick könnte es als ausreichend anzusehen sein, wenn die Eltern in der Mediation die Interessen ihres Kindes vertreten und als Wächter des Kindeswohls fungieren. Reflektiert man allerdings die Situation, in der sich die Eltern bei einer Trennung befinden, entstehen schnell Zweifel, ob eine dem Kindeswohl dienliche Vertretung durch die Eltern gewährleistet werden kann. Die Eltern befinden sich, wie in § 3 dieser Arbeit dargestellt, in einer emotional schwierigen Phase. Sie sind durch ihre Involvierung in den Konflikt häufig nicht in der Lage, ihre eigenen Interessen von denen des Kindes zu trennen.[347] Die Gefahr, dass die (angeblichen) Interessen und Bedürfnisse des Kindes zur Durchsetzung eigener Positionen benutzt werden, ist groß. Selbst wenn ein solches Vorgehen von vielen Eltern nicht beabsichtigt ist, fehlt es ihnen aufgrund der subjektiven Verstrickung an einem objektiven Blick auf die Kindesinteressen.

---

345 BVerfG, FamRZ 1971, 421 (424 ff.)

346 BVerfG, FamRZ 1982, 1179 (1182).

347 Eine Interessenvertretung durch die Eltern daher kategorisch ausschließend, *Ivanits*, Die Stellung des Kindes S. 310.

Ihre Fähigkeit, die Bedürfnisse und Wünsche ihres Kindes besser einschätzen zu können als „externe Dritte" besteht bei Eltern nicht gleichermaßen fort, wenn sie sich in einer Ehekriese bzw. in der Auflösung ihrer Paarbeziehung befinden.[348] Die Zweifel an der Eignung der Eltern als Interessensvertreter ihrer Kinder werden auch in der Kommentierung der UN-Konvention über die Rechte des Kindes (UN-KRK) geäußert. Dort wird darauf hingewiesen, dass gerade bei den selbstverständlichen Interessenvertretern – den Eltern – das Risiko eines Interessenkonfliktes besonders hoch sei.[349] In Deutschland wurde aus diesen Erwägungen heraus für das gerichtliche Verfahren die Figur des Verfahrensbeistandes eingeführt.[350] Auch in der Mediation sollte der Schutz des Kindes bei Bedarf durch weitere Personen sichergestellt werden.

b) Der Mediator

Fraglich ist, inwieweit der Mediator ein tauglicher Wächter des Kindeswohls ist. In Deutschland ist nicht geregelt, inwieweit der Mediator für den Schutz des Kindes und die Verwirklichung des Kindeswohls verantwortlich ist.[351]

Aus seiner Rolle als Leiter des Verfahrens ergibt sich für den Mediator jedoch eine besondere Verpflichtung zum Schutz aller Beteiligten und vor allem des „*strukturell unterlegenen*"[352] Kindes. Gleichzeitig schränkt die Allparteilichkeit des Mediators ihn in seinen Möglichkeiten, zum Wohl des Kindes zu intervenieren, ein.

aa) Möglichkeiten des Mediators zum Schutz des Kindes

Dem Mediator stehen verschiedene Handlungsmöglichkeiten mit unterschiedlicher Interventionsstärke zur Verfügung, um seiner Wächterfunktion gerecht zu werden. Bei der Wahl der jeweiligen Maßnahme muss der Mediator eine

---

348 *Paquin*, Journal of family law 1987/88, 279 (282); *Wallerstein*, Mediation Quarterly 1986/87, 7 (11).

349 (UN) CRC/C/GC/12 Abs. 36.

350 *Begr.* RegE-KindRG BT-Drs. 13/4899 S. 129.

351 Anders ist dies hingegen in Kalifornien. Dort ist der Mediator per Gesetz dem Kindeswohl verpflichtet und muss auf eine dem Wohl des Kindes gerecht werdende Regelung hinwirken, vgl. Section 3180 des California Family Code: „*(a) In mediation proceedings pursuant to this chapter, the mediator has the duty to assess the needs and interests of the child involved in the controversy, and is entitled to interview the child where the mediator considers the interview appropriate or necessary. (b) The mediator shall use his or her best efforts to effect a settlement of the custody or visitation dispute that is in the best interest of the child, as provided in Section 3011.*"

352 *Decker-Theiß*, Rechtsprobleme der Scheidungsmediation S. 44.

Abwägung zwischen seiner Rolle als allparteilicher Dritter und dem Erfordernis des Kindesschutzes vornehmen.

Mit der Rolle des Mediators ohne weiteres vereinbar sind sog. nicht-direktive Maßnahmen. Dazu zählen der Verweis auf Fachliteratur über die Auswirkungen von Trennung und Scheidung auf Kinder, die Hinzuziehung von Kinderfachleuten oder die Anwendung bestimmter Techniken in der Mediation, um das Verständnis der Eltern für ihr Kind zu vertiefen.[353] Auch der Hinweis auf externe Hilfsangebote ist möglich.[354]

Mit den Prinzipien der Mediation ist es nur schwer vereinbar, wenn der Mediator eine eigene Bewertung in der Mediation äußert. Bringt der Mediator eine subjektive Einschätzung ein, läuft er Gefahr, seine Allparteilichkeit zu verlieren.[355] Grundsätzlich gilt, dass selbst der zur Rechtsdienstleistung befugte Anwaltsmediator von konkreten inhaltlichen oder rechtlichen Vorschlägen Abstand nehmen sollte.[356] Den Parteien, nicht dem Mediator, obliegt die inhaltliche Gestaltung ihres Rechtsverhältnisses. Eine Ausnahme von diesen Grundregeln kann nach *Rafi*[357] zulässig sein, wenn es bei einer akuten Kindeswohlgefährdung nicht gelungen ist, die Eltern durch ein nicht-direktives Vorgehen *„wachzurütteln"*. Als Voraussetzung sieht er an, dass eine gute Vertrauensbasis zu den Medianten besteht, die direktive Aussage sich an beide Medianten gleichermaßen richtet, den Eltern Verständnis für ihre schwierige Situation entgegengebracht wird und von einer pädagogisch-lehrenden Haltung Abstand genommen wird. Ob der Mediator direktive Maßnahmen wählt oder nicht, wird letztlich von der konkreten Situation, seinem Rollenverständnis und seinen Erfahrungen auf diesem Gebiet abhängen.

bb) Information staatlicher Stellen

Hat das kindeswohlgefährdende Verhalten einen gewissen Schweregrad erreicht und ist eine eigene Abhilfe nicht möglich, muss der Mediator die Mediation abbrechen und die zuständigen staatlichen Stellen informieren. Eine Pflicht des

---

353 *Rafi*, Der Weg zur gemeinsamen Ent-Scheidung S. 105 ff.

354 *Greger* in Greger/Unberath, MediationsG, § 4 Rn. 15.

355 *Rafi*, Der Weg zur gemeinsamen Ent-Scheidung S. 105 f.

356 Vgl. hierzu *Römermann/Doench/Praß*, Die Steuerberatung 2013, 158 (161); zu der Möglichkeit, als Mediator eine Evaluation vorzunehmen, vgl. *Unberath* in Greger/Unberath, MediationsG, § 2 Rn. 174 ff. Die Darstellung von Handlungsoptionen hingegen wird als zulässig erachtet, *Begr.* RegE-MediationsG, BT-Drs. 17/5335 S. 15.

357 *Rafi*, Der Weg zur gemeinsamen Ent-Scheidung S. 115 f.

Mediators, die staatlichen Stellen zu informieren und die Mediation abzubrechen ist im MediationsG nicht normiert. Dieses konzentriert sich lediglich auf den Schutz der Parteien. Allerdings dürfte sich eine solche Verpflichtung aus der Stellung des Mediators als Leiter des Verfahrens ergeben. Er muss auch auf den Schutz der nicht unmittelbar anwesenden, jedoch gleichermaßen von den Regelungen der Mediation betroffenen Personen achten.

Die Information staatlicher Stellen und der damit einhergehende Bruch der Verschwiegenheit ist nunmehr in § 4 S. 3 Nr. 2 MediationsG geregelt. Danach ist die Verschwiegenheitspflicht des Mediators aufgehoben, wenn dies aus Gründen der öffentlichen Ordnung – insbesondere, um eine Gefährdung des Kindes abzuwenden – geboten ist. Eine Aufhebung der Verschwiegenheitspflicht wird in Abwägung der betroffenen Rechtsgüter, insbesondere unter Berücksichtigung der Vertraulichkeit der Mediation, nur bei schwerwiegenden Beeinträchtigungen als zulässig erachtet.[358] Die Durchbrechung der Schweigepflicht muss zudem geboten sein, d.h. eine anderweitige Abhilfe darf nicht möglich sein.[359] Nach Vorstellung des Gesetzgebers sind die Voraussetzungen für die Aufhebung der Schweigepflicht noch enger zu fassen als die Eingriffsschwelle bei § 1666 BGB.[360] Begründet wird dies damit, dass der Mediator im Gegensatz zum Richter vornehmlich den Parteiinteressen und nicht dem Kindeswohl verpflichtet sei.[361] Diese Aussage ist im Lichte eines effektiven Kindesschutzes zu kritisieren.[362] Zwar ist dem Gesetzgeber zuzugestehen, dass der Mediator aufgrund der Beauftragung durch die Parteien einen stärkeren Bezug zu den Parteiinteressen hat als etwa ein Richter. Daraus jedoch die Schlussfolgerung zu ziehen, die Grenze zur Durchbrechung der Schweigepflicht sei im Fall von Kindeswohlgefährdung besonders hoch anzusetzen, läuft fehl. Auch in der Mediation muss dem Schutz des Kindes höchste Priorität zukommen. Zu Recht mahnte *Wallerstein* schon 1986, dass das Mediationsverfahren zumindest dann keinen Gewinn brächte, wenn das Wohl des Kindes in der Mediation verringert oder vergessen werde.[363]

---

358 *Greger* in Greger/Unberath, MediationsG, § 4 Rn. 15.

359 *Fritz* in Fritz/Pielsticker, MediationsG, § 4 Rn. 35; *Greger* in Greger/Unberath, MediationsG, § 4 Rn. 15.

360 *Begr.* RegE-MediationsG, BT-Drs. 17/5335 S. 17.

361 *Begr.* RegE-MediationsG, BT-Drs. 17/5335 S. 17; zustimmend *Fritz* in Fritz/Pielsticker, MediationsG, § 4 Rn. 36.

362 So auch *Ivanits*, ZKJ 2012, 98 (103), die darin einen Verstoß gegen Art. 3 UN-KRK sieht.

363 *Wallerstein*, Mediation Quarterly 1986/87, 7 (11).

Darüber hinaus stellt sich die Frage, wann nach der Vorstellung des Gesetzgebers eine Aufhebung der Schweigepflicht eintreten soll. Schon die Eingriffsschwelle des § 1666 BGB, das Vorliegen einer gegenwärtigen, nachhaltigen und schwerwiegenden Gefährdung,[364] ist hoch. Einen noch strengeren Maßstab zu fordern, ist mit dem Ziel, einen effektiven Schutz des Kindes auch in der Mediation zu garantieren, nicht vereinbar. Vielmehr besteht dann die Gefahr, dass Mediatoren, wenn sie sich nicht sicher sind, ob die Voraussetzungen für eine Durchbrechung der Schweigepflicht vorliegen, aus Angst vor negativen Konsequenzen nicht tätig werden.[365]

cc) Beratungsmöglichkeiten

Ein wichtiger Beitrag, um den Schutz des Kindes zu verbessern, ist der Ausbau von Beratungsmöglichkeiten. Regelungen zu der Beratung bei Kindeswohlgefährdungen finden sich in § 8b SGB VIII und § 4 Abs. 2 des Gesetzes zur Kooperation und Information im Kinderschutz (KKG)[366]. Fraglich ist, inwieweit Mediatoren diese Beratungsmöglichkeiten in Anspruch nehmen können.

Nach § 8b SGB VIII, der durch Art. 2 des Bundeskinderschutzgesetzes (BKiSchG) eingeführt wurde, haben Personen, die beruflich in Kontakt mit Kindern und Jugendlichen stehen, zur Einschätzung, ob eine Kindeswohlgefährdung vorliegt, gegenüber dem Träger der örtlichen Jugendhilfe Anspruch auf Beratung durch eine erfahrene Fachkraft. Ziel der Einführung von § 8b SGB VIII war es, den kooperativen Kinderschutz zu fördern und auch den außerhalb des Systems der Kinder- und Jugendhilfe stehenden Berufsgruppen Unterstützung anzubieten.[367] Der örtliche Träger der öffentlichen Jugendhilfe ist verpflichtet, einen entsprechenden Pool von Fachkräften zur Übernahme dieser Aufgabe bereitzustellen.[368] Das Beratungsangebot können nach dem Wortlaut des Gesetzes alle Berufsgruppen in Anspruch nehmen, die beruflich Kontakt zu Kindern und Jugendlichen haben. Dazu gehören nach *Mann* Personen, die

---

364 *Büte* in Johannsen/Henrich, § 1666 Rn. 23 f.

365 Zu der Haftung des Mediators bei Verletzung der Schweigepflicht vgl. *Greger* in Greger/Unberath, MediationsG, § 4 Rn. 34 ff.; *Römermann/Doench/Praß*, Die Steuerberatung 2013, 158 (171).

366 Art. 1 des Bundeskinderschutzgesetzes (BKiSchG), BGBl I S. 2975 (in Kraft getreten am 01.01.2012).

367 *Begr.* der Bundesregierung zum Entwurf eines Gesetzes zur Stärkung eines aktiven Schutzes von Kindern und Jugendlichen (im Folgenden RegE-BKiSchG), BT-Drs. 17/6256 S. 22.

368 *Begr.* RegE-BKiSchG, BT-Drs. 17/6256 S. 22.

„in Bereichen tätig sind, in denen Kinder betreut, ausgebildet, trainiert, behandelt oder erzogen"[369] werden. Nach dieser Definition wäre die Tätigkeit des Mediators nicht erfasst. Allerdings gibt der Wortlaut der Norm eine solche Einschränkung nicht her. Dort ist in § 8b Abs. 1 SGB VIII lediglich gefordert, dass die Personen in *„beruflichem Kontakt mit Kindern und Jugendlichen stehen"*. Ein Mediator, der in Familiensachen tätig ist und das Kind in die Mediationssitzung einbezieht, erfüllt diese Voraussetzungen auch. Somit kann auch einem Mediator ein Beratungsanspruch nach § 8b SGB VIII zustehen. Eine restriktive Begrenzung des Geltungsbereiches würde eine unzulässige Einschränkung des Kindesschutzes darstellen. Allerdings wird man einen „Kontakt mit dem Kind oder Jugendlichen" nicht annehmen können, wenn der Mediator nur mit den Eltern in den Mediationssitzungen arbeitet und durch diese von kindeswohlgefährdenden Tendenzen erfährt.

Ein Anspruch, der unabhängig davon besteht, ob ein direkter Kontakt mit dem Kind erfolgt ist, könnte sich aus § 4 Abs. 2 KKG ergeben. § 4 Abs. 2 KKG enthält für kinder- und jugendnahe Berufsgeheimnisträger einen dem § 8b SGB VIII entsprechenden Beratungsanspruch und empfiehlt ein dreistufiges Verfahren, sollten gewichtige Anhaltspunkte für eine Kindeswohlgefährdung vorliegen. Nach § 4 Abs. 1 KKG sollen die Berufsgeheimnisträger die befürchtete Kindeswohlgefährdung zuerst mit dem Kind oder Jugendlichen sowie den Personensorgeberechtigten erörtern und sodann, wenn es angezeigt ist, auf die Inanspruchnahme von Hilfen hinwirken (Stufe 1). Zur Einschätzung der Kindeswohlgefährdung kann eine Fachberatung nach § 4 Abs. 2 KKG eingeholt werden. Die dafür erforderlichen Daten sind in pseudonymisierter Form zu übermitteln (Stufe 2).[370] Kommt ein Vorgehen entsprechend der ersten Stufe nicht in Betracht oder ist es erfolglos, dann ist der Berufsgeheimnisträger nach § 4 Abs. 3 KKG befugt, das Jugendamt zu informieren und die dafür erforderlichen Daten zu übermitteln (Stufe 3). Damit die Berufsgeheimnisträger die betroffenen Familien über die vorhandenen Hilfsangebote informieren können, muss das Jugendamt diesen die dafür erforderlichen Informationen zur Verfügung stellen.[371]

§ 4 Abs. 2 KKG gilt allerdings nur für die dort ausdrücklich benannten Berufsgeheimnisträger, zu denen der Mediator nicht gehört.

---

369 *Mann* in Schellhorn/Fischer, SGB VIII, § 8b Rn. 5.

370 Das Fehlen einer entsprechenden Regelung in § 8b SGB VIII kritisierend und als Versehen des Gesetzgebers deklarierend, siehe *Mann* in Schellhorn/Fischer, SGB VIII, § 8b Rn. 6.

371 So auch *Kunkel*, ZKJ 2012, 288 (290).

Um einen vom konkreten Vorgehen unabhängigen Beratungsanspruch zu schaffen, sollte die Berufsgruppe der Mediatoren in § 4 Abs. 2 KKG aufgenommen werden.[372] Dadurch könnte Abgrenzungsschwierigkeiten begegnet und Rechtssicherheit geschaffen werden. Durch das vorgegebene Stufenmodell könnten Unsicherheiten beim Umgang mit Kindeswohlgefährdungen verringert werden. Ein Mediator könnte, unabhängig davon, ob er nun direkten beruflichen Kontakt zu dem Kind hat oder nicht, Unterstützung bei der Einschätzung und dem Umgang mit Kindeswohlgefährdungen erhalten. Durch die Legaldefinition des § 1 Abs. 2 MediationsG ist das Berufsbild des Mediators ausreichend konkretisiert, um eine taugliche Personengruppe i.S.d. § 4 KKG darzustellen. Um den Beratungsanspruch ins Bewusstsein der Mediatoren zu bringen, sollte im MediationsG eine Verweisung auf § 4 KKG erfolgen. Systematisch sinnvoll wäre es, diesen Hinweis in § 4 MediationsG aufzunehmen, da dieser die Problematik der Verschwiegenheit regelt und auch die Kindeswohlgefährdung thematisiert.

Die Regelung des § 4 MediationsG sollte um folgenden Satz 5 ergänzt werden:

> „*Die Beratung bei Kindeswohlgefährdungen sowie die Übermittlung der diesbezüglich erlangten Informationen richtet sich nach § 4 Abs. 2 und 3 KKG.*“[373]

Alternativ oder kumulativ könnte dieser Aspekt in einer eigenständigen Regelung im MediationsG zur Mediation in Kindschaftssachen aufgenommen werden. Eine mögliche Formulierung wäre:

> „*Werden während der Dauer der Mediation Kindeswohlgefährdungen erkennbar oder sind solche zu befürchten, hat der Mediator die Eltern aufzufordern, unterstützende Hilfen in Anspruch zu nehmen, wenn dies dem Kindeswohl nicht widerspricht. Zur Einschätzung des Vorliegens von Kindeswohlgefährdungen steht dem Mediator ein Beratungsanspruch nach § 4 Abs. 2 KKG zu. Der Mediator hat, sofern die Kindeswohlgefährdung nicht anderweitig abgewendet werden kann, das Jugendamt zu informieren. Er hat die Beteiligten auf diese Möglichkeit hinzuweisen.*“

Damit die Beratungsmöglichkeiten ausgeschöpft werden, sollte in den Mediationsausbildungen auf die Möglichkeit der unterstützenden Beratung hingewiesen werden. Selbst im Familienbereich tätigen Mediatoren fällt es schwer,

372 So auch *Bundeskonferenz für Erziehungsberatung*, ZKJ 2011, 28; *Ivanits*, Die Stellung des Kindes S. 287.

373 Die kursiven und unterstrichenen Textpassagen kennzeichnen eigene Regelungsvorschläge und Ergänzungen. Wird eine bestehende Regelung ergänzt, sind die neu eingefügten Passagen kursiv und unterstrichen, die bereits bestehenden Passagen lediglich kursiv.

die Vielzahl der einschlägigen Regelungswerke, die Fülle an staatlichen und privaten Hilfsangeboten sowie die staatlichen Kompetenzzuordnungen im Bereich des Kindesschutzes zu durchblicken. Erschwert wird die Situation durch unterschiedliche Strukturen und Gewohnheiten in den einzelnen Bundesländern und Bezirken. Insgesamt dürfte das vorhandene Informationsdefizit schwerer wiegen als das Erfordernis der Anpassung gesetzlicher Vorschriften.

c) Externe Personen

Die vorangegangenen Ausführungen haben gezeigt, dass der Schutz des Kindes durch die Eltern und den Mediator an Grenzen stößt. Fraglich ist, ob externe Personen Schutzfunktionen übernehmen können.

aa) Der Verfahrensbeistand

Als Wächter des Kindeswohls kommt, orientiert man sich am gerichtlichen Verfahren, ein Verfahrensbeistand i.S.d. § 158 FamFG in Betracht.

(1) Mitwirken des Verfahrensbeistandes in der Mediation

Gemäß § 158 FamFG hat das Gericht für das minderjährige Kind einen geeigneten Verfahrensbeistand zu bestellen, sofern dies zur Wahrnehmung seiner Interessen erforderlich ist. Das Erfordernis der Bestellung im gerichtlichen Verfahren richtet sich nach den Regelbeispielen des § 158 Abs. 2 Nr. 1–5 FamFG. Von den aufgeführten Konstellationen kommen für den Bereich der außergerichtlichen Mediation insbesondere Nr. 1 (erheblicher Interessensgegensatz zwischen Kind und gesetzlichem Vertreter) sowie Nr. 5 FamFG (Ausschluss oder wesentliche Beschränkung des Umgangsrechts) in Betracht. Die Frage, ob ein Verfahrensbeistand an einer außergerichtlichen Mediation mitwirken kann, wird durch § 158 Abs. 4 S. 3 FamFG sowie durch § 36a FamFG beantwortet. Nach § 158 Abs. 4 S. 3 FamFG kann dem Verfahrensbeistand zusätzlich zu seinen originären Aufgaben aufgetragen werden, am Zustandekommen einer einvernehmlichen Regelung über den Verfahrensgegenstand mitzuwirken. Davon sind die Bereiche Streitschlichtung und Mediation erfasst.[374] Entgegen dem ursprünglichen Regierungsentwurf[375] darf der Verfahrensbeistand die weiteren Aufgaben – mithin auch das Mitwirken an einer einvernehmlichen Regelung – nur wahrnehmen, wenn das Gericht ihm diese Aufgabe im konkreten Einzelfall

374 *Schumann* in MüKo-FamFG, § 158 Rn. 32.

375 Vgl. *Begr.* RegE, FGG-Reformgesetz, BT-Drs. 16/6308 S. 40.

übertragen hat.[376] Die Regelungen der §§ 158 Abs. 4 S. 3 und 36a FamFG zeigen, dass eine Interessensvertretung des Kindes durch einen Verfahrensbeistand auch in einer außergerichtlichen Mediation möglich ist. Gleichzeitig werden aber auch die Grenzen deutlich. Sowohl die Aufgabenübertragung auf den Verfahrensbeistand nach § 158 Abs. 4 S. 3 FamFG als auch der Vorschlag einer Mediation oder eines anderen Verfahrens der außergerichtlichen Konfliktbeilegung nach § 36a FamFG stehen im Ermessen des Gerichtes. Eine Teilnahmemöglichkeit für den Verfahrensbeistand besteht somit nur, wenn ein gerichtliches Verfahren eingeleitet wurde. Wurde das Verfahren eingeleitet, kann der Mediator in Absprache mit den Eltern das Gericht zur Bestellung eines Verfahrensbeistandes auffordern.[377] Das Ermessen des Gerichts dürfte aufgrund der Pflicht des Gerichtes, das Kindeswohl zu schützen und die Verwirklichung desselben auch verfahrensrechtlich zu sichern, auf Null reduziert sein, wenn die Beteiligung eines Verfahrensbeistandes erforderlich ist.[378] Die Erforderlichkeit dürfte sich danach richten, ob eine den Regelbeispielen des § 158 Abs. 2 FamFG entsprechende oder vergleichbare Konstellation vorliegt und der Richter davon ausgehen muss, dass diese in der Mediation fortbesteht. Insoweit wird er auch zu prüfen haben, ob in der Mediation eine anderweitige Interessenvertretung des Kindes in Betracht

376 Hierzu kritisch *Stötzel*, FPR 2009, 332 (334), die darin einen Widerspruch zum Grundsatz der unabhängigen Interessensvertretung durch den Verfahrensbeistand sieht.

377 *Decker-Theiß*, Rechtsprobleme der Scheidungsmediation S. 45, die ein solches Vorgehen für die Konstellation vorschlägt, in der das gerichtliche Verfahren zugunsten einer Mediation ruht und das Gericht bislang keine Kenntnis von den Umständen hatte, die eine Bestellung erforderlich machen.

In den *Model Standards of Practice for Family and Divorce Mediation*, der Association of Family and Conciliation Courts, der American Bar Association Section of Family Law und des National Council of Dispute Resolution Organizations (im Folgenden Model Standards AFCC) soll der Mediator den gerichtlichen Vertreter des Kindes über die Mediation informieren und dessen Einbeziehung mit den Beteiligten erörtern. Wenn der Vertreter des Kindes nicht teilnimmt, soll der Mediator ihn über die Teile der Mediationsvereinbarung informieren, die das Kind betreffen (Standard VIII C). Die Richtlinie kann unter http://www.afccnet.org/Portals/0/PublicDocuments/CEFCP/ModelStandardsOfPracticeForFamilyAndDivorceMediation.pdf abgerufen werden (letzter Zugriff am 29.07.13).

378 *Fest* in Haußleiter, FamFG, § 158 Rn. 26; vgl. auch *Borth/Grandel* in Musielak, FamFG, § 36a Rn. 2, die davon ausgehen, dass ein Vorschlag nach § 36a FamFG sich auch immer auf den Verfahrensbeistand beziehen sollte, sowie *Stötzel*, FPR 2009, 332 (334), die davon ausgeht, dass es kaum Konstellationen gebe, in denen die Mitwirkung des Verfahrensbeistandes am Einvernehmensprozess nicht angezeigt sei.

kommt oder nicht (vgl. § 158 Abs. 5 FamFG). Dem Verfahrensbeistand steht es frei, die ihm zusätzlich übertragenen – fakultativen – Aufgaben abzulehnen.[379] Nimmt er sie wahr, handelt er in eigener Verantwortung, eine Überprüfung durch das Gericht findet nicht statt.[380]

Für die Konstellation, dass das Mediationsverfahren unabhängig von einem Gerichtsverfahren oder zeitlich vorgelagert stattfindet, bestehen die oben aufgeführten Möglichkeiten nicht. Hier müsste der Mediator, würde er die Teilnahme eines Verfahrensbeistandes für erforderlich erachten, zumindest vorerst die Mediation abbrechen. Nachdem die Parteien sodann ein gerichtliches Verfahren eingeleitet hätten, könnte das Gericht einen Verfahrensbeistand bestellen und das gerichtliche Verfahren zugunsten der Fortsetzung der Mediation aussetzen.[381] Dieses Vorgehen, welches eine unnötige Verzögerung der Konfliktlösung mit sich bringen würde, dürfte jedoch nur schwerlich mit dem kindlichen Zeitempfinden und den Kindesinteressen vereinbar sein.

Kommt es zu einer Beteiligung Dritter, stellt sich immer die Frage, wer die Kosten der Beauftragung zu tragen hat. Für den Verfahrensbeistand gilt Folgendes: Für die Übernahme von zusätzlichen Aufgaben i.S.d. § 158 Abs. 4 S. 2 FamFG, wird die übliche, dem berufsmäßigen Verfahrensbeistand für jeden Rechtszug gewährte Vergütung von 350 Euro auf 550 Euro erhöht (§ 158 VII S. 3 FamFG). Der ehrenamtlich tätig werdende Verfahrensbeistand enthält eine Aufwandsentschädigung (§ 158 Abs. 7 S. 1 FamFG i.V.m. § 277 Abs. 1 S. 1 FamFG, § 1835 Abs. 1, 2 BGB). Der Aufwendungsersatz und die Vergütung sind stets aus der Staatskasse zu zahlen (§ 158 Abs. 7 S. 5 FamFG). Die gezahlten Beträge können seitens der Staatskasse gemäß §§ 1, 21 ff. des Gesetzes über Gerichtskosten in Familiensachen (FamGKG) bei entsprechender finanzieller Leistungsfähigkeit von den Eltern zurückgefordert werden.

(2) Aufgaben und Befugnisse des Verfahrensbeistandes in der Mediation

Inwiefern der Verfahrensbeistand ein tauglicher Wächter des Kindeswohls ist, hängt davon ab, welche Aufgaben er in der Mediation übernehmen kann und welche Befugnisse ihm zustehen.

Die Aufgaben, die der Verfahrensbeistand konkret im Rahmen des Hinwirkens auf ein Einvernehmen zu übernehmen hat, führt § 158 FamFG nicht auf. Aus der allgemeinen Rollenzuschreibung in § 158 Abs. 4 FamFG können jedoch

---

379 *Begr.* RegE, FGG-Reformgesetz, BT-Drs. 16/6308 S. 240.

380 KG, NJOZ 2012, 1482.

381 Vorschlag nach *Decker-Theiß*, Rechtsprobleme der Scheidungsmediation S. 45.

entsprechende Anhaltspunkte entnommen werden. Nach § 158 Abs. 4 S. 1 FamFG hat der Verfahrensbeistand die *„Interessen des Kindes festzustellen und im gerichtlichen Verfahren zur Geltung zu bringen“* sowie das Kind über *„Gegenstand, Ablauf und möglichen Ausgang des Verfahrens in geeigneter Weise zu informieren“*. Der Verfahrensbeistand soll ausschließlich die Interessen des Kindes wahrnehmen[382] und den Willen des Kindes so authentisch wie möglich in das Verfahren einbringen. Im Rahmen seiner Stellungnahme soll er die subjektiven Interessen (den Willen des Kindes) und dessen objektive Interessen (das Kindeswohl) darlegen.[383] Der Verfahrensbeistand spricht nicht im Namen des Kindes,[384] sondern gibt seine eigene Einschätzung ab. Er soll dem Interesse des Kindes an einer *„schnellen und einverständlichen Konfliktlösung“* dienen[385] und für einen *„kindzentrierten“* Verfahrensablauf sorgen.[386] Neben dem Richter und dem Jugendamt ist der Verfahrensbeistand Hüter des Kindeswohls.[387]

Im Rahmen einvernehmlicher Regelungen übernimmt der Verfahrensbeistand eine *„kontrollierende Funktion, sodass es nicht zu Kompromissen unter Erwachsenen kommt, welche die kindliche Position zu wenig oder gar nicht berücksichtigen“*[388]. Er soll die Verfahrensbeteiligten - insbesondere die Eltern - über die Gefühlslage und die Wünsche und Vorstellungen des Kindes informieren, ihnen die Folgen eines andauernden Konfliktes für die kindliche Entwicklung erläutern und an die Wahrnehmung der Elternverantwortung appellieren.[389] Für die Mediation bedeutet diese Rollenbeschreibung, dass der Verfahrensbeistand unterschiedliche Aufgaben übernehmen kann. Zum einen kann er die Gespräche mit dem Kind führen und deren Inhalte an die Eltern und den Mediator zurückmelden. Zum anderen kann er in den Mediationssitzungen anwesend sein und z.B. bei der Erarbeitung der Lösungsoptionen die Interessen des Kindes aktiv vertreten oder die Eltern über die Auswirkungen der Trennung und/oder Scheidung auf ihr Kind informieren. Zudem kann eine in der Mediation erarbeitete Regelung dem Verfahrensbeistand übermittelt werden, sodass dieser das Ergebnis mit dem Kind besprechen kann. Etwaige

---

382 BGH, FamRZ 2010, 1060 (1063).
383 *Keidel* in Keidel, FamFG, § 158 Rn. 23.
384 *Rafi*, Der Weg zur gemeinsamen Ent-Scheidung S. 146, der daher auch die Bezeichnung „Anwalt des Kindes“ kritisiert.
385 *Begr.* RegE-KindRG, BT-Drs. 13/4899 S. 130.
386 *Menne*, ZKJ 2009, 68 (71).
387 *Borth/Grandel* in Musielak, FamFG, § 158 Rn. 15.
388 *Salgo*, FPR 2010, 456 (459).
389 *Prenzlow*, FPR 2012, 366 (369).

Einwände und Reaktionen des Kindes kann er wiederum dem Mediator und den Eltern mitteilen.[390]

Wie sich die Aufgaben des Verfahrensbeistandes zu denen des Mediators verhalten, d.h., wie die Zusammenarbeit auszugestalten ist, ergibt sich aus § 158 FamFG nicht. § 158 Abs. 4 S. 3 FamFG spricht lediglich von einem *„Mitwirken"* des Verfahrensbeistandes. Darunter ist zu verstehen, dass der Verfahrensbeistand nicht selbst als verantwortlicher Vermittler oder Mediator tätig werden[391] oder eine Beratung oder Mediation initiieren soll.[392] Ebenso wenig finden sich in der Literatur Hinweise auf die Ausgestaltung der Zusammenarbeit von Verfahrensbeistand und Mediator. So wird zwar die Beteiligung des Verfahrensbeistandes gefordert,[393] weitere Hinweise auf die Ausgestaltung der Zusammenarbeit sucht man hier, ebenso wie in den Gesetzesmaterialien, vergeblich.[394]

Fraglich ist, ob es in den Aufgabenbereich des Gerichts fällt, die Kompetenzen und Befugnisse des Verfahrensbeistands in der Mediation im Einzelfall festzulegen. Nach § 158 Abs. 4 S. 4 FamFG hat das Gericht *„die Art und den Umfang der Beauftragung konkret festzulegen"*. Für den Bereich der Mediation dürfte eine genaue Aufgabenzuteilung allerdings schwer mit der Verfahrensgestaltung durch den Mediator und die Parteien zu vereinbaren sein. Genaue Anordnungen, wann der Verfahrensbeistand anwesend sein soll und wie er zu beteiligen ist, würden die Flexibilität der Mediation erheblich einschränken. Zudem wären diese Anordnungen nur bei entsprechender Kooperation des Mediators sowie einer Zustimmung der Parteien umsetzbar. Sinnvoll sind daher rahmenmäßige Anordnungen, die dem Bedürfnis des Gerichts, regulierend einzugreifen entsprechen, gleichzeitig aber dem Mediator die freie Gestaltung des Verfahrens ermöglichen. Beispielsweise könnte es das Gericht als Aufgabe des Verfahrensbeistandes festschreiben, an der Mediation mitzuwirken und regelmäßig über den Stand der Mediation Bericht zu erstatten. Die Berichterstattung dürfte sich, um die Vertraulichkeit des Verfahrens zu wahren, nur darauf beschränken, wie

---

390 Vgl. *Prenzlow*, FPR 2012, 366 (369), der dieses Vorgehen für den Beratungsprozess empfiehlt.

391 *Prenzlow*, FPR 2012, 366 (367).

392 *Stötzel*, FPR 2009, 332 (334).

393 Für eine stete Beteiligung eines nach § 158 Abs. 1 FamFG erforderlichen Verfahrensbeistandes bei einem Vorschlag nach § 36a FamFG, vgl. *Borth/Grandel* in Musielak, FamFG, § 36a Rn. 2; einen Fürsprecher des Kindes in der Mediation ebenfalls fordernd: *Hennessy*, Bonner Rechtsjournal 2012 (Sonderausgabe), 39 (43).

394 Dazu kritisch *Schumann* in MüKo-FamFG, § 158 Rn. 9.

viele Sitzungen stattgefunden haben, ob die Mediation fortgeführt wird und ob es zu einer Beteiligung des Verfahrensbeistandes gekommen ist.

Mangels konkreter Vorgaben müssen Mediator und Verfahrensbeistand ihre Zusammenarbeit abstimmen.

(3) Vor- und Nachteile des Mitwirkens des Verfahrensbeistandes
Je nach Fallkonstellation kann das Mitwirken eines Verfahrensbeistandes sich positiv oder auch hemmend auf den Mediationsprozess auswirken.

Für den Mediator kann die Anwesenheit des Verfahrensbeistandes vorteilhaft sein, wenn der Verfahrensbeistand besondere Fachkenntnisse hat, die er selbst nicht vollständig abdecken kann. Mit dem Verfahrensbeistand könnte ihm so z.B. ein Experte in Fragen des Kindeswohls zur Seite gestellt werden, der die Familie darüber hinaus ggf. bereits durch das vorangegangene gerichtliche Verfahren kennt und daher vertiefte Kenntnisse über die familiären Hintergründe und Dynamiken hat. Sollte er vor der Mediation zu dem Kind Kontakt aufgenommen haben, könnte eine erneute Befragung des Kindes vermieden werden.[395] Anders als beim Mediator[396] besteht bei dem Verfahrensbeistand nicht die Gefahr einer Rollenvermischung. Die Einbeziehung des Verfahrensbeistandes kann somit gerade für Mediatoren, die nicht mit einem Co-Mediator arbeiten, eine Entlastung darstellen. Positiv kann sich auch auswirken, dass der Verfahrensbeistand für viele Familien eine zusätzliche Autorität darstellt. Diese Autorität kann hilfreich sein, um die Eltern dazu zu bewegen, den Blick auf die Bedürfnisse des Kindes zu richten.

Gleichzeitig kann die Anwesenheit des Verfahrensbeistandes nachteilig für die Dynamik der Mediation sein. Mit dem Verfahrensbeistand ist eine für die Eltern in der Regel wahrscheinlich relativ fremde Person anwesend. Da in der Familienmediation höchstpersönliche Themen und Gefühle angesprochen und offenbart werden, kann durch die Anwesenheit eines Dritten (auch wenn dieser nur für einen Teil der Mediation anwesend ist) eine Hemmschwelle für die Medianten entstehen. Zudem könnten sich die Eltern durch den Verfahrensbeistand, der ja vom Gericht bestellt wurde, kontrolliert fühlen.

Allerdings können die nachteiligen Effekte durch eine sinnvolle Verfahrensleitung des Mediators minimiert werden. Wird der Verfahrensbeistand nur punktuell einbezogen und seine Rolle im Verfahren erläutert, dürften die meisten Vorbehalte auszuräumen sein.

---

395 Vgl. (UN) CRC/C/GC/12 Abs. 24, wonach es auch Ziel einer kindgerechten Beteiligung sein muss, belastende Mehrfach-Anhörungen zu vermeiden.

396 Zu den Möglichkeiten des Mediators, den Schutz des Kindes in der Mediation zu gewährleisten vgl. § 5 B. III. 1. b) aa).

bb) Das Jugendamt/Die Kinder- und Jugendhilfe

Typischerweise spielt das Jugendamt als öffentlicher Jugendhilfeträger eine große Rolle, wenn es um den Schutz des Kindes geht. Inwieweit das Jugendamt auch in der Mediation zum Schutz des Kindes tätig werden kann, ist nicht ohne weiteres ersichtlich. Die Verpflichtung des Jugendamtes, für den Schutz des Kindes und des Jugendlichen zu sorgen, ergibt sich aus § 1 Abs. 3 S. 3 SGB VIII. Für den Fall von Kindeswohlgefährdungen wird die Schutzpflicht in § 8a SGB VIII konkretisiert. Zusätzlich stellt die Kinder- und Jugendhilfe ein umfassendes Angebot an Hilfen zur Erziehung und an Beratungen bereit. Beispielsweise bietet die Kinder- und Jugendhilfe nach § 17 SGB VIII Beratung in Fragen der Partnerschaft, Trennung und Scheidung an und unterstützt die Eltern nach § 17 Abs. 2 SGB VIII bei der Erarbeitung eines einvernehmlichen Konzeptes zur Wahrnehmung der elterlichen Verantwortung und elterlichen Sorge. Viele Jugendämter bieten (kostenfreie) Mediations- oder Vermittlungsverfahren an.[397] Wenn gemeinsame minderjährige Kinder vorhanden sind, teilt das Gericht dem Jugendamt die Rechtshängigkeit von Scheidungssachen mit, damit das Jugendamt die Eltern über das Leistungsangebot der Jugendhilfe informieren kann (§ 17 Abs. 3 FamFG).

Zu einer Mitwirkung des Jugendamtes in einer Mediation kann es kommen, wenn das Gericht nach § 36a Abs. 1 FamFG dem Jugendamt die Teilnahme an der Mediation vorschlägt. Allerdings kann das Gericht im Rahmen des § 36a FamFG – im Gegensatz zu § 278a ZPO – auch einzelne Beteiligte von dem Vorschlag ausnehmen. Der Gesetzgeber führt dazu aus, dass insbesondere die Beteiligung des Jugendamtes nicht immer indiziert sei.[398] Selbst wenn das Jugendamt einen Antrag nach § 162 Abs. 2 FamFG gestellt habe, müsse es nicht in der Mediation beteiligt werden.[399] Die Zurückhaltung hinsichtlich der Einbeziehung des Jugendamtes resultiert aus der kontrollierenden Funktion, die dem Jugendamt zugeschrieben wird. Viele Eltern empfinden eine Involvierung des Jugendamtes als erheblichen Eingriff in ihre elterliche Autonomie. Sollten sich die Eltern jedoch auf einen Mitarbeiter des Jugendamtes einigen und eine Teilnahme in der Mediation befürworten, kommt eine Einbeziehung in Betracht. Insbesondere, wenn der Mitarbeiter des Jugendamtes die Familie (und insbesondere das Kind) schon eine längere Zeit begleitet und die Familienmitglieder kennt, kann

397 Vgl. dazu die Pilot- und die Hauptstudie von *Proksch*, die sich ausführlich mit der Mediation durch die Kinder- und Jugendhilfe auseinandersetzen.

398 *Begr.* RegE-MediationsG, BT-Drs. 17/5335 S. 23.

399 In diesem Sinne auch *Borth/Grandel* in Musielak, FamFG, § 36a Rn. 2; *Burschel* in BeckOK-FamFG, § 36a Rn. 6; *Zorn*, FamRZ 2012, 1265 (1269).

eine Einbeziehung für den Mediationsprozess förderlich sein. Eine weitere Möglichkeit, wie es zu einer Beteiligung des Jugendamtes kommen könnte, ist die Einbeziehung durch den Mediator. Insbesondere, wenn das Jugendamt aufgrund einer befürchteten oder bereits erfolgten Kindeswohlgefährdung mit der Familie in Kontakt steht, kann eine Einbeziehung zum Schutz des Kindes erfolgen. Hierzu bedarf es allerdings der Zustimmung der Eltern sowie der Bereitschaft des Jugendamtes, auch ohne gerichtliche Anordnung mitzuwirken. Ebenso könnte der Mediator (mit Zustimmung der Eltern) gegenüber dem Jugendamt über den Fortgang der Mediation und die kindbezogenen Entscheidungen Bericht erstatten. Denkbar ist auch, dass die Eltern zusätzlich zur Mediation Beratungsangebote des Jugendamtes in Anspruch nehmen, soweit diese nicht die Arbeit in der Mediation beeinträchtigen. Kommt es zu einem Mitwirken des Jugendamtes in der Mediation, sollte der Mediator, um die Vertraulichkeit der Mediation nicht zu gefährden, auf eine angemessene Einbeziehung achten. Insoweit gelten die Ausführungen zum Verfahrensbeistand entsprechend. Eine Kostenbelastung für die Eltern entsteht durch die Beteiligung des Jugendamtes in der Mediation nicht (§§ 90 ff. SGB VIII).

cc) Der gerichtlich bestellte Sachverständige

Auch der Sachverständige ist nach entsprechender Anordnung durch das Gericht dazu berufen, auf ein Einvernehmen der Parteien hinzuwirken. Im Gegensatz zu § 158 Abs. 4 S. 3 FamFG, spricht § 163 Abs. 2 FamFG von einem *„Hinwirken auf Einvernehmen"*. Darunter ist z.B. zu verstehen, dass der Sachverständige die Eltern über die Auswirkungen einer Trennung auf ihre Kinder informiert und mit den Eltern in gemeinsamen Gesprächen ein einvernehmliches Konzept zum Umgang erarbeitet.[400] Als Interventionen werden lösungsorientierte Gespräche oder koordinierende Gespräche genannt.[401] Das Hinwirken auf Einvernehmen ist von einer Beauftragung des Gerichts zur Erstellung eines schriftlichen Gutachtens abhängig. Wie sich aus dem Wort *„auch"* in § 163 Abs. 2 FamFG ergibt, kann nur bei entsprechender Beauftragung zusätzlich angeordnet werden, dass der Sachverständige auf ein Einvernehmen hinwirken soll.[402] Ohne einen Auftrag des Gerichts darf der Sachverständige diese Aufgabe nicht übernehmen. Kritik wird an dieser zusätzlichen Aufgabe des Sachverständigen aufgrund der Gefahr der „Rollenvermischung" geäußert. Es wird befürchtet,

---

400 *Begr.* RegE, FGG-Reformgesetz, BT-Drs. 16/6308 S. 242.

401 *Schlünder* in BeckOK-FamFG, § 163 Rn. 11.

402 *Schlünder* in BeckOK-FamFG, § 163 Rn. 13.

dass der eigentliche Auftrag des Sachverständigen, ein objektives Gutachten zu erstellen, durch das geforderte Hinwirken auf Einvernehmen negativ beeinflusst werden könnte.[403]

Ähnlich wie beim Verfahrensbeistand ist auch hinsichtlich des Sachverständigen vollkommen unklar, welche Kompetenzen er im Verhältnis zu den anderen auf ein Einvernehmen hinwirkenden Professionellen hat.[404] Sollte der Sachverständige zusätzlich zu anderen Personen beauftragt worden sein, stellt sich die Frage, ob es den Eltern zuzumuten ist, mit einer solchen Anzahl von Verfahrensbeteiligten zusammenzuarbeiten.[405] Eine Zusammenarbeit sollte nicht dazu führen, dass die Eltern und das Kind stärker als notwendig belastet werden. Aufgrund dessen sollte das Gericht, falls es mehrere Personen mit dem Hinwirken auf oder Mitwirken an einem Einvernehmen beauftragt, in der Beauftragung eine klare Kompetenzregelung treffen.[406] In der Mediation muss eine solche Festlegung mit der Verfahrensleistung durch den Mediator vereinbar sein.

In der Mediation kann es zu den Aufgaben des Sachverständigen gehören, den Eltern zu erläutern, wie sich die Trennung bzw. der elterliche Konflikt auf ihr Kind auswirkt. Darüber hinaus kann ein bereits erstelltes Gutachten, sofern die Eltern dies wünschen, als Grundlage für eine zukünftige Regelung genutzt werden. Auch der Mediator kann sich zur Einschätzung, ob eine Kindeswohlgefährdung vorliegt, an dem Gutachten bzw. der Einschätzung des Sachverständigen orientieren. Hierbei muss aber darauf geachtet werden, dass der Mediator dadurch nicht in seiner Allparteilichkeit beeinträchtigt wird. Um eine Rollenvermischung bestmöglich zu vermeiden, solle der Sachverständige in der Mediation lediglich gemäß seiner originären Rolle, d.h., als Experte auftreten. Die Leitung des Verfahrens und das Hinwirken auf Einvernehmen sollten beim Mediator verbleiben. Eine klare Rollenverteilung ist, um den Parteien eine Struktur zu geben und Sicherheit zu vermitteln, unabdingbar.

Ferner ist zu bedenken, dass sich auch die Einbeziehung des Sachverständigen nachteilig auf die für eine erfolgreiche Mediation erforderliche Offenheit der Eltern auswirken kann. Befürchten die Eltern eine negative Beurteilung im Gutachten, ist die Wahrscheinlichkeit hoch, dass ein gewisses Maß an Authentizität verloren geht.

---

403 *Schumann* in MüKo-FamFG, § 163 Rn. 9.

404 Vgl. *Schumann* in MüKo-FamFG, § 163 Rn. 10 sowie *Prenzlow*, FPR 2012, 366 (369), der die fehlenden Regeln hinsichtlich der Arbeit des Sachverständigen kritisiert.

405 *Schumann* in MüKo-FamFG, § 163 Rn. 10.

406 *Schumann* in MüKo-FamFG, § 163 Rn. 11.

Die Kosten des Sachverständigen gehören, sollte eine gerichtliche Bestellung erfolgt sein, zu den Verfahrenskosten. Je nach Bedürftigkeit der Parteien können sie somit von der Verfahrenskostenhilfe umfasst sein (§ 76 FamFG i.V.m. §§ 114 ff., 413 ZPO i.V.m. JVEG). Bei finanzieller Leistungsfähigkeit einer oder beider Parteien erfolgt eine Aufteilung nach dem Kostenfestsetzungsverfahren der §§ 104 ff. ZPO. Bei der privaten Beauftragung eines Sachverständigen sind die Kosten von den Parteien als Auftragsgeber zu zahlen.

dd) Der Ergänzungspfleger

Fraglich ist, ob das Mitwirken eines Ergänzungspflegers (§ 1909 BGB) in der Mediation zum Schutz des Kindes möglich und sinnvoll ist. Ein Ergänzungspfleger wird nur bestellt, wenn die gesetzlichen Vertreter des Kindes an der Vertretung rechtlich oder tatsächlich verhindert sind. Der Ergänzungspfleger übernimmt dann für den übertragenen Bereich die gesetzliche Vertretung des Kindes (§§ 1915 Abs. 1, 1793 Abs. 1 S. 1 BGB). Die Vertretungsbefugnis der Eltern entfällt erst mit Wirksamkeit der gerichtlichen Entscheidung (§ 1796 i.V.m. § 1629 Abs. 2 S. 3 BGB). Bloße Interessensgegensätze der Eltern rechtfertigen die Bestellung eines Ergänzungspflegers nicht.[407] Er kann nur gerichtlich bestellt werden und steht unter der Aufsicht des Gerichts. Ein Mitwirken am oder ein Hinwirken auf ein Einvernehmen ist nicht vorgesehen. In den Konstellationen, in denen ein Ergänzungspfleger bestellt werden muss, dürfte in der Regel eine Mediation nicht die geeignete Verfahrenswahl sein. Sollte es in Ausnahmefällen doch zu einer Mediation kommen und Themenbereiche betroffen sein, für die der Ergänzungspfleger die Vertretungsbefugnis hat, müsste er insoweit in der Mediation mitwirken. In Kindschaftssachen ist jedoch der Verfahrensbeistand der vorrangige Interessensvertreter des Kindes.[408] Ist eine Interessensvertretung durch diesen möglich, so ist die Bestellung eines Ergänzungspflegers unverhältnismäßig.[409]

ee) Experten

Unabhängig von einer gerichtlichen Bestellung können in den Mediationsprozess weitere Personen einbezogen werden, die aufgrund ihrer Ausbildung und ihrer Tätigkeit das kindliche Empfinden und die Bedürfnisse eines Kindes besonders gut einschätzen können. In Betracht kommen Kinderpsychologen, Pädagogen, Erzieher und weitere Fachkräfte aus dem psychosozialen Bereich.

407 BGH, NJW 1975, 345 ff.
408 BGH, NJW 2011, 3454.
409 BGH, NJW 2011, 3454, (3455).

Ihre Beteiligung kann von dem Mediator oder auch von den Eltern angeregt werden. Diesen Experten kann die Aufgabe übertragen werden, den Eltern die typischen Belastungen von Kindern und Jugendlichen in der Phase von Trennung und Scheidung näher zu bringen oder die Eindrücke zu vermitteln, die sie durch Gespräche mit dem Kind erlangt haben. Aufgrund der privaten Beauftragung durch die Eltern können diese den Umfang und die Art des Tätigwerdens der Experten bestimmen. Im Gegensatz zum gerichtlichen Sachverständigen ist die Erstellung eines Gutachtens nicht erforderlich. Sollte der Experte nicht ehrenamtlich tätig werden, müssten die Medianten die Kosten der Beauftragung tragen. Zur Sicherung der Vertraulichkeit muss mit dem Experten eine Vertraulichkeitsabrede geschlossen werden.

ff) Personen aus dem privaten Umfeld

Für die Mediation kann es gewinnbringend sein, Personen aus dem privaten Umfeld der Parteien zum Schutz des Kindes in die Mediation einzubeziehen. Zu denken ist hier beispielsweise an Paten, Großeltern oder Betreuungspersonen des Kindes. Auch erwachsene, ggf. nicht mehr im Haushalt lebende Kinder, die von den Regelungsgegenständen der Mediation selbst nicht mehr betroffen sind, können hilfreich sein. Vorteil all dieser Personen ist, dass sie alle Beteiligte und insbesondere das Kind gut kennen und ihre Hilfe kostenfrei anbieten. Aufgrund der Flexibilität des Mediationsverfahrens kann ihre Einbeziehung bedarfsgerecht gestaltet werden. Sollten sich die Medianten auf eine Person aus ihrem persönlichen Umfeld einigen, besteht durch diese Übereinkunft eine hohe Wahrscheinlichkeit, dass sie die Einschätzungen dieser Person annehmen können. Der Mediator sollte in einer solchen Konstellation mit den Eltern genau besprechen, welche Aufgabe der Dritte übernehmen soll und inwieweit eine Einbindung erfolgt. Auch der Dritte sollte angemessen auf seine Aufgabe vorbereitet werden. Wichtig ist es auch hier, dass eine vertragliche Vertraulichkeitsabrede geschlossen wird.

gg) Beteiligung des Gerichts und der Rechtsanwälte

In Betracht gezogen werden kann auch eine Einbeziehung des Gerichts oder von Rechtsanwälten zum Schutz des Kindes.

Nach *Maier*[410] muss das Familiengericht bei einem Vorschlag zur Mediation oder einem anderen außergerichtlichen Verfahren zur Konfliktbeilegung nach § 36a FamFG in den Einigungsprozess eingebunden bleiben. Dazu gehöre, dass

410 *Maier* in Lipp et al., Familienrechtliches Forum Göttingen, S. 109 f.; zustimmend auch *Schumann* in MüKo-FamFG, § 156 Rn. 9.

das Gericht regelmäßig über den Stand der Bemühungen informiert werde und es ihm offen stehe, an dem Einigungsprozess, z.B. durch Teilnahme an den Gesprächsrunden, mitzuwirken. Nur so könne der Richter sicherstellen, dass die Interessen des Kindes ausreichend Berücksichtigung finden. Diese Ansicht vermag nicht zu überzeugen. In einer (wenn auch durch das Gericht vorgeschlagenen) Mediation entscheiden die Medianten, wer an der Mediation teilnimmt. Eine derartige hoheitliche Einflussnahme ist mit den Prinzipien der Mediation, insbesondere dem Grundsatz der autonomen Konfliktlösung sowie der Vertraulichkeit des Verfahrens, nicht vereinbar. Zudem würde der Sinn der Mediation, in einem geschützten und privaten Rahmen eine Regelung zu finden, durch eine solche Einflussnahme konterkariert werden. Auch rechtlich scheint die Legitimationsgrundlage für ein Mitwirken des Richters aufgrund der Aussetzung des Verfahrens nur schwer zu begründen.

Ein Rechtsanwalt, der von den Eltern beauftragt wurde, ist aufgrund der Gefahr der Instrumentalisierung in der Regel nicht geeignet, den Schutz des Kindes zu gewährleisten.[411] Eine Einbeziehung zur Unterstützung der Eltern kann jedoch, wie oben dargelegt,[412] sinnvoll sein.

d) Rechtliche Aspekte bei der Einbeziehung Dritter

Kommt es zu der Beteiligung weiterer Personen in der Mediation, ergeben sich zahlreiche rechtliche Fragestellungen. Zwei Aspekte, denen besondere Relevanz zukommt, sind die Frage nach dem Zustimmungserfordernis sowie die der Sicherung der Vertraulichkeit.

aa) Das Zustimmungserfordernis

Als Ausdruck der Parteiautonomie und zum Schutz der Vertraulichkeit der Mediation hat der Gesetzgeber in § 2 Abs. 4 MediationsG bestimmt, dass es für die Einbeziehung Dritter in die Mediation der Zustimmung aller Beteiligten bedarf. Je nach Art der angebotenen Mediation ergeben sich hinsichtlich des Zustimmungserfordernisses folgende Unterschiede:

(1) Die außergerichtliche Mediation

In der außergerichtlichen Mediation gilt das Zustimmungserfordernis des § 2 Abs. 4 MediationsG uneingeschränkt.[413] Dritte können somit *„nur mit*

---

411 *Schnitzler*, Anwalts-Handbuch Familienrecht Rn. 286.

412 Vgl. § 2 C. III. dieser Arbeit.

413 Zu der Frage, ob das Zustimmungserfordernis auch für die Parteianwälte gilt, vgl. § 2 C. III. (Fn. 60).

Zustimmung aller Parteien einbezogen werden". „*Dritte*" i.S.d. § 2 Abs. 4 MediationsG sind Personen, die nicht an dem Mediatorvertrag beteiligt sind.[414] Unter „*einbezogen*" ist nur die tatsächliche Anwesenheit in der Mediationssitzung zu verstehen.[415] Externe Unterstützung und Beratung außerhalb der Mediationssitzungen können ohne Zustimmung der anderen Beteiligten in Anspruch genommen werden.[416] Sollen externe Personen zum Schutz des Kindes in die außergerichtliche Mediation einbezogen werden, bedarf es somit nach § 2 Abs. 4 MediationsG der ausdrücklichen Zustimmung aller Parteien.

(2) Die gerichtsnahe Mediation

Fraglich ist, ob das Zustimmungserfordernis auch gilt, wenn die Mediation aufgrund eines gerichtlichen Vorschlages nach § 36a FamFG eingeleitet wurde.

Nach § 36a Abs. 1 S. 1 FamFG kann das Gericht „*einzelnen oder allen Beteiligten eine Mediation oder ein anderes Verfahren außergerichtlicher Konfliktbeilegung vorschlagen*". Der Vorschlag entfaltet für die Parteien keine Bindungswirkung.[417] Folgen die Parteien dem Vorschlag des Gerichts, begeben sie sich freiwillig - wenn auch ggf. aufgrund sanften Drucks des Gerichts - in die Mediation. Empfiehlt das Gericht eine außergerichtliche Mediation, gibt es bewusst die Konfliktlösung in die Eigenverantwortung der Parteien. Ab der Entscheidung der Parteien zur Durchführung der gerichtsnahen Mediation darf das Gericht nicht mehr im Mediationsverfahren mitwirken. Lediglich Anregungen und Hinweise werden als zulässig erachtet.[418] Aufgrund dessen können die Parteien auch bei der gerichtsnahen Mediation darüber entscheiden, wer an den Mediationssitzungen teilnimmt. § 2 Abs. 4 MediationsG findet auch hier Anwendung.

(a) Konsequenzen fehlender Zustimmung

Allerdings könnte sich eine Einschränkung der Parteien, frei darüber bestimmen zu können, wer an der Mediation teilnimmt, in Zusammenhang mit der Regelung des § 36a Abs. 2 FamFG ergeben. Nach § 36a Abs. 2 FamFG setzt das Gericht das Verfahren aus, wenn sich die Parteien zur „*Durchführung einer Mediation entscheiden*". Im Gegensatz zu § 21 Abs. 1 S. 1 FamFG, der eine

414 *Unberath* in Greger/Unberath, MediationsG, § 2 Rn. 133.

415 *Begr.* RegE-MediationsG, BT- Drs. 17/5335 S. 15.

416 Oftmals werden diesbezüglich auch Absprachen in der Mediation getroffen - eine gesetzliche Einschränkung gibt es nicht.

417 *Burschel* in BeckOK-FamFG, § 36a Rn. 7.

418 *Baumbach/Lauterbach et al.*, ZPO, § 278a Rn. 12.

Aussetzung in das Ermessen des Gerichts stellt, sieht § 36a Abs. 2 FamFG ein Ermessen des Gerichts nicht vor.[419]

Fraglich ist, ob die Verpflichtung zur Aussetzung des Verfahrens auch besteht, wenn die Parteien dem Vorschlag des Gerichts nicht vollumfänglich folgen und z.B. der Teilnahme des vom gerichtlichen Vorschlag erfassten Verfahrensbeistandes nicht zustimmen. Diese Frage ist, soweit ersichtlich, noch nicht erörtert oder entschieden worden.

Diese Frage stellt sich in zwei Konstellationen: Zum einen können die Parteien, wenn sie die Teilnahme des Verfahrensbeistandes nicht wünschen, den gerichtlichen Vorschlag nach § 36a FamFG ablehnen – mehr dazu im Folgenden unter *(aa)* –, zum anderen können sie dem Vorschlag zustimmen und nach Beginn der Mediation der Teilnahme widersprechen – im Folgenden erörtert unter *(bb)*.

(aa) Direkte Verweigerung der Zustimmung

Entscheiden sich die Parteien direkt bzw. innerhalb der vom Gericht gesetzten Entscheidungsfrist gegen eine Teilnahme des Dritten, wünschen aber ansonsten trotzdem eine Mediation, dann folgen sie formal betrachtet dem Vorschlag des Gerichts nicht. Dieses Abweichen der Parteien von dem Vorschlag des Gerichts ist so zu behandeln, wie eine selbst durch die Parteien initiierte Mediation. Wie die selbstinitiierte Mediation in Hinblick auf die Aussetzung des Verfahrens zu behandeln ist, wird unterschiedlich bewertet. Während die einen davon ausgehen, dass es hinsichtlich der Pflicht zur Aussetzung des Verfahrens keinen Unterschied mache, ob die Mediation vorgeschlagen oder von den Parteien initiiert werde,[420] nehmen die anderen bei Selbstinitiierung durch die Parteien an, dass in diesem Fall keine Ermessensreduzierung eintrete, sondern es dem Gericht nach dem Grundsatz des § 21 Abs. 1 S. 1 FamFG freistehe, ob es das Verfahren aussetze oder nicht[421].

Für die erste Ansicht spricht der Wortlaut des § 36a Abs. 2 FamFG, der lediglich eine Entscheidung der Parteien fordert, nicht jedoch, dass diese Entscheidung aufgrund und entsprechend des gerichtlichen Vorschlages erfolgt.

---

419 Aufgrund dessen wird angenommen, dass hinsichtlich des Ermessens in § 21 Abs. 1 S. 1 FamFG eine Ermessensreduzierung auf Null eintritt, vgl. *Meyer-Holz* in Keidel, FamFG, § 36a Rn. 17 bzw. § 21 Abs. 1 S. 1 FamFG durch § 36a Abs. 2 FamFG konkretisiert wird, vgl. *Borth/Grandel* in Musielak, FamFG, § 36a Rn. 3.

420 *Burschel* in BeckOK-FamFG, § 36a Rn. 8; *Baumbach/Lauterbach et al.*, ZPO, § 278a Rn. 13; *Fritz* in Fritz/Pielsticker, MediationsG, § 36a Rn. 60.

421 *Meyer-Holz* in Keidel, FamFG, § 36a Rn. 17 f.; *Zorn*, FamRZ 2012, 1265 (1269).

Sinn und Zweck der Einführung des § 36a FamFG, eine umfassende Förderung einvernehmlicher Konfliktbeilegung zu erreichen, spricht ebenfalls für eine verpflichtende Aussetzung.[422] Auch inhaltlich werden an die Entscheidung der Parteien keine hohen Anforderungen gestellt. Von den Parteien wird lediglich eine *„unbedingte alsbaldige allseitige Bereitschaft zum ernsthaften Versuch"*[423] einer Mediation, eine *„rahmenmäßige Einigung"*[424] verlangt. Daraus könnte geschlussfolgert werden, dass auch die teilnehmenden Personen zu diesem Zeitpunkt noch nicht feststehen müssen.

Gegen eine verpflichtende Aussetzung bei der selbstinitiierten Mediation spricht allerdings, dass das Gericht zumindest bei einem Kindschaftsverfahren besondere Schutzpflichten treffen. Insbesondere hat es den Beschleunigungsgrundsatz (§ 155 Abs. 1 FamFG) sowie bei der Ausgestaltung des Verfahrens das Wohl des Kindes zu berücksichtigen. Bei einer verpflichtenden Aussetzung hat das Gericht keine Möglichkeiten, diese Aspekte in die Abwägung mit einzubeziehen. Darin besteht ein erheblicher Unterschied zu der Mediation aufgrund gesetzlichen Vorschlages. Hier hatte das Gericht vorher die Möglichkeit, zu prüfen, ob eine Eignung zur Mediation vorliegt, oder ob eine gerichtliche Entscheidung den Interessen der Beteiligten, insbesondere denen des Kindes, besser entspricht. Um dem Gericht diese Möglichkeit auch bei einer selbstinitiierten Mediation zu eröffnen, muss die Aussetzung des Verfahrens im Ermessen des Gerichts stehen. Gleiches gilt bei einem Abweichen der Parteien vom gerichtlichen Vorschlag. Hier ändert sich die Grundlage, auf der das Gericht seine Entscheidung, die Mediation vorzuschlagen, ursprünglich gestützt hat. Daher muss dem Gericht erneut die Möglichkeit eingeräumt werden, über die Aussetzung nach freiem Ermessen zu entscheiden. In der Regel dürfte mit dem Wunsch der Parteien, eine Mediation durchzuführen, ein wichtiger Grund für die Aussetzung des gerichtlichen Verfahrens vorliegen.[425] In Ausnahmefällen kann das Gericht aber korrigierend eingreifen.

(bb) Verweigerung der Zustimmung nach Beginn der Mediation

In der zweiten Konstellation, bei der die Parteien dem Vorschlag des Gerichts zuerst folgen und sodann der Teilnahme des Dritten widersprechen, stellt sich die Frage, ob das Gericht den Aussetzungsbeschluss nach § 21 FamFG aufheben,

---

422 So auch *Fritz* in Fritz/Pielsticker, MediationsG, § 36a Rn. 60; vgl. auch *Ulrici* in MüKo-ZPO, § 278a Rn. 12 (allerdings bezogen auf § 278a ZPO).

423 *Baumbach/Lauterbach et al.*, ZPO, § 278a Rn. 14.

424 *Ulrici* in MüKo-ZPO, § 278a Rn. 13.

425 *Meyer-Holz* in Keidel, FamFG, § 36a Rn. 18.

und ob der Aussetzungsbeschluss von Dritten angefochten werden kann. Auch in dieser Konstellation muss sich die Beantwortung der Frage auf der einen Seite am Schutz des Kindes und auf der anderen Seite an dem Ziel der Förderung einvernehmlicher Konfliktlösung orientieren.

Gegen eine Aufhebungs- und Anfechtungsmöglichkeit spricht, dass die Chance, eine einvernehmliche Konfliktlösung zu erreichen, nicht unnötig torpediert werden sollte. Dies gilt umso mehr, da in dieser Konstellation die Mediation bereits begonnen wurde. Zudem kann das Gericht auch durch andere Maßnahmen den Schutz des Kindes sicherstellen. Beispielsweise kann einer mit dem Kindeswohl nicht zu vereinbarenden unangemessenen Verfahrensverzögerung mit der in § 155 Abs. 4 FamFG bestimmten Wiederaufnahmemöglichkeit begegnet werden. Nach § 155 Abs. 4 FamFG, der im Rahmen des Gesetzes zur Förderung der Mediation und anderer Verfahren der außergerichtlichen Konfliktbeilegung eingeführt wurde, sind bestimmte Kindschaftssachen in der Regel nach drei Monaten wieder aufzunehmen, wenn es zu keiner Einigung gekommen ist.[426] Aufgrund der Formulierung *„in der Regel"*, sind sowohl längere,[427] als auch ausnahmsweise kürzere[428] Fristen denkbar. Bei Scheitern der Mediation endet die Aussetzung automatisch.[429] Darüber hinaus kann das Gericht Maßnahmen nach § 1666 BGB sowie Entscheidungen treffen, die nicht zur Disposition der Eltern stehen, z.B. nach § 1671 BGB (Übertragung der Alleinsorge).[430] Das Gericht kann weiterhin im Rahmen der gerichtlichen Kontrolle der in der Mediation erarbeiteten Regelung den Umstand berücksichtigen, dass der Dritte nicht einbezogen wurde.[431] Insbesondere, wenn der ausgeschlossene Dritte zum Schutz bzw. zur Interessenvertretung des Kindes in der Mediation teilnehmen sollte, dürfte das Gericht die Vereinbarung unter diesem Gesichtspunkt besonders kritisch prüfen.

Allerdings spricht für eine Anfechtungs- und Aufhebungsmöglichkeit, dass auch diese Konstellation mit einer selbstinitiierten Mediation vergleichbar ist. Mit den obigen Argumenten, insbesondere der Pflicht des Gerichts, seinem staatlichen Wächteramt und dem Beschleunigungsgrundsatz zu genügen, muss

---

426 Vgl. *Borth/Grandel* in Musielak, FamFG, § 36a Rn. 3.

427 *Zorn*, FamRZ 2012, 1265 (1270).

428 *Schlünder* in BeckOK-FamFG, § 155 Rn. 21a; kritisch insoweit *Zorn*, FamRZ 2012, 1265 (1270).

429 *Burschel* in BeckOK-FamFG, § 36a Rn. 9.

430 *Zorn*, FamRZ 2012, 1265 (1269).

431 Zu dem Umfang der gerichtlichen Kontrolle von Mediationsvereinbarungen vgl. § 5 B. III. 2. b) dieser Arbeit.

es dem Gericht möglich sein, auch zu einem späteren Zeitpunkt korrigierend einzugreifen und die Aussetzung aufzuheben. Da in § 21 Abs. 1 S. 2 FamFG eine Verweisung auf § 150 ZPO fehlt, kann das Gericht nur einen „*Aufhebungsbeschluss als negativen Aussetzungsbeschluss erlassen*"[432].

Zur Klarstellung sollte in § 21 Abs. 1 S. 2 FamFG auch eine Verweisung auf § 150 ZPO aufgenommen werden.

Für Dritte, z.B. den nicht einbezogenen Verfahrensbeistand, besteht die Möglichkeit, den Aussetzungsbeschluss wegen einer befürchteten Verfahrensverzögerung anzufechten.[433]

Im Rahmen der Ermessensausübung sollte das Gericht, insbesondere wenn die Mediation schon begonnen hat, prüfen, ob eine Aufhebung der Aussetzung wirklich dem Kindeswohl dient. In der Regel dürfte davon auszugehen sein, dass die Fortsetzung der Mediation bei entsprechendem Engagement der Eltern vorzugswürdig ist.

(b) Ergebnis

Insgesamt gilt es, in dem Spannungsfeld zwischen Privatautonomie und gerichtlichem Schutzauftrag die Lösung zu finden, die dem Kindeswohl am ehesten entspricht. Mit der Befürwortung des gerichtlichen Ermessens ist hierfür die erforderliche Flexibilität gegeben.

(3) Die Mediation im güterichterlichen Verfahren

Auch im güterichterlichen Verfahren kann es zu der Beteiligung Dritter kommen. Dem Gericht steht es nach § 36 Abs. 5 S. 1 FamFG frei, die Beteiligten in ein Verfahren vor dem Güterichter zu verweisen. Die Verweisung bezieht sich nicht auf das Verfahren, sondern auf die beteiligten Personen.[434] § 36 Abs. 5 S. 1 FamFG differenziert im Gegensatz zu § 36a Abs. 1 S. 1 FamFG nicht zwischen einzelnen oder allen Beteiligten. Daher gilt: Ist der Dritte, also z.B. der Verfahrensbeistand, Beteiligter des Verfahrens, bezieht sich die Verweisung auch auf ihn. Da für das güterichterliche Verfahren das MediationsG nicht gilt, greift auch das Zustimmungserfordernis des § 2 Abs. 4 MediationsG nicht. Wählt der Güterichter das Verfahren der Mediation, dürfte es jedoch sinnvoll sein, die Beteiligung des Dritten mit den Parteien zu besprechen und ihre Zustimmung einzuholen. Hier, wie in der außergerichtlichen Mediation, dürfte ein Konsens über

---

432 *Burschel* in BeckOK-FamFG, § 21 Rn. 18a.

433 *Meyer-Holz* in Keidel, FamFG, § 36a Rn. 19. Im Übrigen besteht die Möglichkeit der sofortigen Beschwerde gemäß § 21 Abs. 2 FamFG i.V.m. §§ 567–572 ZPO.

434 *Greger* in Greger/Unberath, MediationsG, Teil 4 Rn. 97.

die Beteiligung konfliktvermeidend wirken. Aufgrund dessen wird auch für das güterichterliche Verfahren empfohlen, mit den Parteien vorher abzusprechen, wer teilnimmt und diese Personen zur Teilnahme einzuladen.[435] Einen Dritten, der nicht Verfahrensbeteiligter ist, kann das Gericht nicht ohne Zustimmung der Parteien in die Mediationssitzungen einbeziehen.[436]

bb) Vertraulichkeit bei der Einbeziehung Dritter

Neben dem Zustimmungserfordernis wird auch der Vertraulichkeit der Mediation (§ 1 Abs. 1 MediationsG) durch den Gesetzgeber ein hoher Stellenwert eingeräumt. Dieser geht davon aus, dass die Parteien nur in einem geschützten und vertraulichen Rahmen bereit sind, die Informationen zu offenbaren, die zur gemeinsamen Konfliktbeilegung erforderlich sind.[437] Nehmen Dritte an der Mediation teil, besteht die Gefahr, dass dieser geschützte Rahmen verletzt wird. Es stellt sich daher die Frage, wie diesem Risiko begegnet werden kann.

(1) Die außergerichtliche Mediation

Zum Schutz der Vertraulichkeit wurde in § 4 MediationsG die Verschwiegenheit des Mediators und der *„in die Durchführung des Mediationsverfahrens eingebundenen Personen"* festgeschrieben. Fraglich ist, wer neben dem Mediator von der Norm erfasst wird. Dem Wortlaut nach könnten externe Dritte, wie Rechtsanwälte, Verfahrensbeistände, Mitarbeiter des Jugendamtes und Sachverständige erfasst sein. Allerdings ergibt sich aus der Gesetzesbegründung, dass der Kreis der unter § 4 MediationsG zu fassenden Personen eng zu verstehen ist.[438] Es wird übereinstimmend eine restriktive Auslegung befürwortet.[439] Unter *„in die Durchführung des Mediationsverfahrens eingebundenen Personen"* sind danach lediglich Personen zu fassen, die vom Mediator zur Erfüllung seiner Aufgaben eingebunden werden, sog. Hilfspersonen des Mediators. Beispielhaft nennt der Gesetzesentwurf Bürokräfte oder sonstige berufliche Gehilfen des Mediators.[440]

435 *Greger/Weber*, MDR-Sonderheft 2012, 3 (11) sowie mit einem Formulierungsvorschlag für eine Einladung auf S. 30.

436 Vgl. jedoch *Baumbach/Lauterbach et al.*, ZPO, § 278 Rn. 52, die davon ausgehen, dass der Güterichter eventuell einen Dritten, z.B. als Zeugen, formlos und informatorisch anhören kann.

437 *Begr.* RegE-MediationsG, BT-Drs. 17/5335 S. 13.

438 *Begr.* RegE-MediationsG, BT-Drs. 17/5335 S. 17.

439 *Fritz* in Fritz/Pielsticker, MediationsG, § 4 Rn. 17; *Greger* in Greger/Unberath, MediationsG, § 4 Rn. 68; *Horstmeier*, Das neue Mediationsgesetz S. 35.

440 *Begr.* RegE-MediationsG, BT-Drs. 17/5335 S. 17

Die Verschwiegenheitspflicht externer Dritter wird durch das Gesetz somit nicht geregelt.[441]

Mangels gesetzlicher Vorgaben obliegt es den Parteien, durch entsprechende vertragliche Vereinbarungen die Vertraulichkeit der Mediation sicherzustellen.[442] Es gehört zu den Aufgaben des Mediators, vor der Einbeziehung Dritter in die Mediationssitzungen, diesen Aspekt mit den Medianten zu erörtern und bei entsprechendem Wunsch der Parteien diese darin zu unterstützen, eine Vertraulichkeitsvereinbarung mit dem Dritten zu treffen.

Verschwiegenheitspflichten und Zeugnisverweigerungsrechte können sich allerdings bereits aus den Regeln des jeweiligen Quellberufsrechts ergeben.[443] Unterliegt der Dritte einer beruflichen Schweigepflicht, dann ist eine Vertraulichkeitsabrede entbehrlich. Bei der Beurteilung hierüber muss, um einen Schutz der Vertraulichkeit sicher zu stellen, immer genau differenziert werden, in welcher Funktion die Person im konkreten Fall tätig wird.[444] Im Rahmen der außergerichtlichen Mediation dürfte dies vor allem für die Einbeziehung von Rechtsanwälten relevant sein. Diese sind nach §§ 43a Abs. 2 Bundesrechtsanwaltsordnung (BRAO), 2 RABerufsO zur Verschwiegenheit verpflichtet und ihnen steht nach § 383 Abs. 1 Nr. 6 ZPO ein Zeugnisverweigerungsrecht zu.[445]

(2) Die gerichtsnahe Mediation

Fraglich ist, ob sich hinsichtlich der Vertraulichkeit der Mediation Unterschiede ergeben, wenn das Mediationsverfahren aufgrund eines gerichtlichen Vorschlages eingeleitet wurde und es sodann zu einer Beteiligung Dritter kommt. Zu denken ist vor allem an eine Beteiligung von Verfahrensbeiständen, Mitarbeitern des Jugendamtes oder Sachverständigen.[446]

---

441 Die Zurückhaltung des Gesetzgebers wird kritisiert durch *Wagner* in: Fischer/Unberath, Das neue Mediationsgesetz S. 97 ff.

442 *Greger* in Greger/Unberath, MediationsG, § 4 Rn. 73 mit einem entsprechenden Formulierungsvorschlag.

443 Vgl. hierzu im Einzelnen *Römermann/Doench/Praß*, Die Steuerberatung 2013, 158 (166 ff.).

444 Vgl. OLG Braunschweig, FamRZ 2012, 1408 f.

445 Für viele weitere Berufsgruppen ist die Verschwiegenheitspflicht (neben § 203 StGB) nur in den Berufsordnungen der einzelnen Bundesländer geregelt. Beispielhaft sei auf § 14 der Berufsordnung der Psychotherapeutenkammer Hamburg verwiesen. Diese kann unter: www.therapie.de/fileadmin/dokumente/berufsrecht/Berufsordnung_Psychotherapeutenkammer_Hamburg.pdf abgerufen werden (letzter Zugriff am 27.07.2013).

446 Für Rechtsanwälte gelten die obigen Ausführungen entsprechend.

Bei diesen stellen sich folgende Fragen: Inwieweit sind sie zur Verschwiegenheit verpflichtet bzw. berechtigt? Dürfen sie Informationen aus der Mediation an das Gericht oder andere staatliche Stellen weitergeben, bzw. darf das Gericht solche Auskünfte verlangen? Und inwieweit wirkt sich ihr Mitwirken in der Mediation auf ihre Teilnahme an dem späteren gerichtlichen Verfahren aus?

Dem *Verfahrensbeistand* wird ein Zeugnisverweigerungsrecht nach § 29 Abs. 2 FamFG i.V.m. § 383 Abs. 1 Nr. 6 ZPO zugestanden, da ihm als Interessensvertreter des Kindes schutzwürdiges Vertrauen entgegen gebracht wird.[447] Gleichzeitig resultiert aus der Rolle des Verfahrensbeistandes und dem verfassungsrechtlich geschützten Recht des Kindes auf informationelle Selbstbestimmung eine Verschwiegenheitspflicht (§ 158 Abs. 4 i.V.m. Art. 2 Abs. 1 S. 1 GG).[448] Die Verschwiegenheitspflicht bezieht sich auf alle (nicht lediglich auf das Kind bezogene) Tatsachen, von denen der Verfahrensbeistand im Rahmen seiner Tätigkeit Kenntnis erlangt.[449] Daraus folgt, dass der Verfahrensbeistand Informationen, die er durch das direkte Gespräch mit dem Kind erlangt hat, nur offenlegen darf, wenn das Kind mit der Weitergabe einverstanden ist.[450] Je nach Alter und Reife des Kindes, muss dieses seine Einwilligung erklären.[451] Dahinter steht die Überlegung, dass der Verfahrensbeistand das Vertrauen des Kindes nur erlangen kann, wenn er nicht gezwungen ist, die erlangten Informationen preiszugeben.[452] Gestattet wird dem Verfahrensbeistand die Weitergabe von Sozialdaten nach § 68 SGB VIII analog.[453] Umfasst sind davon nach der Definition des § 67 Abs. 1 S. 1 SGB X *„Einzelangaben über persönliche oder sachliche Verhältnisse einer bestimmten Person"*. Darunter fallen beispielsweise Informationen wie Name, Anschrift, Geburtsdatum, Beruf und Arbeitgeber des Betroffenen.[454] Die Vorschrift umfasst nur die Befugnis zur Weitergabe von Fakten.[455]

Insgesamt gilt, dass *„Daten gegenüber dem Gericht, dem Jugendamt oder sonstige Personen oder Stellen nur verwendet werden dürfen, wenn es zur Wahrnehmung*

---

447 OLG Braunschweig, FamRZ 2012, 1408 f.; *Schumann* in MüKo-FamFG, § 158 Rn. 34.
448 OLG Frankfurt, BeckRS 2011, 03360.
449 *Menne* in Holzer, FamFG, § 158 Rn. 88.
450 *Menne* in Holzer, FamFG, § 158 Rn. 98.
451 *Mach-Hour*, FamFR 2012, 187.
452 *Menne*, FamRZ 2012, 1356 (1357).
453 *Engelhardt* in Keidel, FamFG, § 158 Rn. 29; in diesem Sinne auch OLG Braunschweig, FamRZ 2012, 1408 (1410).
454 *Bieresborn* in v. Wulffen, SGB X, § 67 Rn. 5.
455 *Bieresborn* in v. Wulffen, SGB X, § 67 Rn. 8.

der Interessen des Kindes erforderlich ist".[456] Um Interessenskonflikte und Probleme der Vertraulichkeit in der Mediation zu vermeiden, sollte der Verfahrensbeistand nur punktuell einbezogen werden. Seine Anwesenheit empfiehlt sich bei dem Gespräch mit dem Kind sowie bei der Erörterung der Regelungen, die das Kind betreffen. Denkbar ist auch, dass der Verfahrensbeistand lediglich berichtet, was er von dem Kind erfahren hat oder die Eltern und den Mediator über die Situation des Kindes informiert und sodann die Mediationssitzung verlässt.

Durch sein Mitwirken in der Mediation ist der Verfahrensbeistand nicht daran gehindert, im anschließenden gerichtlichen Verfahren (sei es bei Scheitern der Mediation oder ihm Rahmen der §§ 36, 156 FamFG) seine Stellungnahme abzugeben und am Verfahren mitzuwirken. § 158 FamFG sieht die Interessenvertretung des Kindes im gerichtlichen Verfahren und bei der außergerichtlichen Einigung als einheitliche Aufgabe des Verfahrensbeistandes an. Wäre dem Verfahrensbeistand das Mitwirken in nur einem Verfahren möglich, könnte für das Kind die belastende Situation entstehen, dass es von einem anderen Verfahrensbeistand erneut befragt werden müsste. Bei seiner Stellungnahme muss der Verfahrensbeistand seine Verschwiegenheitspflicht beachten.

Ähnlich wie bei einem Verfahrensbeistand ist die Situation bei Einbeziehung eines *Mitarbeiters des Jugendamtes* zu beurteilen. Den Mitarbeitern des Jugendamtes steht ein Zeugnisverweigerungsrecht nach § 29 Abs. 2 FamFG i.V.m. § 383 Abs. 1 Nr. 6 ZPO zu.[457] Ebenso sind sie zur Verschwiegenheit verpflichtet und dürfen Daten nur unter bestimmten Voraussetzungen und nur zur Erfüllung der jeweiligen Aufgabe weitergeben und übermitteln (§§ 35 SGB I, 64 ff. SGB VIII, 67a ff. SGB X). Zu den Aufgaben des Jugendamtes gehört es, in den Verfahren vor den Familiengerichten mitzuwirken. Es unterrichtet das Gericht gemäß § 50 Abs. 2 SGB VIII über verschiedene Aspekte, wie etwa über soziale Gesichtspunkte hinsichtlich der Entwicklung des Kindes. Im Rahmen der Aufgabenerfüllung ist das Jugendamt befugt, dem Gericht die erhobenen Daten mitzuteilen, wobei für den Bereich der persönlichen und erzieherischen Hilfe der besondere Vertrauensschutz des § 65 SGB VIII gilt. § 65 SGB VIII gilt insbesondere für Daten, die in vertraulichen Gesprächen anvertraut werden und bei denen die Auskunft erteilende Person subjektiv von der Verschwiegenheit des Informationsempfängers ausgeht.[458]

---

456 *Mach-Hour*, FamFR 2012, 187.

457 *Mörsberger/Wapler* in Wiesner, SGB VIII, Vorb. zu §§ 50–52 Rn. 69; zu den Unterschieden bei freien Mitarbeitern sowie zu weiteren Einzelheiten vgl. *Mörsberger* in Wiesner, SGB VIII, § 61 Rn. 7. ff.

458 *Mörsberger* in Wiesner, SGB VIII, § 65 Rn. 12.

Dieser Vertrauensschutz muss, da in der Mediation höchstpersönliche Inhalte preisgegeben werden, auch für die Mediation bestehen. Eine Weitergabe der in der Mediation erlangten Daten an das Gericht darf somit nur unter den in § 65 SGB VIII normierten Voraussetzungen erfolgen, z.B. bei Einwilligung der Parteien, oder wenn es um die Erfüllung des Schutzauftrages nach § 8a SGB VIII geht. Um Missverständnisse zu vermeiden, sollte der Umfang der Verschwiegenheitspflicht zu Beginn der Mediation erörtert werden.

Für den *gerichtlichen Sachverständigen* gilt, dass das Ziel seiner Beauftragung die Gutachtenerstellung für das Gericht ist. Dem Gericht darf er somit in seinem Gutachten grundsätzlich alle Informationen mitteilen, die zur Erfüllung seines Gutachterauftrages erforderlich sind. In dem Verfahren, für das der Sachverständige bestellt wurde, und im Verhältnis zum Gericht gelten die Tatsachen nicht als anvertraut i.S.d. § 383 Abs. 1 Nr. 6 ZPO.[459] Dritten gegenüber dürfen die Informationen hingegen nicht preisgegeben werden. Insoweit besteht auch ein Zeugnisverweigerungsrecht nach § 383 Abs. 1 Nr. 6 ZPO i.V.m. § 203 Abs. 2 Nr. 5 StGB. Zusatztatsachen, also Tatsachen, die der Sachverständige nicht für die Erstellung seines Gutachtens benötigt, jedoch dennoch erfährt, fallen ebenfalls unter § 203 StGB und zwar unabhängig davon, ob der Sachverständige öffentlich bestellt und vereidigt ist.[460] Sollte die Gutachtenerstellung noch nicht abgeschlossen sein, können auch Informationen aus der Mediation in das Gutachten einfließen. Dies hat der Mediator mit den Parteien zu erörtern und bei der Einbeziehung des Sachverständigen zu berücksichtigen. Dieses Risiko kann vermieden werden, wenn der Sachverständige lediglich sein fertiges Gutachten in der Mediation vorstellt. Dieses könnte als Grundlage für die Parteien dienen, in einer strittigen Frage eine Entscheidung zu treffen.

Unabhängig von der konkreten Beurteilung einzelner Dritter gilt, dass das gerichtliche Verfahren und die außergerichtliche Mediation zwei voneinander getrennte Verfahren sind und das Gericht auf die Mediation keinen Einfluss nehmen darf. Es darf, was das Verfahren angeht, lediglich die Maßnahmen ergreifen, die während einer Aussetzung des Verfahrens (§ 36a Abs. 2 FamFG) bzw. des Ruhens des Verfahrens (§ 278a Abs. 2 ZPO) zulässig sind. Für die Frage nach dem Informationsaustausch bedeutet dies, dass die Vertraulichkeit der Mediation geachtet werden muss und das Gericht Auskünfte über den Inhalt der Mediation nicht einfordern darf. Andererseits trifft das Gericht in Kindschaftssachen eine besondere Schutzpflicht gegenüber dem Kind, wozu auch die Pflicht

459 *Damrau* in MüKo-ZPO, § 383 Rn. 33.

460 *Ulrich*, FPR 2008, 283 (284 f.).

des Gerichts gehört, den Beschleunigungsgrundsatz zu beachten. Insoweit hat das Gericht in Kindschaftssachen ein besonders hohes Interesse daran, Informationen aus der Mediation zu erhalten. Eine Sachstandsanfrage, in welchem Stadium sich das Verfahren befindet, ist daher zulässig.[461] Sinnvoll ist es, wenn das Gericht die Sachstandsanfrage an alle Beteiligten schickt, um bei sich widersprechenden Äußerungen ggf. intervenieren zu können.

(3) Die Mediation im güterichterlichen Verfahren

Wählt der Güterichter die Methode der Mediation, muss auch hier die Vertraulichkeit des Verfahrens Berücksichtigung finden. Im Gesetz finden sich einige die Vertraulichkeit sichernde Regelungen. Zum einen ist die Güteverhandlung nicht öffentlich, da sie nicht vor dem erkennenden Gericht (§ 169 S. 1 Gerichtsverfassungsgesetz (GVG)) stattfindet. Für Familiensachen folgt der Ausschluss der Öffentlichkeit bereits aus § 170 Abs. 1 GVG. Zum anderen wird ein Vermerk über den Versuch einer Güteverhandlung nur angefertigt, wenn sich die Beteiligten damit einverstanden erklären (§ 28 Abs. 4 S. 3 FamFG). Darüber hinaus darf der Güterichter bei Scheitern der Mediation nicht als entscheidender Richter tätig werden. Ein solches Vorgehen stünde im Widerspruch zum Grundgedanken des Güterichterverfahrens, welches eine vollkommene Offenheit der Parteien voraussetzt. Eine solche Offenheit bestünde aber nicht, wenn die Parteien befürchten müssten, der Güterichter könnte Äußerungen später zu ihren Lasten in die Entscheidung einfließen lassen. Uneinigkeit besteht darüber, ob sich dieses Tätigkeitsverbot aus § 41 Nr. 8 ZPO ergibt. Nach § 41 Nr. 8 ZPO ist ein Richter von der Ausübung des Richteramtes kraft Gesetzes ausgeschlossen *„in Sachen, in denen er an einem Mediationsverfahren oder einem anderen Verfahren der außergerichtlichen Konfliktbeilegung mitgewirkt hat"*. Während eine Ansicht[462] das Güterichterverfahren von § 41 Nr. 8 ZPO als umfasst ansieht, nehmen andere[463] in Anlehnung an den Wortlaut der Norm eine Geltung nur für die außergerichtliche Mediation an. Der Wortlaut der Norm spricht mit der Formulierung *„einem anderen Verfahren der außergerichtlichen Konfliktbeilegung"* für die zweite Ansicht. Allerdings legen die Gesetzesmaterialien den Schluss nahe, dass auch die Mediation vor dem Güterichter erfasst sein soll. So heißt es in der Begründung des Gesetzesentwurfs der Bundesregierung bezüglich der Änderung von § 41

461 *Baumbach/Lauterbach et al.*, ZPO, § 278a Rn. 12.

462 *Ahrens*, NJW 2012, 2465 (2469); *Vossler* in BeckOK-ZPO, § 41 Rn. 13b.

463 *Greger* in Greger/Unberath, MediationsG, Teil 4 Rn. 104, der jedoch wohl noch in Anlehnung an den ursprünglichen Gesetzesentwurf versehentlich § 41 Nr. 7 ZPO zitiert sowie *Risse*, SchiedsVZ 2012, 244 (252 f.).

ZPO: *„Ein Wesensmerkmal der gerichtsinternen Mediation ist es, dass die richterlichen Mediatoren nicht befugt sind, in derselben Streitsache zu entscheiden"*.[464] Auch wenn sich diese Ausführungen auf die damals zur Diskussion stehende gerichtsinterne Mediation beziehen, ist davon auszugehen, dass diese Bewertung ebenfalls für das nunmehr geltende Güterichtermodell gelten soll. Ein anderes Ergebnis würde die Vertraulichkeit und damit ein Kernelement der Mediation untergraben. Insoweit ist es bedauerlich, dass der Gesetzgeber nicht eine eindeutige Regelung geschaffen hat. Mit *Risse* ist daher eine *„erweiternde Auslegung von § 41 Nr. 8 ZPO"*[465] und somit eine Erstreckung auf das güterichterliche Verfahren anzunehmen. Der Güterichter ist zudem nach § 46 DRiG i.V.m. § 67 Bundesbeamtengesetz (BBG), § 37 Abs. 1 BeamtenstatusG dienstrechtlich zur Verschwiegenheit verpflichtet und zwar auch gegenüber dem Prozessgericht.[466] Die Aufzeichnungen über die Verhandlung vor dem Güterichter sind nicht zu den Prozessakten zu nehmen, sondern gesondert bei der Geschäftsstelle des Güterichters aufzubewahren.[467]

Um die Vertraulichkeit zwischen den Parteien sowie bei der Einbeziehung Dritter zu sichern, bedarf es mangels gesetzlicher Vorgaben entsprechender vertraglicher Vereinbarungen.[468] Für die Verfahrensbeteiligten ergeben sich im Übrigen dieselben Schwierigkeiten wie bei der gerichtsnahen Mediation. Sie müssen die Vertraulichkeit beachten und gleichzeitig ihre Rolle, z.B. als Interessenvertreter des Kindes, erfüllen.

e) Bewertung und Überlegungen de lege ferenda

Wie die vorangegangen Ausführungen gezeigt haben, stehen unterschiedliche Personen unter bestimmten Voraussetzungen zum Schutz des Kindes in der Mediation zur Verfügung.

In einer Gesamtschau stellt sich die Frage, ob die aufgezeigten Möglichkeiten ausreichend sind, um den Schutz des Kindes zu bewirken, oder ob hier ein Anpassungsbedarf besteht. Erörtert werden soll, inwieweit eine verpflichtende Einbeziehung Dritter zum Schutz des Kindes in Betracht kommt und ob ein erleichterter Zugang zu externen Hilfen eine Optimierung darstellen würde.

---

464 *Begr.* RegE-MediationsG, BT-Drs. 17/5335 S. 20.

465 *Risse*, SchiedsVZ 2012, 244 (253).

466 *Greger* in Trenczek et al., Mediation und Konfliktmanagement, S. 484 Rn. 32.

467 *Greger/Weber*, MDR-Sonderheft 2012, 3 (12).

468 *Fritz* in Fritz/Pielsticker, MediationsG, § 278 Rn. 88 f. sowie *Greger/Weber*, MDR-Sonderheft 2012, 3 (12), beide mit entsprechenden Formulierungsvorschlägen.

aa) Verpflichtende Einbeziehung eines Dritten

Zur Diskussion kann die Frage gestellt werden, ob es grundsätzlich oder nur in gewissen Konstellationen zu einer verpflichtenden Einbeziehung eines Dritten kommen sollte, wenn ein Kind von dem Ergebnis der Mediation betroffen ist. Insbesondere die verpflichtende Einbeziehung eines Verfahrensbeistandes – in Anlehnung an die Regelung des § 158 FamFG – könnte in Erwägung gezogen werden.

Es könnte bestimmt werden, dass für das minderjährigen Kind, soweit es zur Wahrnehmung seiner Interessen erforderlich ist, eine dritte Person in die Mediation einzubeziehen ist.

Nach derzeitiger Rechtslage hängt das Mitwirken externer Dritter oftmals von einer gerichtlichen Bestellung und nach der hier vertretenen Auffassung[469] von der Zustimmung des Mediators und der Parteien ab. Ob ein Abrücken von dem Grundsatz des Zustimmungserfordernisses, mithin die Einführung einer verpflichtenden Teilnahme, dem Schutz des Kindes dient, ist fraglich. Unabhängig davon, dass geklärt werden müsste, wer zu entscheiden hat, wann es erforderlich ist, einen externen Dritten einzubeziehen, wer die Auswahl des Dritten trifft und wer die Kosten trägt, stellt sich die Frage, ob die Einbeziehung eines Dritten gegen den Willen der Parteien sinnvoll ist. Wie so oft, wenn sich gewichtige Rechtsgüter gegenüber stehen, fällt die Beantwortung der Frage nicht leicht. Konkret gilt es, das Schutzbedürfnis des Kindes, die Autonomie der Eltern, die Verfahrensgestaltung durch den Mediator und die Privatheit des Verfahrens gegeneinander abzuwägen. Auf den ersten Blick scheint das Schutzbedürfnis des Kindes ranghöher und somit eindeutig zu überwiegen. Allerdings ist zu bedenken, dass die Umsetzung des Schutzbedürfnisses nicht so weit reichen darf, dass die Vorteile, die eine Mediation bietet, ins Gegenteil gekehrt werden. Wesentliche Vorteile der Mediation sind ihr vertraulicher Charakter und ihre autonomiefördernde Verfahrensgestaltung. In dem geschützten Rahmen der Mediation sollen unter der Leitung des Mediators individuelle Lösungen gefunden werden, fern von externer Einflussnahme. Eine zu starke Reglementierung und Vermischung des Verfahrens mit den gerichtlichen Strukturen birgt die Gefahr, dass diese Vorteile zunichte gemacht würden.[470] Sollte eine dritte Person gegen den Willen der Parteien einbezogen werden, liegt es nahe, dass die Parteien entweder nicht mehr die erforderliche Kooperationsbereitschaft zeigen würden, um

469 Vgl. § 5 B. III. 1. d) aa).

470 In diesem Sinne auch *Unberath* in Greger/Unberath, MediationsG, Einleitung Rn. 40: *„Mediation lebt von Flexibilität unter größtmöglicher Wahrung der Autonomie der Konfliktparteien."*

konsensorientiert miteinander eine Lösung zu erarbeiten, oder die Mediation beenden.

Die gleichen Argumente sprechen auch gegen einen Anspruch des Verfahrensbeistandes auf Anwesenheit bei den Gesprächen mit dem Kind.[471]

Berücksichtigt man diese Aspekte, ist es sinnvoller, dass der Mediator, sollte er die Einbeziehung eines Dritten zum Schutz des Kindes für erforderlich erachten, mit den Eltern diese Option bespricht und die Einbeziehung anregt. Stimmen die Eltern der Einbeziehung nicht zu, muss der Mediator abwägen, ob er den Schutz des Kindes und die Vertretung seiner Interessen auch ohne den Dritten sicherstellen kann. Sollte er den Schutz und die Interessenvertretung des Kindes nicht sicherstellen und die Fortführung der Mediation nicht verantworten können, muss er die Mediation beenden.[472]

bb) Erleichterter Zugang zu externer Hilfe

Im Lichte der vorangegangenen Ausführungen stellt sich die Frage, ob es sinnvoll wäre, die freiwillige Bestellung externer Hilfspersonen zu erleichtern.

Hinsichtlich des Verfahrensbeistandes könnte eine Neuregelung vorsehen, dass der Mediator (mit Zustimmung der Eltern) unabhängig von einem gerichtlichen Verfahren bei Gericht einen Antrag auf Bestellung eines Verfahrensbeistandes für die außergerichtliche Mediation stellen kann. Erachtet das Gericht die Bestellung für sinnvoll, könnte es das Mitwirken des Verfahrensbeistandes nach § 158 Abs. 4 S. 3 FamFG mit den oben dargestellten Kostenfolgen[473] anordnen. Durch die Bestellung durch das Gericht wäre eine qualifizierte Auswahl sichergestellt. Da der Verfahrensbeistand besonders geeignet ist, den Schutz des Kindes zu gewährleisten und seine Interessen zu vertreten, ist eine solche Regelung zu empfehlen.

Zusätzlich sollten sich verstärkt Netzwerke bilden, die es dem einzelnen Mediator erleichtern, den „richtigen" externen Dritten für den jeweiligen Mediationsfall zu finden. Um die Zugriffsmöglichkeiten auf externes Fachwissen zu erleichtern, könnte ein *Kinderexpertenpool-Mediation* gebildet werden. Hier könnten sich die oben beschriebenen Fachkräfte listen lassen und ihre Erfahrungen in dem Bereich des Kindesschutzes sowie der Mediation darlegen. Sowohl öffentlich bestellte und vereidigte Sachverständige als auch Angebote der freien Träger der Kinder- und Jugendhilfe (§§ 74 ff. SGB VIII) und weitere Einzelpersonen könnten sich hier darstellen.

---

471 Im gerichtlichen Verfahren wird dem Verfahrensbeistand ein Anspruch auf Anwesenheit bei der Anhörung des Kindes zugesprochen, BGH, FamRZ 2010, 1060 (1061).

472 So auch *Decker-Theiß*, Rechtsprobleme der Scheidungsmediation S. 45.

473 Vgl. oben unter § 5 B. III. 1. c) aa) (1).

2. *Kontrolle der Abschlussvereinbarung auf ihre Vereinbarkeit mit dem Kindeswohl*

Eine weitere Möglichkeit, den Schutz des Kindes in der Mediation zu verbessern, stellt die Kontrolle der Abschlussvereinbarung dar. Auch wenn die Abschlussvereinbarung inhaltlich der eigenverantwortlichen Gestaltung der Medianten unterliegt,[474] existiert sie nicht in einem rechtsfreien Raum, sondern muss, je nach Art und Inhalt der Vereinbarung, nach rechtlichen Maßstäben überprüft werden. Konkret stellt sich die Frage, ob eine Kontrolle auf ihre Vereinbarkeit mit dem Kindeswohl erfolgt und wer diese Kontrolle vornimmt. Neben der – je nach Regelungsgegenstand erforderlichen – gerichtlichen Kontrolle sollen auch die Kontrollpflichten und -möglichkeiten der an der Mediation beteiligten Personen und externer Dritter dargestellt werden. Da sich der Umfang der Kontrollpflicht nach dem Inhalt und der rechtlichen Ausgestaltung der Abschlussvereinbarung richtet, werden die in der Familienmediation typischen Gestaltungsformen und Regelungsinhalte im Folgenden vorab dargestellt.

a) Die Abschlussvereinbarung in der Familienmediation

Eine Familienmediation endet bei Erfolg zumeist mit einer schriftlich fixierten Abschlussvereinbarung. Diese Abschlussvereinbarung kann unterschiedliche Inhalte haben und die Formulierung kann entweder von den Parteien selbst, von dem Mediator (ggf. als Anwaltsmediator) oder durch einen Notar bzw. externen Rechtsberater vorgenommen werden. Je nach rechtlicher Ausgestaltung und Einbindung der verschiedenen Berufsgruppen ergeben sich Auswirkungen auf den Kontrollumfang. Eine Abschlussvereinbarung kann eine rechtlich unverbindliche Erklärung sein, z.B. darüber, wie sich die Eheleute in Bezug auf ihr Kind zukünftig verhalten möchten, oder aber auch Regelungen enthalten, die der gerichtlichen Überprüfung oder notariellen Beurkundung bedürfen. Auch ein Handschlag kann – sofern die Medianten dies wollen – Bindungswirkung entfalten.[475] Typischerweise wird die Vereinbarung zwischen den Medianten geschlossen. Die im Übrigen mitwirkenden Personen werden nicht Vertragspartner. Rechtlich nicht verbindliche Regelungen werden ggf. jedoch auch von sonstigen Beteiligten, wie etwa Kindern oder betreuenden Personen, unterschrieben, um zumindest eine symbolische Bindung und Einbeziehung zu begründen.

---

474 *Begr.* RegE-MediationsG, BT-Drs. 17/5335 S. 15.

475 *Paul* in: Fischer/Unberath, Das neue Mediationsgesetz S. 156 f.

Normalerweise wird die Abschlussvereinbarung in der Rechtsform des Vergleichs nach § 779 BGB geschlossen.[476] Typische Regelungsinhalte, die das Kind betreffen, sind Regelungen zum Unterhalt, Vereinbarungen zum Sorgerecht und Umgangsrecht sowie zur Betreuung der Kinder und die Gestaltung der Wohnsituation aller Familienmitglieder.

b) Gerichtliche Kontrolle der Abschlussvereinbarung

Inwieweit eine außergerichtlich geschlossene, kindbezogene Vereinbarung einer staatlichen Kontrolle bedarf, orientiert sich an dem Spannungsverhältnis zwischen dem staatlichen Wächteramt und der Autonomie der Eltern. Die Schutzfunktion des Staates bezüglich des Kindeswohls und die Annahme, dass die Eltern im Sinne des Kindes – zu seinem Wohl – handeln werden, stehen sich hierbei gegenüber. Das Einvernehmen der Eltern in der außergerichtlichen Mediation entbindet den Staat nicht von seinem Schutzauftrag. Klarstellend ist insoweit § 36a Abs. 3 FamFG: „*Gerichtliche Anordnungs- und Genehmigungsvorbehalte bleiben von der Durchführung einer Mediation oder eines anderen Verfahrens der außergerichtlichen Konfliktbeilegung unberührt*".

Der konkrete Kontrollumfang richtet sich nach dem Inhalt der Vereinbarung, dem Regelungsgegenstand. Nicht alle Regelungsinhalte stehen zur Disposition der Eheleute. Insbesondere bei kindbezogenen Vereinbarungen ergeben sich aufgrund des Kindswohls als Bewertungsmaßstab Einschränkungen der Dispositionsbefugnis.[477]

Im Bereich der Elterlichen Sorge steht es den Eltern bei Beibehaltung der gemeinsamen Sorge grundsätzlich frei, wie sie diese ausgestalten wollen. Eine gerichtliche Kontrolle findet nicht statt.[478] Sie können einvernehmliche Regelungen über das Betreuungsmodell und die Ausgestaltung der elterlichen Sorge treffen, sofern durch diese keine Kindeswohlgefährdung eintritt.[479] Der Antrag des einen Elternteils sowie die Zustimmung des anderen Elternteils auf teilweise

---

476 *Unberath* in Greger/Unberath, MediationsG, § 2 Rn. 278.

477 Zu den Einschränkungen hinsichtlich der übrigen Regelungsinhalte, vgl. *Langenfeld*, Hdb.-EheV; *Paul* in: Fischer/Unberath, Das neue Mediationsgesetz S. 164 f. Auf diese soll aufgrund des nicht unmittelbar gegebenen Kindeswohlbezugs nicht eingegangen werden.

478 Kritisch hierzu *Buchholz-Graf* in: SGB VIII Online-Hdb., der davon ausgeht, dass sich in dieser Gruppe von Eltern viele „*Scheineinige*" befänden.

479 *Maier* in FA-FamR, Kap. 4 Rn. 32. Zu den unterschiedlichen Betreuungsmodellen (Eingliederungs- Nest- oder Wechselmodell), vgl. *Langenfeld*, Hdb.-EheV Kap. 6 Rn. 861.

oder vollständige Übertragung der elterlichen Sorge auf einen der Ehepartner (§ 1671 Abs. 1, 2 Nr. 1 BGB) können ebenfalls in eine außergerichtliche Vereinbarung aufgenommen werden.[480] Die Entscheidung über die Anträge obliegt jedoch dem Gericht. Dieses gibt dem Antrag statt, wenn der andere Ehegatte zustimmt und kein Widerspruch des Kindes, welches das 14. Lebensjahr vollendet hat, vorliegt (§ 1671 Abs. 2 Nr. 1 BGB). Liegen diese Voraussetzungen nicht vor, kann dem Antrag stattgegeben werden, wenn eine doppelte Kindeswohlprüfung positiv ausfällt, d.h., wenn die Aufhebung der gemeinsamen Sorge und die Übertragung auf den Antragsteller dem Kindeswohl entsprechen. Im Bereich der Übertragung der elterlichen Sorge auf einen Elternteil findet somit zwingend eine gerichtliche Kontrolle statt. Wurde in der Mediation eine Einigung zur elterlichen Sorge erzielt, übernimmt das Gericht die Einigung in den das Verfahren abschließenden Beschluss, wenn die Einigung dem Kindeswohl entspricht.[481] Das Gericht entscheidet auch bei Meinungsverschiedenheiten der Eltern über Angelegenheiten der elterlichen Sorge (§ 1628 BGB).

Regelungen über den Kindesunterhalt können die Eltern innerhalb der durch § 1614 BGB („Verzichtsverbot") gesetzten Grenzen einvernehmlich treffen. Üblich und rechtlich zulässig sind Vereinbarungen über die Feststellung des gesetzlichen Unterhalts, die Erhöhung des gesetzlichen Unterhalts sowie der Abschluss einer Freistellungsvereinbarung zwischen den unterhaltspflichtigen Eltern.[482] Auch die Art und Weise der Unterhaltsgewährung kann autonom bestimmt werden (§ 1612 Abs. 2 BGB).

Ohne gerichtliche Genehmigung können die Eltern auch eine bindende und wirksame einvernehmliche Regelung zum Umgangsrecht treffen.[483] Das Gericht entscheidet von Amts wegen nur, wenn die Eltern sich nicht einigen können oder eine gerichtliche Entscheidung aus Gründen des Kindeswohls erforderlich ist.[484] Um die Vollstreckbarkeit einer Umgangsvereinbarung herzustellen, bedarf es jedoch einer gerichtlichen Billigung nach § 156 Abs. 2 FamFG i.V.m. § 86 Abs. 1 Nr. 2 FamFG. Dafür muss sich das Gericht die Vereinbarung der

480 Für entsprechende Formulierungsvorschläge, vgl. *Langenfeld*, Hdb.-EheV Kap. 6 Rn. 866 f.

481 *Borth/Grandel* in Musielak, FamFG, § 36a Rn. 3.

482 *Langenfeld*, Hdb.-EheV Kap. 6 Rn. 851 mit entsprechenden Formulierungsvorschlägen in Rn. 854 und 856.

483 OLG Karlsruhe, FamRZ 1999, 325; OLG Zweibrücken, FuR 1999, 21. Für einen Formulierungsvorschlag, vgl. *Langenfeld*, Hdb.-EheV Kap. 6 Rn. 870.

484 *Jaeger* in Johannsen/Henrich, § 1684 Rn. 10.

Eltern zu eigen machen und sie für vereinbar mit dem Kindeswohl erklären.[485] Das Gericht hat der Umgangsregelung zuzustimmen, sofern die Einigung dem Kindeswohl nicht widerspricht (sog. negative Kindeswohlprüfung) – ein Ermessensspielraum besteht nicht. Für einen gerichtlich gebilligten Vergleich nach § 156 Abs. 2 FamFG müssen alle formell am Verfahren Beteiligte, wie etwa das Kind (§ 7 Abs. 2 Nr. 1 FamFG), das Jugendamt (§ 162 Abs. 2 FamFG) sowie der Verfahrensbeistand (§ 158 Abs. 3 S. 2 FamFG) diesem zustimmen.[486] Das unter 14 Jahre alte Kind wird bei der Zustimmung durch seine Eltern vertreten. Ab Vollendung des vierzehnten Lebensjahrs ist das Kind nach § 9 Abs. 1 S. 3 FamFG selbst verfahrensfähig. Um eine gerichtliche Anordnung oder Genehmigung zu erlangen, kann der Mediator mit Zustimmung der Medianten, dem Gericht die Gründe für die in der Mediation gefundene Vereinbarung darlegen.[487] Ebenso wie das Umgangsrecht kann auch die Herausgabe des Kindes Gegenstand eines gerichtlich gebilligten Vergleichs sein. Andere Regelungsgegenstände hingegen sind nicht erfasst. Eine analoge Anwendung der Norm ist ausgeschlossen.[488]

Regelungsgegenstände, die zur Disposition der Eltern stehen und nicht unter § 156 Abs. 2 FamFG fallen, können in einen gerichtlichen Vergleich nach § 36 FamFG aufgenommen werden. Bei einer schriftlichen Abschlussvereinbarung kann der Vergleichsschluss nach § 36 Abs. 3 FamFG i.V.m. § 278 Abs. 6 ZPO erfolgen. Hiernach stellt das Gericht das Zustandekommen und den Inhalt des schriftlichen Vergleichsvorschlages durch Beschluss fest. Inwieweit das Gericht hierbei eine inhaltliche Überprüfung der zur Disposition der Parteien stehenden Regelungen vorzunehmen hat, sagt das Gesetz nicht. Aus den Gesetzesmaterialien ergibt sich, das „*insbesondere*" eine Kontrolle hinsichtlich eines Verstoßes gegen §§ 134 und 138 BGB sowie die öffentliche Ordnung zu erfolgen habe.[489]

Wie die vorangegangenen Ausführungen gezeigt haben, unterliegen viele, jedoch längst nicht alle, von der Abschlussvereinbarung umfassten Regelungsgegenstände der gerichtlichen Kontrolle. Da die Kontrolle somit nur (wenn auch wichtige) Teilaspekte umfasst und erst nach Zustandekommen der

---

485 Vgl. *Büte* in FA-FamR, Kap. 4 Rn. 640.

486 *Jaeger* in Johannsen/Henrich, § 1684 Rn. 11; *Haders* in Bumiller/Haders, FamFG, § 156 R. 10, die eine Zustimmung des Verfahrensbeistandes nur für erforderlich erachten, wenn dieser nach § 158 Abs. 4 S. 3 damit beauftragt wurde, am Zustandekommen einer einvernehmlichen Regelung mitzuwirken.

487 Vgl. *Begr.* RegE-MediationsG, BT-Drs. 17/5335 S. 23.

488 *Schlünder* in BeckOK-FamFG, § 156 Rn. 9.

489 *Begr.* Beschlussempfehlung und Bericht des Rechtsausschusses zum 1. JuMoG, BT-Drs. 15/3482 S. 17.

Abschlussvereinbarung greift, stellt sich die Frage, ob ein zusätzlicher Schutz durch die an der Mediation beteiligten Personen erforderlich ist.

c) Kontrolle durch die an der Mediation beteiligten Personen

Eine inhaltliche Kontrollverpflichtung hinsichtlich der Abschlussvereinbarung könnte auch für die an der Mediation beteiligten Personen bestehen.

aa) Kontrolle der Abschlussvereinbarung durch den Mediator

Die Kontrollpflichten des Mediators bezüglich der Abschlussvereinbarung variieren je nach dessen Grundberuf und danach, ob die rechtliche Überprüfung und Ausgestaltung der Vereinbarung durch externe Berater erfolgt oder nicht. Grundsätzlich gilt, dass an einen zur Rechtsdienstleistung befugten Mediator höhere Anforderungen zu stellen sind als an seine Kollegen aus nicht-juristischen Ausgangsberufen. Alle Mediatoren sind nach § 2 Abs. 6 MediationsG verpflichtet, darauf hinzuwirken, dass die Parteien die *„Vereinbarung in Kenntnis der Sachlage treffen und ihren Inhalt verstehen“*. Sie müssen die Parteien darauf aufmerksam machen, wenn die Vereinbarung evidente Lücken aufweist oder praktisch nicht durchführbar ist.[490] Zumindest der zur Rechtsdienstleistung befugte Mediator muss die Parteien auch darauf hinweisen, wenn er davon ausgeht, dass die Regelung rechtlich unwirksam ist.[491] Sind Gesetzesverstöße offensichtlich, wird z.B. eine rechts- oder sittenwidrige Regelung angestrebt, dann ist der Mediator verpflichtet, die Mediation zu beenden.[492]

Die Frage, ob ein Mediator die angestrebte Einigung auf ihre Vereinbarkeit mit dem Kindeswohl überprüfen muss, wird durch diese allgemeinen Grundsätze nur bedingt beantwortet. Fest steht, dass der Schutz des Kindes nicht von der Befugnis des Mediators zur Rechtsdienstleistung abhängig gemacht werden kann. Ein Mediator mit psychologischem oder pädagogischem Grundberuf dürfte für die Beurteilung der Kindeswohlvereinbarkeit sogar besonders qualifiziert sein. Die Pflicht zur Überprüfung der Vereinbarung wird daher von *Rafi* auch als *„ethische Verantwortung“* eines jeden Mediators bezeichnet.[493] Zu der Frage, wie der Mediator dieser Verantwortung gerecht werden soll, finden sich allerdings kaum Ausführungen. Angemerkt wird lediglich, dass Maßstab der Kontrolle

---

490 *Brieske* in Henssler/Koch, Mediation, § 12 Rn. 46; *Unberath* in Greger/Unberath, MediationsG, § 2 Rn. 185.

491 *Brieske* in Henssler/Koch, Mediation, § 12 Rn. 45.

492 *Unberath* in Greger/Unberath, MediationsG, § 2 Rn. 171 ff.

493 *Rafi*, Der Weg zur gemeinsamen Ent-Scheidung S. 91.

nicht die eigenen Erziehungsvorstellungen des Mediators sein können.[494] Nicht angemessen ist es, dem Mediator dieselben Pflichten wie dem Gericht aufzubürden. Der Mediator kann im Gegensatz zum Gericht keine Amtsermittlung vornehmen, sondern muss seine Beurteilung auf die Informationen aus der Mediation stützen. Zudem spielt in der Mediation die Autonomie der Eltern eine sehr viel wichtigere Rolle. Dem Mediator im Lichte dessen ausführliche Kontrollpflichten aufzubürden, wäre ein Widerspruch. Allerdings nehmen das Kind und die Kindeswohlbelange auch in der Mediation eine übergeordnete Position ein. Von dem Mediator kann daher verlangt werden, dass er bei Erarbeitung der Abschlussvereinbarung mit den Medianten darauf hinweist, wenn er Zweifel an der Vereinbarkeit mit dem Kindeswohl hat. Wenn er die Abschlussvereinbarung für die Medianten formuliert, sollte er darauf achten, dass die Regelungen so formuliert werden, dass Kindeswohlgefährdungen bestmöglich verhindert werden. Beurteilt er die Regelung als kindeswohlgefährdend und lehnen die Eltern eine Abänderung ab, muss er die Mediation abbrechen.

bb) Kontrollpflichten Dritter bezüglich der Abschlussvereinbarung

Fraglich ist, inwieweit weitere an der Mediation beteiligte Personen die Abschlussvereinbarung auf ihre Vereinbarkeit mit dem Kindeswohl überprüfen müssen.

Den *Verfahrensbeistand* treffen aufgrund seiner besonderen Stellung als Interessenvertreter des Kindes hinsichtlich der Auswirkungen einer einvernehmlichen Regelung auf das Kind ebenfalls Kontrollpflichten.[495] Insbesondere bedarf es, wie bereits oben ausgeführt, im Rahmen der gerichtlichen Billigung nach § 156 Abs. 2 FamFG seiner Zustimmung und er kann gemäß § 158 Abs. 4 S. 5 FamFG im Interesse des Kindes Rechtsmittel gegen die Entscheidung des Gerichts einlegen. Hierbei gilt, dass der Verfahrensbeistand das Einvernehmen der Eltern nicht ohne sachlichen Grund verhindern darf. Verweigert er seine Zustimmung zu einer Regelung, die dem Kindeswohl nicht widerspricht, ist seine Weigerung unbeachtlich.[496]

Inwieweit sich die Kontrollpflichten des Verfahrensbeistandes auch schon auf die Mediation erstrecken, ist nicht geregelt. Es könnte überlegt werden, ob es für die Wirksamkeit der Mediationsvereinbarung erforderlich ist, dass der Verfahrensbeistand über die kindbezogenen Ergebnisse der Mediation informiert wird und ggf. nach Rücksprache mit dem Kind seine Zustimmung erteilen muss.[497]

---

494 *Rafi*, Der Weg zur gemeinsamen Ent-Scheidung S. 91.

495 *Salgo*, FPR 2010, 456 (460).

496 *Schumann* in MüKo-FamFG, § 156 Rn. 37.

497 So für eine Einigung beim Sachverständigen *Prenzlow*, FPR 2012, 366 (369).

Vorteilhaft an einer solchen Konstellation wäre, dass der Verfahrensbeistand zu einem früheren Zeitpunkt intervenieren und korrigierend eingreifen könnte.

Gegen ein solches Zustimmungserfordernis sprechen jedoch die Autonomie der Eltern sowie die Regelungen des FamFG. Aus § 156 Abs. 2 FamFG ergibt sich, welche Gegenstände der gerichtlichen Billigung unterliegen, nach welchem Maßstab eine Überprüfung zu erfolgen hat und zu welchem Zeitpunkt. Bei einem Zustimmungserfordernis in der Mediation wäre völlig unklar, welche Rechtsfolgen sich aus einer Weigerung des Verfahrensbeistandes ergeben würden. Die Ausweitung auf ein außergerichtliches Zustimmungserfordernis für die kindbezogenen Regelungspunkte der Mediationsvereinbarung lässt sich de lege lata nicht begründen. Nichtsdestotrotz sollte der Mediator, wenn ein Verfahrensbeistand beteiligt wird, diesen über die getroffenen Regelungen informieren und seine Zustimmung einholen, um ein „Scheitern der Einigung" im gerichtlichen Verfahren zu vermeiden.

Aus denselben Erwägungen heraus kann sich auch die Kontrollpflicht des Jugendamtes nur auf den von § 156 Abs. 2 FamFG bestimmten Rahmen erstrecken. Nach § 156 Abs. 2 FamFG besteht ein Zustimmungserfordernis nur, wenn das Jugendamt nach § 162 Abs. 2 S. 2 FamFG auf seinen Antrag hin am Verfahren beteiligt wurde.

Für sonstige, unmittelbar in die Mediation einbezogene Dritte, wie etwa Personen aus dem privaten Umfeld, besteht eine Kontrollpflicht nicht.

In der Regel findet eine Überprüfung der Vereinbarung durch die Parteianwälte sowie ggf. durch einen Notar statt. Fraglich ist, ob diese die Regelung auch auf ihre Vereinbarkeit mit dem Kindeswohl überprüfen müssen.

Der Notar ist nach § 17 Abs. 2 S. 1 Beurkundungsgesetz (BeurkG) verpflichtet, bei Zweifeln an der Vereinbarkeit des Geschäfts mit dem Gesetz seine Bedenken mit den Parteien zu erörtern. Hält er das Geschäft für unwirksam und bestehen die Parteien trotzdem auf eine Beurkundung, so soll er die Belehrung der Parteien und die dazu abgegebenen Erklärungen in der Niederschrift vermerken (§ 17 Abs. 2 S. 2 BeurkG). Der Umfang der Prüfpflicht hängt davon ab, ob der Notar einen bereits von den Beteiligten (oder deren Anwälten) formulierten Vertragsentwurf zur Beurkundung bekommt, oder ob er selbst die rechtliche Gestaltung der Beziehung erarbeiten und formulieren soll. Eine spezielle Verpflichtung zur Überprüfung der Regelung auf eine Vereinbarkeit mit dem Kindeswohl besteht nicht.

Gleiches dürfte für die Parteianwälte gelten. Auch diesen obliegt nicht die Beurteilung, ob eine Regelung mit dem Kindeswohl vereinbar ist. Bei rechtlicher Unwirksamkeit der Regelung oder bei evidenten Verstößen müssen sie dies den Eltern jedoch im Rahmen ihrer Beratung mitteilen.

3. *Fazit zum Schutz des Kindes in der Mediation*

Der Schutz des Kindes in der Mediation fällt je nach Einbeziehung Dritter und je nach Regelungsgegenstand unterschiedlich aus. Insgesamt zeigt sich, dass ein effektiver Schutz nur durch ein gutes Zusammenwirken aller Beteiligten gelingen kann. Das Gericht, dem in Kindschaftssachen aufgrund des staatlichen Wächteramtes die Kontrolle der Regelungen obliegt, muss hier einerseits die positiven Wirkungen einer einvernehmlichen Regelung bedenken, andererseits seinen Auftrag, das Kindeswohl zu sichern, ernst nehmen.

Die Einbeziehung Dritter als Interessenvertreter und Wächter des Kindeswohls kann sich positiv auf den Schutz des Kindes auswirken. Allerdings sollten die damit verbundenen Nachteile nicht außer Acht gelassen werden. Eine Mediation bei familiären Konflikten braucht für eine gute und offene Zusammenarbeit eine Vertrauensbasis. Die Anwesenheit Dritter und eine Kompetenzvermischung kann diesen geschützten Rahmen erheblich beeinträchtigen. Im Ergebnis wird es in der Entscheidung und der Beurteilung des Mediators und der Parteien liegen, wessen Teilnahme erforderlich oder sinnvoll ist. Neben einer klaren Rollentrennung der beteiligten Professionen[498] ist es unabdingbar, die Vorgehensweise an die konkrete Fallkonstellation anzupassen. Im Rahmen einer gerichtsnahen Mediation sollten nur die Verfahrensbeteiligten, die für den Schutz des Kindes im konkreten Einzelfall erforderlich sind, in den Vorschlag des Gerichts aufgenommen werden. Das Gericht sollte sich über die unterschiedlichen Rollen und Aufgaben der möglichen Beteiligten im Klaren sein und eine bedarfsgerechte Ausgestaltung vorschlagen.

IV. Kindesbeteiligung in der Mediation

Die Beteiligung des Kindes ist ein wesentlicher Faktor bei der Frage nach einem kindgerechten Verfahren. Sie garantiert, dass die Interessen des Kindes Eingang in das Verfahren finden und entspricht der Rolle des Kindes als Grundrechtsträger.

Im Folgenden wird untersucht, welche Möglichkeiten bestehen, das Kind in der Mediation zu beteiligen. Neben der Darstellung der Vor- und Nachteile der Einbeziehungsvarianten, wird die Frage erörtert, ob das Kind einen Anspruch auf Beteiligung in der Mediation hat und ob eine Einbeziehung bei Einvernehmen der Konfliktpartner erforderlich ist. Daran anschließend werden die rechtlichen Fragestellungen diskutiert, die sich in diesem Zusammenhang ergeben.

---

498 Vgl. *Rafi*, Der Weg zur gemeinsamen Ent-Scheidung S. 147 f., der eine Zusammenarbeit der Professionen grundsätzlich begrüßt aber davor warnt, die berufseigenen Rollen zu sehr zu vermischen.

1. Beteiligungsmöglichkeiten von Kindern in der Mediation

Neben der Konstellation, dass sich Kinder und ihre Eltern als Konfliktpartner in der Mediation gegenüberstehen,[499] gibt es verschiedene Varianten, wie ein Kind in der Mediation beteiligt werden kann. In der Regel besteht ein Konflikt zwischen den Eltern und das Kind ist unmittelbar betroffen, jedoch nicht Partei des Mediationsprozesses. Wie in einer solchen Konstellation die Beteiligung von Kindern und Jugendlichen zu gestalten ist, wird unterschiedlich beantwortet. Ein einheitliches Konzept existiert nicht.[500] Die voneinander abweichenden Vorgehensweisen und die verschiedenen Auffassungen resultieren aus dem Dilemma, dass es bei der Einbeziehung von Kindern immer darum geht, diese einerseits vor dem elterlichen Konflikt zu schützen, ihnen andererseits die Möglichkeit zu geben, ihre Ansichten und Wünsche in die Gestaltung ihres zukünftigen Lebens einzubringen.[501]

Unter der Beteiligung des Kindes kann die Information des Kindes über die Trennung, die Befragung des Kindes zu seinen Wünschen oder auch die aktive Beteiligung bei der Lösung des Konfliktes verstanden werden.[502] Systematisch lassen sich die direkte und die indirekte Einbeziehung unterscheiden. Oftmals werden auch Mischformen praktiziert, je nach den Inhalten der Mediation und der Reife des Kindes.[503]

---

499 Zu den Problemen und Möglichkeiten der „Eltern-Kind-Mediation“, vgl. *Shaw*, Mediation Quarterly 1985, 23 sowie *Diez et al.*, Familien-Mediation und Kinder S. 34 f. (Eltern-Jugendlichen-Mediation). Bei dieser Mediationsform geht es um die Beilegung von Konflikten, die zwischen den Eltern und dem Kind bestehen. Typische Konfliktthemen sind die Gestaltung des Zusammenlebens der Familie, schulische Leistungen oder die Frage, welche Freiräume dem Kind/Jugendlichen gewährt werden und an welche Regeln diese gebunden sind. Damit das Kind/der Jugendliche Partei des Mediationsprozesses sein kann, muss es/er in der Lage sein, seine Standpunkte selbständig zu vertreten.

500 *Struck* in Wiesner, SGB VIII § 17 Rn. 27a.

501 *Parkinson/Cashmore*, The voice of a child in family law disputes S. 1.

502 *Parkinson/Cashmore*, The voice of a child in family law disputes S. 19 f.

503 *Liemandt*, ZKM 2004, 222 (225 f.). Der Autor hat ein Stufenmodell entwickelt, welches die sukzessive Einbeziehung eines Kindes in die Mediation abbildet. Anhand von sieben Stufen wird die ansteigende Einbeziehung erläutert und die jeweiligen Auswirkungen auf die Beteiligten beschrieben. Hierbei differenziert *Liemandt* nach der *„kognitiven Präsenz, der visuellen Präsenz, der interaktiven Präsenz und der persönlichen Präsenz“* des Kindes.

a) Die direkte Einbeziehung – Child-inclusive Mediation

Bei der direkten Einbeziehung wird das Kind oder der Jugendliche unmittelbar in den Mediationsprozess integriert, zu seinen Wünschen und Interessen befragt oder bei der Entwicklung und Bewertung von Lösungsoptionen beteiligt.

Während es bei Gericht üblich ist, die Kinder – bei entsprechendem Alter – in Abwesenheit ihrer Eltern (ggf. mit Anwesenheit eines Verfahrensbeistandes) anzuhören, wird die Anhörung[504] des Kindes in der Mediation unterschiedlich gehandhabt. Neben den Grundentscheidungen, wer sich mit dem Kind unterhält, wer bei dem Gespräch anwesend ist und wer die erlangten Informationen in die Mediation bringt, bestehen verschiedene Techniken, mit denen ein Kind altersgerecht einbezogen werden kann.

Konkret lassen sich die folgenden Konstellationen unterscheiden: Bei der ersten Variante ist das Kind unmittelbar in den Mediationssitzungen mit den Eltern anwesend und wird durch den Mediator einbezogen. Bei der zweiten Variante nimmt der Mediator außerhalb der Mediationssitzungen zu dem Kind Kontakt auf und führt mit diesem ein Einzelgespräch. Eine dritte Möglichkeit besteht darin, dass ein externer Dritter das Gespräch mit dem Kind führt und anschließend den Inhalt des Gesprächs oder seine Eindrücke zurück in die Mediation trägt.

aa) Anwesenheit des Kindes in den Mediationssitzungen

Die unmittelbarste Form der Einbeziehung ist die Anwesenheit des Kindes in der Mediationssitzung. Die Befürworter dieser Art der Einbeziehung sehen in dieser Ausgestaltung die einzige Möglichkeit, zu verhindern, dass dem Mediator Geheimnisse anvertraut werden oder bei den Eltern der Eindruck entstünde, der Mediator, „horche“ ihr Kind aus.[505] Positiv an dieser Konstellation ist, dass das Kind direkt an der Entwicklung von Lösungsoptionen mitwirken kann und die Eltern unmittelbar von ihrem Kind hören, was es sich wünscht und wie es sich sein zukünftiges Leben vorstellt. Diese direkte Konfrontation mit den Bedürfnissen des Kindes kann sich nachhaltig auf die Kooperationsbereitschaft der Eltern auswirken. Zudem kann die Interaktion zwischen dem Kind und den Eltern beobachtet und später thematisiert werden.[506]

---

504 Der Begriff Anhörung ist in diesem Zusammenhang untechnisch zu verstehen und steht lediglich für das Gespräch mit dem Kind.

505 *Krabbe*, ZKM 2005, 14 (15); gemeinsame Sitzungen ebenfalls bevorzugend *Rafi*, Der Weg zur gemeinsamen Ent-Scheidung S. 95.

506 Vgl. *Hornikel* in Holzer, FamFG, § 159 Rn. 7 (bezogen auf die Anhörung des Kindes durch das Gericht).

Die gemeinsame Anwesenheit von Eltern und Kindern in der Mediationssitzung birgt jedoch auch Risiken. Vor allem ist zu befürchten, dass das Kind in den elterlichen Konflikt verstärkt einbezogen wird, es zu Streitigkeiten der Eltern vor dem Kind kommt oder die Eltern nicht in der Lage sind, dem Kind den erforderlichen Raum und das Verständnis für seine (ggf. den Elterninteressen widersprechenden) Vorstellungen entgegenzubringen. Für ein Kind, welches sich in einem Loyalitätskonflikt befindet, kann es eine große Belastung darstellen, seine Wünsche vor den Eltern zu äußern. Es könnte bei dem Kind der Eindruck entstehen, es müsse Stellung beziehen oder sich zwischen den Eltern entscheiden.

Aufgrund dieser Risiken eignet sich diese Art der Einbeziehung in der Regel eher für ältere Kinder, die in der Lage sind, ihre Wünsche eigenständig zu artikulieren und sich zu behaupten. Bei jüngeren Kindern sollte diese Variante nur gewählt werden, wenn die Eltern in der Lage sind, sich in der Sitzung, bei der das Kind anwesend ist, zurückzunehmen. Dies dürfte vor allem dann der Fall sein, wenn hinsichtlich der kindbezogenen Regelungspunkte weitestgehend Einigkeit besteht. Aufgabe des Mediators ist es, diese Faktoren vor der Einbeziehung des Kindes abzuwägen. Darüber hinaus muss auch an den Schutz des Kindes nach den Mediationssitzungen gedacht werden. Es sollte keine Situation entstehen, in der das Kind nach den Mediationssitzungen von seinen Eltern für seine Äußerungen kritisiert oder angegriffen wird.[507]

bb) Einzelgespräche mit dem Kind

Das Gespräch mit dem Kind kann auch in Abwesenheit der Eltern erfolgen. Für ein Einzelgespräch kann als Argument ins Feld geführt werden, dass dem Kind ein geschützter Raum gegeben wird, sich frei zu äußern. Es muss nicht die Befürchtung haben, illoyal zu sein oder einen Elternteil unmittelbar zu verletzen.[508] Eine Einflussnahme der Eltern oder eine Unterbrechung bzw. Störung des Gesprächs kann ebenfalls ausgeschlossen werden.

Allerdings könnten gerade jüngere Kinder ängstlich darauf reagieren, mit einer erwachsenen, ihnen fremden Person allein zu sein. Hier bietet es sich an, dass die Kontaktaufnahme behutsam und unter Anwesenheit der Eltern oder anderer Vertrauenspersonen erfolgt und dem Kind erklärt wird, wie das Gespräch ablaufen wird. Je nach Konstellation können Vertrauenspersonen

---

507 *Paquin*, Journal of family law 1987/88, 279 (308).

508 Vgl. *Liemandt*, ZKM 2004, 222 (226); *Rafi*, Der Weg zur gemeinsamen Ent-Scheidung S. 95.

oder Geschwister zu dem Gespräch hinzugebeten werden. Eine kindgerechte Gestaltung der Umgebung hilft ebenfalls, dem Kind Ängste zu nehmen.[509] Nachteilig an einem Einzelgespräch könnte weiterhin sein, dass die Eltern befürchten könnten, der Mediator oder der Dritte beeinflusse das Kind oder erfahre Dinge, die sie nicht offenlegen wollen. Aufgrund dessen sollte auch mit den Eltern besprochen werden, wer das Gespräch führt, welche Fragen gestellt werden und inwieweit sie über den Inhalt des Gesprächs informiert werden.[510]

(1) Gesprächsführung durch den Mediator

Die Gespräche mit dem Kind können durch den Mediator geführt werden. In dem Gespräch mit dem Kind erklärt der Mediator dem Kind, warum mit ihm ein Gespräch geführt wird und versucht, auf eine indirekte Art und Weise, ohne das Kind zu sehr unter Druck zu setzen, herauszufinden, wie das Kind die familiäre Situation beurteilt.[511] Das Vorgehen ähnelt der Kindesanhörung durch einen Richter, die in der Regel auch getrennt von den Eltern erfolgt.[512] Bei der Gesprächsführung durch den Mediator stellt sich vor allem die Frage, was der Mediator an die Eltern zurückmeldet und inwieweit das Gespräch seine Rolle als allparteilicher Leiter des Verfahrens beeinflusst.

(a) Umgang mit dem Inhalt des Gesprächs

Ähnlich wie bei der richterlichen Anhörung – der Richter hat einen Vermerk nach § 28 Abs. 4 S. 2 FamFG über die Anhörung des Kindes zu fertigen – stellt sich auch in der Mediation die Frage, was der Mediator an die Eltern zurückmeldet. Vorgaben bestehen insoweit für den Mediator nicht. Auch dem Richter steht es frei, ob er den Vermerk stichwortartig oder ausführlich verfasst.[513]

Die Antwort auf die Frage muss sich danach richten, was den Interessen des Kindes und dessen Schutzbedürfnis am ehesten entspricht. Dem Interesse des Kindes entspricht es, wenn es sich uneingeschränkt öffnen und seine Meinung äußern kann, ohne befürchten zu müssen, dadurch in Loyalitätskonflikte zu geraten. Eine solche Offenheit ist aber nur möglich, wenn das Kind bestimmen

---

509 Vgl. *Schoffer*, Family Court Review 2005, 323 (331).

510 Vgl. hierzu *Schoffer*, Family Court Review 2005, 323 (333). Die Autorin fasst in einer Art Checkliste zusammen, welche Fragen vor der Einbeziehung des Kindes zu klären sind.

511 *Paquin*, Journal of family law 1987/88, 279 (307).

512 Zur gerichtlichen Anhörung *Hornikel* in Holzer, FamFG, § 159 Rn. 8.

513 *Hornikel* in Holzer, FamFG, § 159 Rn. 8.

kann, welche der Informationen an die Eltern zurückgemeldet werden.[514] Daher sollte der Mediator dem Kind erläutern, welche Rolle ihm in der Mediation zukommt und ihm erklären, dass Inhalte des Gesprächs nur den Eltern mitgeteilt werden, wenn es mit der Weitergabe einverstanden ist.[515] Dieses Vorgehen entspricht den Grundsätzen, die bei den Einzelgesprächen mit den Parteien gelten. Nach § 2 Abs. 3 S. 3 MediationsG sind Einzelgespräche mit den Parteien im allseitigen Einverständnis möglich. Der Inhalt der Gespräche ist vertraulich und darf der anderen Mediationspartei nicht durch den Mediator mitgeteilt werden.[516] Die Eltern sollten über die Vertraulichkeit des Gesprächs mit dem Kind vorab informiert werden.[517]

(b) Vereinbarkeit mit der Rolle des Mediators

Gegen eine Gesprächsführung durch den Mediator könnte seine Rolle als neutraler, allparteilicher Dritter sprechen. Der Mediator vertritt als Leiter des Verfahrens nicht die Interessen Einzelner, sondern ist allen gleichermaßen zugewandt. Führt der Mediator ein Gespräch mit dem Kind und meldet die Informationen (die vom Kind freigegeben wurden) zurück an die Eltern, könnte er zum einen in die Rolle der Interessenvertretung des Kindes gelangen, was zu einer Rollenkonfusion führen könnte. Zum anderen könnte seine innerliche, auf Allparteilichkeit ausgerichtete Haltung beeinflusst werden. Wenn die Wünsche des Kindes in Widerspruch zu den Vorstellungen eines oder beider Elternteile stehen, kann die Situation entstehen, dass ein Elternteil oder beide nun dem Mediator als Überbringer dieser Nachricht ablehnend gegenüberstehen.[518]

Fest steht, dass es nicht die originäre Rolle des Mediators ist, die Interessenvertretung des Kindes vorzunehmen. Anders als bei einem Verfahrensbeistand gehört

---

514 So auch die Handhabung in den australischen Modellen, vgl. *Bell/Cashmore/Parkinson/Single*, International Journal of Law, Policy and the Family 2013, 116 (117).

515 *Jaede* in: Bundeskonferenz für Erziehungsberatung – Scheidungsmediation S. 131 f.

516 *Pielsticker* in Fritz/Pielsticker, MediationsG, § 2 Rn. 98; *Unberath* in Greger/Unberath, MediationsG, § 2 Rn. 146.

517 Vgl. hierzu die Regelung im *Code of Practice for Family Mediators des Family Mediation Council* (FMC), eines nichtstaatlichen Zusammenschlusses von Organisationen und Verbänden in England. In der Richtlinie ist die Beteiligung des Kindes ausführlich geregelt. In Punkt 5.7.4 ist festgeschrieben, dass dem Kind die Vertraulichkeit des Gesprächs angeboten werden muss und auch die Eltern darüber zu informieren sind. Ausnahmen der Vertraulichkeit werden nur bei Kindeswohlgefährdungen zugelassen. Der Code of Practice des FMC kann unter www.familymediationcouncil.org.ok/5.html abgerufen werden (letzter Zugriff am 06.06.2013).

518 *Paquin*, Journal of family law 1987/88, 279 (310).

es nicht zu den Aufgaben eines Mediators, die Äußerungen des Kindes zu bewerten und eine Einschätzung abzugeben. Allerdings ist es die Aufgabe des Mediators, durch die Verfahrensgestaltung sicherzustellen, dass die Kindesinteressen ausreichend Berücksichtigung finden und der Schutz des Kindes garantiert ist.[519] Für das Gespräch mit dem Kind folgt daraus, dass es nur mit seiner Rolle vereinbar ist, wenn er die Inhalte des Gesprächs wiedergibt, ohne eine Wertung vorzunehmen. Von Äußerungen wie: „Ich denke, es ist das Beste für ihr Kind…“ muss der Mediator Abstand nehmen. Begrenzt der Mediator seine Tätigkeit darauf, die Sichtweise des Kindes einzubringen und unterlässt er es, eine eigene Einschätzung und Deutung wertend kundzutun, ist das Risiko, die Neutralität/Allparteilichkeit zu verlieren, als gering einzuschätzen. Orientiert sich der Mediator an dieser Grenze, ist das Gespräch mit dem Kind mit seiner Rolle als Mediator vereinbar. Ebenso wie ein Richter, der ein Kind anhört, verliert der Mediator durch eine kindzentrierte Verfahrensleitung nicht seine Allparteilichkeit.[520] Um das Risiko der Rollenkonfusion weiter zu minimieren, wird vorgeschlagen, mit einem Co-Mediator zu arbeiten. Nach diesem Modell führt der eine Mediator das Gespräch mit dem Kind und „vertritt“ dessen Interessen anschließend in der Sitzung mit den Eltern, während der andere Mediator die Sitzung leitet und strukturiert.[521]

Die Situation, dass der Mediator mehr Informationen hat, als in der Mediation tatsächlich offengelegt werden, ist nicht unüblich. Je nach Mediationsmethode und Präferenz des Mediators führt der Mediator mit den Parteien vertrauliche Einführungseinzelgespräche[522] oder lässt sie vor Beginn der Mediation Fragebögen mit persönlichen Fragen beantworten.[523] Dadurch kann der Mediator einschätzen, ob eine Eignung zur Mediation besteht und sich ein erstes Bild von den Medianten machen.[524] Bei den Einzelgesprächen wird mit dem

519 Vgl. jedoch die bereits unter § 5 B. III. 1. b) bb) diskutierte Regierungsbegründung zum Mediationsgesetz (BT-Drs. 17/5335 S. 17), in der darauf hingewiesen wird, dass der Mediator im Gegensatz zum Richter vornehmlich den Parteiinteressen und nicht dem Kindeswohl verpflichtet ist.

520 *Ivanits*, ZKJ 2012, 98 (104).

521 *Ivanits*, Die Stellung des Kindes S. 298.

522 *Paul/Roberts*, ZKM 2005, 22.

523 Vgl. z.B. den Elternfragebogen von MiKK e.V., abzurufen unter www.mikk-ev.de/wp-content/uploads/fragebogen-fur-eltern-im-vorfeld-einer-mediation.pdf. (letzter Zugriff am 02.06.2013).

524 Ob solche Vorgehensweisen gewählt werden, hängt von dem Rollenverständnis des einzelnen Mediators ab. Einige Mediatoren lehnen es ab, Informationen zu haben, die die andere Partei nicht hat, bzw. die in der Mediation nicht offen gelegt werden sollen.

jeweiligen Medianten, mit dem das Gespräch geführt wird, erörtert, welche Informationen in der gemeinsamen Sitzung offenbart werden sollen und ob eine Mediation ohne Offenlegung dieser Informationen noch sinnvoll ist. Auch der Mediator muss sich bei jedem Einzelgespräch überlegen, ob er mit der Rolle des „Geheimnisträgers" die Mediation weiter leiten kann bzw. möchte. Im Einzelnen wird es sich danach richten, ob die Informationen, die nicht offen gelegt werden sollen, wesentlich für die Lösung des Konfliktes sind, oder ob eine Konfliktbeilegung auch ohne diese erfolgen kann. Der Mediator muss prüfen, ob eine Fortsetzung ohne Offenlegung noch sinnvoll und unter Beachtung der Grundsätze des Mediationsverfahrens noch vertretbar ist. Anderenfalls muss der Mediator das Verfahren unter Wahrung der Vertraulichkeit beenden.[525]

Durch das Gespräch mit dem Kind kann für den Mediator auch die Situation eintreten, dass er derart durch die Schilderungen des Kindes beeinflusst ist, dass er sich einem Elternteil gegenüber nicht mehr neutral verhalten kann. Sollte er dies nicht durch externe Maßnahmen, wie z.B. eine Supervision oder die Hinzuziehung eines Co-Mediators auflösen können, sollte er die Mediation abbrechen.

(2) Gesprächsführung durch einen externen Dritten

Das Gespräch mit dem Kind kann auch von einer externen Person, z.B. dem Verfahrensbeistand oder einem sonstigen Experten im Rahmen eines Einzelgespräches vorgenommen werden. Umfassende Erfahrungen zu diesem Vorgehen wurden in Australien gesammelt, wo üblicherweise ein speziell für die Befragung von Kindern ausgebildeter „Kindesinterviewer" das Gespräch führt.[526] Nach dem australischen Modell befragt der Kindesinterviewer das Kind in einer kindgerechten Umgebung über seine Empfindungen und Erfahrungen in Bezug auf die elterliche Trennung und die aktuelle Lebenssituation. Ziel ist es, dem Kind, ohne es mit einer Entscheidung zu belasten, die Möglichkeit zu geben, seine Sicht der Dinge mitzuteilen, ihm Wertschätzung und Verständnis entgegenzubringen und

---

525 *Paul/Roberts*, ZKM 2005, 22 (25); *Unberath* in Greger/Unberath, MediationsG, § 2 Rn. 148.

526 Vgl. hierzu *Bell/Cashmore/Parkinson/Single*, International Journal of Law, Policy and the Family 2013, 116 ff.; *McIntosh/Long*, Studie 2006 S. 17; *Paquin*, Mediation Quarterly 1988, 69 (70); *Parkinson/Cashmore*, The voice of a child in family law disputes S. 43 ff.: Die Autoren berichten über das Vorgehen in Australien, wo mit einem *„Child-consultant"* gearbeitet wird, der sich alleine mit dem Kind trifft und nach Rücksprache mit dem Kind, welche Informationen es an seine Eltern weitergeben möchte, sich mit den Eltern trifft, um diesen die Situation ihres Kindes näher zu bringen.

es mit Grundinformationen zu versorgen, die für sein zukünftiges Leben von Bedeutung sind.[527] Anschließend teilt der Kindesinterviewer die aus dem Gespräch mit dem Kind gewonnenen Eindrücke den Eltern und dem Mediator in einer gemeinsamen Sitzung mit. Je nach Modell und Arbeitsweise des Mediators ist der Kindesinterviewer auch in den folgenden Mediationssitzungen anwesend, um sicherzustellen, dass die individuellen Bedürfnisse des Kindes im Entscheidungsfindungsprozess und in der Abschlussvereinbarung hinreichend Berücksichtigung finden.[528] Der Kindesinterviewer fungiert nicht nur als Verbündeter des Kindes, sondern gleichzeitig auch als Hilfe für die Eltern, die Bedürfnisse ihres Kindes besser zu reflektieren.[529] Je nach Ausgestaltung trifft sich der Experte zu einem weiteren Gespräch mit dem Kind, um dieses wiederum über die Entscheidungen seiner Eltern und über den Gesprächsinhalt, soweit dieser für das Kind bestimmt ist, zu informieren.[530] Der Kindesinterviewer soll in dem Gespräch mit dem Kind herausfinden, ob ein zusätzlicher Hilfebedarf des Kindes besteht und ob unterstützende Maßnahmen (seitens des Staates) sinnvoll oder nötig sind.[531]

Ziel der personellen Trennung von Mediator und Kindesinterviewer bzw. sonstigem externen Dritten ist es, dem Kind Loyalitätskonflikte zu ersparen und es dem Mediator zu erleichtern, in seiner unabhängigen Rolle mit den Eltern arbeiten zu können.[532] Nachteilig an der Gesprächsführung durch einen Dritten könnte sein, dass eine zusätzliche fremde Person anwesend ist. Zumindest, wenn es sich bei dem Dritten um einen Verfahrensbeistand handelt, könnte jedoch auch die Situation vorliegen, dass das Kind den Verfahrensbeistand schon aus dem gerichtlichen Verfahren kennt und auch der Verfahrensbeistand bereits Kenntnisse über die Lebensumstände der Familie erlangt hat. Selbst wenn es zuvor noch zu keiner Kontaktaufnahme gekommen sein sollte, könnte auf diese Weise zumindest eine erneute Anhörung im späteren gerichtlichen Verfahren vermieden werden. Kommt ein Gespräch durch den Verfahrensbeistand nicht in Betracht, sollte ein spezieller Kindesinterviewer oder ein sonstiger Experte bestellt werden. In diesem Fall muss geklärt werden, wer die Kosten

527 *McIntosh/Long*, Studie 2006 S. 17.
528 *McIntosh/Long*, Studie 2006 S. 17 f.
529 *McIntosh/Long*, Studie 2006 S. 18.
530 *McIntosh/Long*, Studie 2006 S. 18; zu der Bedeutung, das Kind über den Ausgang des Verfahrens zu informieren, vgl. (UN) CRC/C/GC/12 Abs. 45.
531 *Bell/Cashmore/Parkinson/Single*, International Journal of Law, Policy and the Family 2013, 116 (138).
532 *Bernhardt*, FPR 2005, 95 (97).

der Beauftragung übernimmt. Auch wenn die Kosten für den externen Interessenvertreter einen Nachteil bedeuten, sollten sie, wie etwa die Kosten für einen Steuerberater, als notwendige Ausgabe betrachtet werden.[533]

cc) Zeitpunkt der direkten Einbeziehung des Kindes

Nicht nur die Art der Einbeziehung differiert, sondern auch die Frage, in welcher Phase der Mediation das Kind in welchem Umfang einzubeziehen ist, wird unterschiedlich beantwortet. Einigkeit besteht darüber, dass eine direkte Einbeziehung nur bei den Themen erfolgen sollte, von denen das Kind auch betroffen ist.[534] Die Einbeziehung kann zu einem sehr früheren Zeitpunkt erfolgen, sodass der Entscheidungsprozess hiervon beeinflusst wird, oder erst erfolgen, wenn die Eltern sich bereits auf eine Regelung geeinigt haben.

Grundsätzlich gilt, dass eine Einbeziehung des Kindes nicht in allen Phasen der Mediation sinnvoll ist. Dies gilt insbesondere für die Einführungsphase.[535] Zum einen ist in dieser Phase viel Organisatorisches mit den Eltern zu besprechen, zum anderen sollte auch die Einbeziehung des Kindes vorab mit den Eltern erörtert und vorbereitet werden.[536] Fragen, wie und wann und in welcher Form die Kinder an den Sitzungen teilnehmen, wer die Kinder über die Mediation informiert und welche Themenkomplexe besprochen werden sollen, lassen sich am besten mit den Eltern besprechen, wenn diese selbst eine Vorstellung von dem Ablauf der Mediation erlangt haben. Es sollte erörtert werden, wie sich die Aufgaben im Verhältnis Eltern, Mediator und Kind verteilen, wie bei heftigen Gefühlsausbrüchen reagiert werden soll und welche Regeln oder Absprachen (z.B. Dauer des Gesprächs, Art der Fragen usw.) sinnvoll und gewünscht sind.[537]

In der zweiten Phase der Mediation – der Themensammlung – kann es sinnvoll sein, die Kinder unmittelbar zu beteiligen.[538] Kinder können, abhängig von

533 *Paquin*, Journal of family law 1987/88, 279 (315); *Schoffer*, Family Court Review 2005, 323 (324).

534 Vgl. *Paquin*, Journal of family law 1987/88, 279 (315).

535 *Diez et al.*, Familien-Mediation und Kinder S. 43; a.A. *Morawe*, Spektrum der Mediation 2007, 9, die eine Einbeziehung der Kinder in der ersten Phase der Mediation empfiehlt, jedoch auch erst, nachdem die Eltern die Mediationsvereinbarung geschlossen haben.

536 *Schoffer*, Family Court Review 2005, 323 (330).

537 *Diez et al.*, Familien-Mediation und Kinder S. 44; vgl. jedoch *Rafi*, Der Weg zur gemeinsamen Ent-Scheidung S. 94, der davor warnt, sich durch einen abgesprochenen Fragenkatalog zu sehr einzuschränken und vorschlägt, nur mit den Eltern zu besprechen, welche Fragen nicht gestellt werden sollen.

538 *Diez et al.*, Familien-Mediation und Kinder S. 46.

Alter und Reife, in der Regel gut formulieren, welche Wünsche sie für die künftige Gestaltung des Familienlebens haben. Oft beschäftigen sie sich auch schon über einen längeren Zeitraum mit Fragen, wie *„wo werde ich wohnen"* und *„wann werde ich welchen Elternteil sehen"*. Sie sind oft erleichtert, wenn diese Themen Raum haben und von den Erwachsenen aufgenommen werden. Bei der Einbeziehung von Kindern in der Phase der Themensammlung zeigt sich, dass die Kinder und Jugendlichen Anliegen vorbringen, für die bislang in der „heißen Phase des Elternkonfliktes" kein Raum war.[539] Sie benennen Themen, die von den Eltern nicht wahrgenommen oder bedacht wurden. Das Offenlegen und Besprechen der Daten und Fakten zu den einzelnen Themen sollte wiederum ohne die Kinder stattfinden.[540]

Eine Einbeziehung der Kinder in dem zeitlich und emotional intensiven ersten Teil der dritten Phase einer Mediation, dem Herausarbeiten der Interessen, kommt in der Regel nicht in Betracht. Den Eltern sollte hier der Raum gegeben werden, sich über ihre Interessen bewusst zu werden. Die Kinder wären hier sehr stark der Gefahr ausgesetzt, durch die direkte Konfrontation mit den elterlichen Gefühlen überfordert zu werden.[541] Im zweiten Teil der dritten Phase – der Entwicklung von ersten Lösungsoptionen – kann eine Einbeziehung des Kindes jedoch erfolgen.[542] Kinder sind sehr kreativ und entwickeln schnell individuelle Lösungen. Ihre Ideen, die auf den ersten Blick manchmal ungewöhnlich oder abwegig scheinen, bringen die Erwachsenen dazu, selbst neue Ideen zu entwickeln.[543] Von den Erwachsenen erarbeitete vorläufige Lösungsoptionen können mit den Kindern und Jugendlichen erörtert werden.[544] Es kann überprüft werden, ob die Eltern die Interessen der Kinder ausreichend berücksichtigt haben oder ob die Kinder Ergänzungsbedarf sehen.

In der vierten Phase der Mediation – der Einigungsphase – bietet sich eine Einbeziehung der Kinder und Jugendlichen an, wenn über Gerechtigkeits- und Fairnesskriterien gesprochen wird.[545] Kinder und Jugendliche haben häufig ganz konkrete Vorstellungen darüber, welche Lösungen für ihre Familie gerecht sind

---

539 *Diez et al.*, Familien-Mediation und Kinder S. 46.

540 *Diez et al.*, Familien-Mediation und Kinder S. 48.

541 *Diez et al.*, Familien-Mediation und Kinder S. 52.

542 *Balloff*, FPR 2012, 216 (219); *Diez et al.*, Familien-Mediation und Kinder S. 52; *Hohmann/Morawe*, Praxis der Familienmediation S. 162.

543 In diesem Sinne auch *Morawe*, Spektrum der Mediation 2007, 9.

544 *Diez et al.*, Familien-Mediation und Kinder S. 53.

545 *Diez et al.*, Familien-Mediation und Kinder S. 55.

und können durch ihre Perspektive in der Regel neue Aspekte und Maßstäbe beisteuern. Bei den übrigen Themen der vierten Phase, der Beratung durch Fachleute und der Erarbeitung der endgültigen Lösung, bietet sich die Einbeziehung der Kinder und Jugendlichen in der Regel nicht an.

Sollte in der fünften Phase der Mediation ein Abschiedsritual stattfinden, können die Kinder integriert werden.[546] Mit dem Ritual kann den Kindern der Beginn eines neuen Lebensabschnittes verdeutlicht werden. Den Abschluss der Mediation und den Beginn eines neuen Lebensabschnittes zu kennzeichnen kann auch dadurch erfolgen, dass die Kinder oder Jugendlichen ebenso wie die Erwachsenen die gefundene Vereinbarung unterschreiben. Ein solcher symbolischer Akt bewirkt häufig eine festere emotionale Bindung aller Familienmitglieder an die getroffene Regelung.[547]

Zusammenfassend lässt sich festhalten, dass eine direkte Einbeziehung des Kindes immer dann sinnvoll ist, wenn Themen in der Mediation besprochen werden, bei denen die Beteiligung der Kinder gewinnbringend ist und bei denen ihre Wünsche und Interessen im Vordergrund stehen.

dd) Beteiligungsfähigkeit des Kindes

Neben den Überlegungen, in welcher Phase der Mediation ein Kind einbezogen werden sollte, stellt sich auch immer die Frage, wann ein Kind fähig ist, direkt in der Mediation beteiligt bzw. angehört zu werden. Aufgrund der unterschiedlichen Entwicklung eines jeden Kindes und dem Ausmaß individueller Betroffenheit durch den elterlichen Konflikt ist es schwer, feste Altersgrenzen zu bestimmen. Auch die UN-Kinderrechtskonvention (UN-KRK) spricht sich gegen starre Altersgrenzen aus und fordert eine individuelle Beurteilung im Einzelfall. In der Kommentierung zur UN-KRK wird ausgeführt, dass grundsätzlich von der Beteiligungsfähigkeit des Kindes ausgegangen werden müsse. Schließlich sei es nicht Aufgabe des Kindes, seine Beteiligungsfähigkeit vorab zu beweisen.[548] Unabhängig von einer starren Altersgrenze wird gefordert, dass für eine direkte Einbeziehung des Kindes sprachliche Grundfähigkeiten erforderlich sind.[549] Diese dürften in der Regel ab dem Vorschulalter (drei bis fünf Jahre) vorhanden sein, sodass eine Beteiligung – eine individuelle Beurteilung vorausgesetzt – ab

546 *Diez et al.*, Familien-Mediation und Kinder S. 61; *Galton*, Dispute Resolution Magazine 1996/97, 5 (6); *Morawe*, Spektrum der Mediation 2007, 9 (10).

547 *Krabbe/Diez*, ZKM 2001, 219 (223).

548 (UN) CRC/C/GC/12 Abs. 20/21.

549 *Rafi*, Der Weg zur gemeinsamen Ent-Scheidung S. 96.

diesem Alter empfohlen wird.[550] Als Argument für die Wahl dieser Altersstufe wird angeführt, dass Kinder ab diesem Alter zwischen Erwachsenen und Kindern unterscheiden und aus der Ich-Perspektive Situationen schildern und bewerten können.[551] Ihre Fähigkeit, sprachlich-begrifflich zu denken, ist jedoch noch nicht voll ausgebildet, sodass der Zugang zu ihnen über Spiel- und Maltechniken sowie die Arbeit mit Alltagssituationen am besten zu erlangen ist.[552] Die Fähigkeiten des Kindes einzuschätzen und die Form seiner Beteiligung entsprechend anzupassen ist Aufgabe des Mediators bzw. des Dritten, der die Gespräche mit dem Kind führt.

Insgesamt lässt sich die Tendenz beobachten, auch schon jüngere Kinder als (direkt) beteiligungsfähig anzusehen. In diesem Sinne hat z.B. Norwegen im Wege der Umsetzung der UN-KRK das Alter, in dem Kinder zwingend anzuhören sind, von zwölf auf sieben Jahre heruntergesetzt.[553] Auch in der Studie von *McIntosh et al.*, wurden die Kinder ab der Schulfähigkeit direkt einbezogen.[554]

Die Abkehr von einer starren Altersgrenze und die Befürwortung einer individuellen Beurteilung sind überzeugend. Legt man der Frage, ab wann eine direkte Beteiligung des Kindes sinnvoll ist, die Prämisse zugrunde, dass das Kind keine Entscheidung treffen soll, sondern durch seine Beteiligung die Perspektive des Kindes Eingang in die Mediation finden soll, ist eine Altersbeschränkung nicht erforderlich und eine altersbedingte Kontraindikation nicht gegeben.[555] Im englischsprachigen Raum wird diese Unterscheidung

---

550 So auch *Rafi*, Der Weg zur gemeinsamen Ent-Scheidung S. 96, der eine Beteiligung ab dem dritten oder vierten Lebensjahr für sinnvoll erachtet und eine Beteiligung ab dem siebten/achten Lebensjahr als unabdingbar einstuft. Für eine Einbeziehung ab dem Schulalter siehe auch *Struck* in Wiesner, SGB VIII, § 17 Rn. 27a.

551 *Diez et al.*, Familien-Mediation und Kinder S. 163.

552 *Diez et al.*, Familien-Mediation und Kinder S. 163; *Rafi*, Der Weg zur gemeinsamen Ent-Scheidung S. 98; *Schoffer*, Family Court Review 2005, 323 (330); *Schweppe/Bussian*, ZKJ 2012, 13 (18).

553 Vgl. The Children Act 1981 section 31 (in Kraft getreten am 08.04.1981 – Stand 2010), abgerufen unter www.regjeringen.no (letzter Zugriff am 13.07.2013); *James/Haugen/Rantalaiho/Marples*, International Journal of Children's Rights 2010, 313 (324).

554 *McIntosh/Long*, Studie 2006 S. 18.

555 *Krabbe/Diez*, ZKM 2001, 219 (221) sowie *Liemandt*, ZKM 2004, 222 (224), der eine Einbeziehung von Zwei- bis Vierjährigen ablehnt und auch für die folgenden Altersstufen eine Anwesenheit nur in bestimmten Phasen vorschlägt.

durch die Begriffe „*voice*" und „*choice*"[556] deutlich gemacht. Geht es lediglich um die Perspektive, die Stimme des Kindes, dann kommt es nicht darauf an, ob die Kinder in der Lage sind, rational zu denken und die Komplexität der Trennung zu erfassen.[557] Nur bei der Gewichtung der kindlichen Äußerungen muss reflektiert werden, inwieweit das Kind schon in der Lage ist, mehrere Aspekte in seine Überlegungen einzubeziehen und die längerfristigen Folgen seiner Wünsche abzusehen. Für die Frage, auf welche Art und Weise ein Kind einzubeziehen ist und inwieweit es Unterstützung bedarf, müssen die Entwicklung des Kindes und seine konkreten Fähigkeiten beurteilt werden. Hierfür sind Kenntnisse über die entwicklungspsychologischen Hintergründe unerlässlich.

Als Credo sollte gelten: *„Nicht der Schutz des Kindes vor der Beteiligung sondern der Schutz des Kindes in der Beteiligung ist der maßgebliche Weg"*[558].

b) Die indirekte Einbeziehung – Child-focused Mediation

Bei der indirekten Beteiligung ist das Kind oder der Jugendliche nicht in der Mediationssitzung anwesend und wird auch nicht unmittelbar angehört. Seine Anwesenheit wird durch bestimmte Techniken des Mediators ersetzt, um die Interessen und Bedürfnisse des Kindes trotzdem in die Mediation und in das Bewusstsein der Eltern zu bringen.[559] Ziel der indirekten Einbeziehung ist es, eine Atmosphäre zu schaffen, in der die Eltern dabei unterstützt werden, die emotionalen Bedürfnisse ihres Kindes wahrzunehmen und in der Lösungsfindung zu berücksichtigen. Die indirekte Beteiligung kann zu jedem Zeitpunkt eingesetzt werden und eignet sich auch dafür, die Eltern auf die direkte Beteiligung ihres Kindes vorzubereiten.[560] Teilweise wird die *Child-focused Mediation* im englischsprachigen Raum durch (Einzel-) Gespräche mit den Eltern, in denen sie erzieherische Tipps bekommen und über die kindliche Entwicklung aufgeklärt werden, ergänzt.[561]

---

556 *Parkinson/Cashmore*, The voice of a child in family law disputes S. 20. Zu den negativen Folgen, wenn ein Kind mit der Entscheidung belastet wird siehe *Schwebel/Schwebel*, Dispute Resolution Magazine 1996/97, 3.

557 *Parkinson/Cashmore*, The voice of a child in family law disputes S. 201; in diesem Sinne auch (UN) CRC/C/GC/12 Abs. 21.

558 Übersetzt von der Verfasserin aus *Parkinson/Cashmore*, The voice of a child in family law disputes S. 219.

559 *McIntosh/Long*, Studie 2006 S. 16; *Schoffer*, Family Court Review 2005, 323 (326).

560 *Ivanits*, ZKJ 2012, 98 (103).

561 *McIntosh/Long*, Studie 2006 S. 16.

Die Methode der indirekten Einbeziehung bietet sich nicht nur bei sehr kleinen Kindern an, sondern auch in Konstellationen, in denen eine direkte Einbeziehung für das Kind zu belastend wäre oder aus organisatorischen Gründen nicht in Betracht kommt. Wenn der Konflikt der Eltern einen sehr hohen Eskalationsgrad erreicht hat, kann eine indirekte Beteiligung das Kind vor zusätzlichen Belastungen und Loyalitätskonflikten schützen. Zwar kann es gerade bei solchen Eskalationsgraden für die Eltern hilfreich sein, direkt von ihren Kindern zu hören, wie es diesen mit der Situation geht, dem Schutz der Kinder vor einer Überforderung muss jedoch Vorrang eingeräumt werden.[562]

Übliche Techniken der indirekten Einbeziehung sind die Arbeit mit einem leeren Stuhl oder einem anderen „Platzhalter", wie einem Foto des Kindes oder einem Teddybär.[563] Auch leere Spalten auf einem Flipchart werden oft benutzt. Sie symbolisieren, dass das Kind von den Regelungen gleichermaßen betroffen ist und seine Interessen sich ebenso in der Regelung niederschlagen müssen.[564] Ziel all dieser Platzhalter ist es, dass die Eltern sich in die Lage ihres Kindes versetzen und überlegen, wie ihr Kind sich fühlen und was für Wünsche es äußern würde, wäre es anwesend. Den Eltern wird durch den Einsatz dieser Hilfsmittel der Perspektivenwechsel erleichtert. Durch die symbolische Anwesenheit des Kindes soll dessen Perspektive Eingang in die Mediation finden. Die indirekte Einbeziehung kann in jeder Phase der Mediation eingesetzt und flexibel variiert werden.

2. *Child-inclusive vs. Child-focused Mediation – Erfahrungen und Meinungsbild*

Während darüber Einigkeit herrscht, dass die Berücksichtigung der Kindesinteressen von Bedeutung ist, scheiden sich die Geister, ob es zu einer direkten Einbeziehung des Kindes kommen sollte oder nicht. Im folgenden Abschnitt sollen die Vor- und Nachteile der direkten und indirekten Beteiligung dargestellt und die Erfahrungen und Erkenntnisse aus der Praxis skizziert werden.

a) Vor- und Nachteile der direkten und indirekten Kindesbeteiligung

Viele der Bedenken und Vorbehalte, die gegen eine direkte Beteiligung des Kindes in der Mediation geäußert werden, werden auch gegen eine Anhörung von

---

562 *Rafi*, Der Weg zur gemeinsamen Ent-Scheidung S. 97.

563 *Liemandt*, ZKM 2004, 222 (225); *Morawe*, Spektrum der Mediation 2007, 9 (10).

564 *Liemandt*, ZKM 2004, 222 (225); *Rafi*, Der Weg zur gemeinsamen Ent-Scheidung S. 102 f.

Kindern im Gerichtsverfahren vorgebracht und sind in diesem Zusammenhang vielfach diskutiert worden. Häufig wird argumentiert, das Kind sei zu jung, zu unreif, irrational, manipulierbar und in Loyalitätskonflikte verstrickt, werde zu sehr durch die Anhörung belastet oder bringe keine relevanten Erkenntnisse für das Verfahren.[565] Das Risiko, dass das Kind damit belastet werden könnte, eine Entscheidung fällen zu müssen, wird ebenso als Ausschlussgrund genannt.[566] Zudem wird die Befürchtung geäußert, das Kind könne in seiner Entwicklungsreife überschätzt und fälschlicherweise wie ein *„kleiner Erwachsener"* behandelt werden.[567]

Mit der direkten Einbeziehung des Kindes werden allerdings auch zahlreiche vorteilhafte Wirkungen verbunden. Hervorgehoben werden vor allem die positiven Auswirkungen, die eine direkte Einbeziehung auf die Eltern[568] und die anderen Verfahrensbeteiligten habe, wodurch das Kind indirekt profitiere. Diese positive Wirkung bezeichnen *Parkinson und Cashmore*[569] als *„Enlightment"* und führen dazu aus, dass die Einbeziehung Aufklärung und Erleuchtung für den Entscheidungsprozess mit sich bringe und insbesondere den Eltern die Bedürfnisse ihrer Kinder offenbare. Zudem führe sie zu einem erweiterten Blickwinkel und zu mehr Ideen für die Lösungsgestaltung.[570] Neben der abstrakten Betrachtung der Kindesinteressen könne durch die Einbeziehung eine konkrete und realitätsnahe Überprüfung der Annahmen stattfinden.[571] Die direkte Einbeziehung des Kindes beseitige das Risiko, eine Einigung zu finden, die sich zwar vermeintlich am Kindeswohl orientiert, mit den wirklichen Bedürfnissen des Kindes jedoch nicht übereinstimmt. Somit fungiere die direkte Einbeziehung des Kindes als Kontrollmechanismus der eigenen Einschätzung.[572] Die Anwesenheit des Kindes in der Mediation könne außerdem dazu dienen, die Eltern an ihre Verantwortung gegenüber dem Kind

565 *Ivanits*, Die Stellung des Kindes S. 107 ff.; *Parkinson/Cashmore*, The voice of a child in family law disputes S. 14 ff. und S. 80 ff.

566 Vgl. *Emery*, Renegotiating Family Relationships S. 159; *Rafi*, Der Weg zur gemeinsamen Ent-Scheidung S. 94 ff.

567 *Jaede* in: Bundeskonferenz für Erziehungsberatung – Scheidungsmediation S. 131.

568 *Emery*, Renegotiating Family Relationships S. 15.

569 *Parkinson/Cashmore*, The voice of a child in family law disputes S. 107.

570 *Gläßer*, Mediation und Beziehungsgewalt S. 138; *Ivanits*, Die Stellung des Kindes S. 98 ff.

571 *Suess* in: Bundeskonferenz für Erziehungsberatung – Scheidungsmediation S. 71.

572 Vgl. auch *Kostka* in Hdb.-Verfahrensbeistandschaft, Rn. 946, der diese Kontrollfunktion als *„Realitätscheck"* bezeichnet.

zu erinnern.[573] Für diese sei es einfacher, ihr Verhalten zu ändern und sich auf eine Regelung einzulassen, wenn sie die Einschätzung des Kindes kennen.[574] Kommt es zu einer Beteiligung des Kindes, sind die Eltern oft erstaunt, wenn sie erfahren, welche Aspekte für das Kind von großer Bedeutung sind und mit welchen Sorgen sich ihr Kind auseinandersetzt. Es ist ihnen oftmals nicht bewusst, dass für ein Kind die Fragen, wo z.B. das Haustier leben wird, wer sich darum kümmert oder wann das Kind seine Freunde sehen kann, von sehr viel größerer Bedeutung sein können, als Themen, die von den Eltern als wichtig eingestuft werden.

Als positive Wirkung der direkten Einbeziehung für das Kind wird vor allem die Stärkung seiner Position genannt. Das Kind könne unmittelbar an den Regelungen mitwirken, die es für den Rest seines Lebens beeinflussen werden.[575] Gelinge die Beteiligung, könne ein *„Empowerment"* hinsichtlich des Kindes eintreten[576] und es könnten positive Impulse für seine zukünftige Entwicklung gesetzt werden.[577] Die Beteiligung steigere das Verantwortungsbewusstsein und das Selbstwertgefühl des Kindes.[578] Bei dem Kind entstehe durch seine Einbeziehung das Gefühl, eine gewisse Übersicht über den Trennungsverlauf und die Neuregelung seines Lebens zu haben.[579] Ihm werde durch seine direkte Einbeziehung die Möglichkeit zuteil, den anderen Verfahrensbeteiligten mitzuteilen, welche Aspekte für es von besonderer Bedeutung seien und was es sich wünsche. Sind die Kinder an der Erarbeitung der Regelung beteiligt, steige die Chance, dass sie die Lösung mittragen und bei der Umsetzung kooperieren.[580] Auch der *„Informationslosigkeit"*, mit der Kinder in der Phase von Trennung und Scheidung oft zu kämpfen haben, könne entgegengewirkt werden.[581] Die Trennungsfolgen und die als nächstes anstehenden Schritte könnten ihnen erklärt werden. Für die direkte Einbeziehung und den direkten Kontakt des Mediators zu den Kindern spricht auch, dass der Mediator anderenfalls seine Einschätzung nur auf die

---

573 *Gläßer*, Mediation und Beziehungsgewalt S. 138.

574 *Salgo* in Hdb.-Verfahrensbeistandschaft, Rn. 72.

575 *Paquin*, Journal of family law 1987/88, 279 (280).

576 *Ivanits*, Die Stellung des Kindes S. 93; *Saposnek*, Mediation Quarterly 1991, 325 (331). Zu dem Begriff *Empowerment* vgl. bereits § 5 B. II. 1. dieser Arbeit.

577 *Carl*, ZKM 2012, 16.

578 *Maywald*, FPR 2010, 460.

579 *Gläßer*, Mediation und Beziehungsgewalt S. 138.

580 *Paquin*, Journal of family law 1987/88, 279 (305).

581 *Ivanits*, Die Stellung des Kindes S. 91.

Erzählungen der Eltern und sein „Allgemeinwissen" über Kinder stützen kann, das jeweilige Kind jedoch nicht individuell erlebt.[582] Hat der Mediator oder der externe Interessensvertreter direkten Kontakt zu dem Kind, so kann aus erster Hand erfahren werden, was in dem Kind vorgeht und es kann ihm zusätzlich Hilfe und Unterstützung angeboten werden.

Vorteil der indirekten Einbeziehung ist, dass sie in jeder Phase der Mediation eingesetzt werden kann und es keiner zusätzlichen Termine und Vorbereitungen bedarf. Ebenso wenig bedarf es der Zustimmung der Eltern, noch müssen ggf. die Kosten für einen externen Dritten aufgebracht werden, falls dieser das Gespräch mit dem Kind führen soll. Sie kann in jeder Familienkonstellation und bei jeglichem Konfliktniveau eingesetzt werden. Für das Kind entsteht keinerlei Belastung. Kommen die Eltern zu einem frühen Zeitpunkt in die Mediation und besteht zwischen ihnen ein relativ geringes Konfliktniveau, dann besteht die Möglichkeit, dass die Eltern eine einvernehmliche Regelung erarbeiten können, ohne dass das Kind von dem Konflikt erfährt. Kann dem Kind dann eine gemeinsame Regelung präsentiert werden, dann kann die Phase der Unsicherheit, die die elterliche Trennung für das Kind mit sich bringt, erheblich abgeschwächt werden. Die indirekte Einbeziehung kann flexibel ausgestaltet werden und je nach der Reaktion und den Bedürfnissen der Eltern angepasst werden. Obwohl das Kind nicht körperlich anwesend ist, kann die symbolische Anwesenheit positiv auf die Eltern wirken und sie an ihre Elternverantwortung erinnern.

Als Nachteil der indirekten Einbeziehung können die positiven Wirkungen genannt werden, die mit der direkten Einbeziehung in Zusammenhang gesetzt werden. Insbesondere können der Mediator und die Parteien nicht überprüfen, ob ihre Vorstellungen sich mit denen des Kindes decken. Es kann kein direkter Eindruck von dem Kind gewonnen werden und dieses wird nicht in einem geschützten Rahmen über die weiteren Schritte und seine Zukunft informiert. Das Kind bekommt nicht die Möglichkeit, seinen Standpunkt zu erläutern und kann auch keine Fragen stellen oder Wünsche äußern. Insbesondere Jugendliche könnten sich zudem ausgeschlossen und übergangen fühlen, sollte ihnen eine Teilnahme nicht angeboten werden. Die spätere Umsetzung der Regelung könnte erschwert werden, wenn es nicht gelingt, dem Jugendlichen die Entscheidung seiner Eltern zu erläutern oder wenn diese nicht seinen Bedürfnissen entspricht.

582 Vgl. *James/Haugen/Rantalaiho/Marples*, International Journal of Children's Rights 2010, 313 (326).

b) Erfahrungen und Ergebnisse aus der Praxis

Erfahrungsberichte über die Beteiligung von Kindern in der Mediation sowie empirische Studien über die Auswirkungen ihrer Einbeziehung finden sich nur vereinzelt. Vor allem für den deutschsprachigen Raum liegen wenig differenzierte Forschungsergebnisse vor. Im Folgenden sollen die wesentlichen Erkenntnisse aus der Praxis dargestellt werden.

In den Studien zur Mediation finden sich meist, wenn überhaupt, nur Angaben darüber, ob es zu einer Einbeziehung des Kindes gekommen ist. Aussagekräftige Ergebnisse gibt es kaum. Auch wenn es vereinzelt, wie etwa in der Hauptstudie von *Proksch* zu einer Befragung gekommen ist,[583] sind diese Ergebnisse nicht ausreichend, um daraus Handlungsempfehlungen ableiten zu können. Ein Blick auf die Fallzahlen zeigt, dass von der Möglichkeit, das Kind direkt zu beteiligen, zurückhaltend Gebrauch gemacht wird. Im Rahmen einer Mitgliederbefragung der Bundes-Arbeitsgemeinschaft für Familien-Mediation (BAFM) gaben zwar immerhin 42 % der Mitglieder an, dass sie üblicherweise eine direkte Einbeziehung von Kindern im Rahmen der Mediationssitzungen vornehmen, 44 % gaben allerdings auch an, eine Einbeziehung nicht vorzunehmen.[584] Laut der Studie von *Greger* kam es nur in 16 % der Sorgerechts-/Umgangsrechtmediationen zu einer Beteiligung des Kindes.[585] Die direkte Anwesenheit des Kindes oder eines Interessenvertreters in den Mediationssitzungen war nur in drei von 17 Fällen gegeben.[586] Eine weitere Studie der BAFM aus dem Jahre 2004 kommt zu dem Ergebnis, dass weniger Kinder als von den Autoren erwartet in die Mediation tatsächlich einbezogen wurden. Weder mit den Eltern gemeinsam noch alleine fand eine Beteiligung regelmäßig statt.[587] In der Pilotstudie von *Proksch* kam es nur in zwei Fällen (von 27 Mediationen) zu einem Kontakt zwischen Kind und Mediator.[588] In der Hauptstudie hingegen, bei der nach dem Studienaufbau die Einbeziehung von Kindern vorgesehen war, waren die Kinder in 58 % der Fälle in den Sitzungen gemeinsam mit

---

583 *Proksch*, Hauptstudie S. 233 f.

584 *Kiesewetter/Zurmühl*, ZKJ 2012, 80 (81).

585 *Greger*, Pilotstudie Mediation S. 61.

586 *Greger*, Pilotstudie Mediation S. 88.

587 Die Studie differenziert nicht nach weiteren Faktoren, wie etwa Alter des Kindes, Konfliktthemen usw., sodass die Gründe der zurückhaltenden Einbeziehung nur vermutet werden können, vgl. die Anmerkungen des Autorenteams *BAFM e. V.*, Familienmediation in der institutionellen Beratung S. 63. Eine Angabe darüber, welche Beteiligungsrate die Autoren erwartet hätten, fehlt ebenfalls.

588 *Proksch*, Pilotstudie S. 78.

den Eltern zumindest einmal anwesend.[589] Eine ähnliche Zurückhaltung bei der Einbeziehung von Kindern in die Mediation wird auch aus anderen Ländern berichtet. So stellte *Ryrstedt* in ihren in Schweden durchgeführten Studien fest, dass es auch dort nur selten vorkommt, dass der Mediator direkt mit dem Kind spricht.[590]

Zur Rechtfertigung der zurückhaltenden Einbeziehung des Kindes werden vielfältige Gründe genannt. Oft wird darauf verwiesen, dass eine Belastung des Kindes verhindert werden soll. Das Kind solle von dem Konfliktgeschehen und der belastenden Verfahrenssituation ferngehalten und die Entscheidungsfindung solle ihm nicht aufgebürdet werden.[591] Auch die Befürchtung, die Äußerungen und der Wille des Kindes seien ohnehin durch die Eltern beeinflusst, wird als Argument gegen eine Beteiligung des Kindes genannt.[592] Eine unzureichende Ausbildung der beteiligten Professionen in Bezug auf den Umgang mit Kindern wird als weitere Erklärung für die Zurückhaltung angeboten.[593] So stellten *Karle et al.* im Rahmen ihrer Studie über die Anhörung von Kindern im Gerichtsverfahren fest, dass vor allem unausgebildete bzw. unerfahrene Richter von einer Kindesanhörung absehen.[594] *Saposnek* kam bereits 1991 zu dem Ergebnis, dass

---

589 *Proksch*, Hauptstudie S. 97.

590 *Ryrstedt*, International Journal of Law, Policy and the Family 2012, 220 (229). Die Autorin berichtet, dass es in über 90 % der Bezirke in weniger als 25 % der Fälle zu einem direkten Gespräch mit dem Kind kam.

591 Vgl. *Benedek/Brown*, Scheidung S. 47 (die sich gegen eine Einbeziehung von Kindern, die jünger als vierzehn Jahre sind, aussprechen) sowie *Emery*, Va. J. Soc. Pol'y & L. 2002/2003, 164 (165 f.). Für das gerichtliche Verfahren *Karle/Gathmann/Klosinski*, ZKJ 2010, 432 S. 64: In der Befragung gaben 80,3 % der befragten Richter an, dass sie von einer Anhörung absehen würden, weil sie das Kind für zu jung befänden, 26,3 % befürchteten eine zu starke Belastung des Kindes und 75,8 % nannten die Einigung der Eltern als Grund, die Anhörung des Kindes nicht vorzunehmen; vgl. auch die Äußerungen der Vermittler in *Proksch*, Pilotstudie S. 79.

592 *Emery*, Va. J. Soc. Pol'y & L. 2002/2003, 164 (167).

593 In § 5 des MediationsG, der die Aus- und Fortbildung der Mediatoren regelt, wird auf diesen Aspekt nicht eingegangen. Inwieweit eine Regelung durch Rechtsverordnung erfolgen wird (vgl. § 6 MediationsG), bleibt abzuwarten. In der Beschlussempfehlung des Rechtsausschusses zu § 6 findet sich lediglich der Hinweis, dass die zukünftige Rechtsverordnung die Einbeziehung Dritter in die Mediation (z.B. Kinder, Steuerberater, Gutachter) als Ausbildungsinhalt vorsehen sollte (BT-Drs. 17/8058 S. 19). Das Fehlen einer Regelung über die Rolle des Kindes in der Mediation kritisierend, *Kinderrechtekommission des DFGT*, Stellungnahme zum MediationsG.

594 *Karle et al.*, Praxis der Kindesanhörung S. 64 f.

die Ausbildung des Mediators der Faktor war, der die Frage nach der Einbeziehung von Kindern am meisten beeinflusste.[595]

Diametral zu den niedrigen Zahlen tatsächlicher Einbeziehung steht der Wunsch der Kinder, beteiligt zu werden. In der Studie von *Parkinson und Cashmore*[596] äußern 91 % der Kinder den Wunsch, beteiligt zu werden. Als Gründe nannten die Kinder den Wunsch nach Wahrnehmung und Anerkennung der eigenen Interessen (schließlich ginge es um ihr Leben) sowie die Annahme, dass mit ihrer Beteiligung bessere Ergebnisse und Regelungen gefunden werden könnten.[597] In der Hauptstudie von *Proksch* äußerten sich die Kinder, die gemeinsam mit den Eltern in den Sitzungen anwesend waren, überwiegend positiv über ihre Einbeziehung. Sie gaben an, froh darüber zu sein, teilhaben zu können, dass ihnen die entspannte Atmosphäre gefallen habe und sie sich gut vertreten gefühlt hätten. Sie empfanden es als entlastend, dass ihnen erläutert wurde, dass allein die Eltern die Entscheidung treffen. Nur vereinzelt fühlten sich die Kinder durch die Einbeziehung belastet und äußerten, dass sie es besser gefunden hätten, nicht anwesend gewesen zu sein.[598]

Einige Studien beschäftigen sich konkret mit den Auswirkungen der direkten bzw. indirekten Einbeziehung der Kinder. Als wegweisend können die bereits oben dargestellten australischen Studien von *McIntosh et al.* bezeichnet werden. Die anhand einer Studie und Folgestudie erlangten Forschungsergebnisse geben interessante Einblicke, wie die direkte bzw. die indirekte Einbeziehung des Kindes von den Beteiligten empfunden wird. Alle Teilnehmer der ersten Studie (*Child-inclusive und Child-focused*), die sowohl drei Monate als auch ein Jahr nach Abschluss der Mediation zu ihren Erfahrungen befragt wurden, berichteten von einer anhaltenden Reduzierung des Konfliktniveaus. Allerdings hob sich die Gruppe der direkten Einbeziehung durch einige Besonderheiten positiv hervor.[599] Insbesondere die Väter berichteten von einer verbesserten Beziehung zu der Mutter des Kindes und einer höheren Zufriedenheit mit den gefundenen Regelungen. Auch das Mutter-Kind-Verhältnis hat sich der Studie nach durch die direkte Einbeziehung

---

595 *Saposnek*, Mediation Quarterly 1991, 325 (341).

596 *Parkinson/Cashmore*, The voice of a child in family law disputes S. 64: Im Rahmen der Studie wurden 47 Kinder/Jugendliche im Alter zwischen 6 und 18 Jahren befragt, die im letzten Jahr vor der Befragung die Trennung/Scheidung ihrer Eltern miterlebt hatten.

597 *Parkinson/Cashmore*, The voice of a child in family law disputes S. 67 f.

598 *Proksch*, Hauptstudie S. 133 f.

599 Die folgenden Studienergebnisse sind, sofern nicht anders angegeben, *McIntosh/Long*, Studie 2006 S. 7 ff. entnommen.

verbessert bzw. ist gleichbleibend geblieben. Insgesamt entstanden durch die direkte Einbeziehung stabilere Umgangs- und Sorgerechtsvereinbarungen als bei der Gruppe der indirekten Einbeziehung. Die Eltern berichteten von einer besseren Elternbeziehung untereinander.[600] Insbesondere die Väter und die Kinder zeigten eine höhere Zufriedenheit mit den Sorge- und Umgangsregelungen. Insgesamt waren die Familien auch ein Jahr nach Beendigung der Mediation mit den getroffenen Vereinbarungen zufriedener als in der Vergleichsgruppe. Als weitere Besonderheit gaben die Eltern an, dass sie die direkte Rückmeldung über die Wünsche und die Situation ihres Kindes durch den *„Child-consultant"* oder durch das Kind selbst als *„wake up call"* empfunden hätten. Es sei für sie ein Schlüsselerlebnis gewesen, welches sich noch lange auf ihr Verhalten ausgewirkt habe. Besonders positiv empfanden die Väter dieser Vergleichsgruppe, dass durch die unmittelbare Einbeziehung der Kindesinteressen die „Deutungshoheit" der Mütter über das Innenleben der Kinder relativiert wurde. Beiden Elternteilen fiel es durch das unmittelbare Erleben der kindlichen Interessen leichter, eine Regelung zu akzeptieren, die ihren Vorstellungen nicht vollständig entspricht. Die Befragung der Kinder hat ergeben, dass zwei Drittel der *Child-inclusive*-Gruppe von umfassenden positiven Auswirkungen der Mediation auf ihre Familien berichteten, während es in der Vergleichsgruppe, wo die Kinder nur indirekt einbezogen wurden, lediglich 37 % waren.[601] Ihre Einbeziehung bewerteten immerhin 86 % der Kinder selbst als hilfreich und gut, sechs weitere Prozent als in Ordnung und lediglich acht Prozent als nicht hilfreich. Von Schädigungen durch die direkte Einbeziehung berichteten weder Kinder noch Eltern. Ein Jahr nach Beendigung der Mediation bewerteten 61 % der Kinder der *Child-inclusive*-Gruppe die Ergebnisse der Mediation als überwiegend positiv für ihre Familien, bei der Vergleichsgruppe der indirekten Einbeziehung waren es nur 37 %, wobei 41 % sogar von einer Verschlechterung durch die Mediation berichteten. Auch vier Jahre nach Beendigung der Mediation hob sich die Gruppe der direkten Einbeziehung deutlich positiv ab. Der Kontakt und die Beziehung zwischen Eltern und Kindern war stabil, die Eltern waren häufiger in der Lage, Konflikte selbständig zu lösen (weniger Gerichtsverfahren/ erneute Inanspruchnahme von Mediation) und die betroffenen Kinder berichteten von weniger Konflikten zwischen ihren Eltern.[602] Die Autoren ziehen das Resümee, dass bei der direkten Einbeziehung des Kindes im Durchschnitt eine höhere

600 Bei der Befragung der Eltern ein Jahr nach Beendigung der Mediation konnte vor allem seitens der Mütter diese positive Wirkung jedoch nicht mehr festgestellt werden, *McIntosh/Long*, Studie 2006 S. 62.

601 *McIntosh/Long*, Studie 2006 S. 94.

602 *McIntosh/Long/Wells*, Studie 2009 S. 10 f.

Bereitschaft der Eltern bestand, Kompromisse einzugehen. Es seien langanhaltende, auf die Situation der jeweiligen Familien gut abgestimmte Lösungen gefunden worden und die Beziehungen der Familienmitglieder untereinander hätten sich verbessert. Besonders profitiert haben nach der Analyse der Autoren Familien, bei denen das Zusammenwirken als Eltern zu Beginn der Mediation schlecht funktioniert hatte. Eltern, die ihre gemeinsame Elternrolle auch schon vor Beginn der Mediation relativ gut ausübten, erzielten auch durch die indirekte Einbeziehung des Kindes gute Resultate.

Ein eher ernüchterndes Bild zeichnet die bereits dargestellte Studie von *Bell, Cashmore et al.* Diese Studie kam zu dem Ergebnis, dass eine Mediation mit direkter Beteiligung des Kindes keine bedeutenden Vorteile gegenüber den Mediationen aufweist, bei denen die Perspektive des Kindes nur indirekt einbezogen wurde.[603] Nur fünf der vierzehn Eltern, bei denen das Kind direkt beteiligt wurde, gaben in den Interviews an, dass durch die Mediation viele oder alle Probleme gelöst worden seien, während es in der Vergleichsgruppe (indirekte Beteiligung) immerhin dreizehn der neunzehn Eltern waren. Von einer besseren Beziehung zum Ex-Partner berichteten lediglich vier der „*Child-inclusive*-Eltern", jedoch elf der „*Child-focused*-Eltern". Die Wirkung des Feedbackgesprächs mit dem „*Child-consultant*" bewerteten nur wenige Eltern als bedeutend. Überwiegend gaben die Eltern an, durch den „*Child-consultant*" nichts wesentlich Neues über ihr Kind erfahren zu haben. Nur wenige Eltern erzählten, dass sich durch die Rückmeldungen über das Gespräch mit dem Kind ihre Einschätzung des Kindes verändert hätte, sie ihr eigenes Verhalten reflektiert sowie ein besseres Verständnis für die Gefühle des Kindes entwickelt hätten. Jeweils sieben Eltern beider Gruppen gaben an, dass sich das Verhältnis zum Kind verbessert habe. Den Kontakt des Kindes mit dem „*Child-consultant*" bewerteten die Eltern jedoch trotz der zum Teil kritischen Bewertung der Mediation als positiv. Sie berichteten davon, dass ihre Kinder nach dem Gespräch glücklich gewesen seien (fünf Eltern) oder es zumindest für das Kind in Ordnung war (vier Eltern). Die Autoren der Studie kommen zu dem Schluss, dass sich aus der direkten Beteiligung des Kindes kein bedeutender Einfluss auf das Ergebnis und die Auswirkungen der Mediation ergebe. Der Unterschied zu der Studie von *McIntosh et al.*, so mutmaßen die Autoren, könnte darauf zurückzuführen sein, dass in der Studie von *McIntosh et al.*, die Studienteilnehmer freiwillig an der Mediation teilgenommen hätten

603 Die folgenden Ausführungen sind, sofern nicht anders angegeben, *Bell/Cashmore/Parkinson/Single*, International Journal of Law, Policy and the Family 2013, 116 ff. entnommen.

und insgesamt ein höherer Bildungsstandard vorhanden gewesen sei. In der eigenen Studie seien zudem von den Eltern besonders hohe Erwartungen an die Wirkungen der direkten Kindesbeteiligung gestellt worden, sodass es auch schnell zu Enttäuschungen gekommen sei, wenn der gewünschte Erfolg nicht eintrat.

c) Schlussfolgerungen

Aus den bisherigen Forschungsergebnissen lässt sich herausfiltern, dass sich eine Einbeziehung des Kindes – sei es direkt, oder indirekt – positiv auf die Familien auswirken kann.[604] Sowohl die Eltern als auch die Kinder können von der Einbeziehung profitieren.[605] Für Deutschland liegen zu wenig fundierte Forschungsergebnisse vor, um ein deutlich zu präferierendes Verfahren herausstellen zu können. Gute Argumente lassen sich sowohl für die direkte als auch für die indirekte Beteiligung finden. Nach dem derzeitigen Forschungsstand scheint sich die direkte Einbeziehung besonders positiv auf die Familien auszuwirken,[606] auch wenn nicht alle der dargestellten Studienergebnisse diesen positiven Trend unterstützen.

Bei der Wahl der Beteiligungsform sollte bedacht werden, dass nicht in allen Konstellationen eine Anwesenheit des Kindes in den Mediationssitzungen sinnvoll ist. Insbesondere bei jüngeren Kindern oder hochkonflikthaften Eltern ist Vorsicht angebracht. Gleiches gilt bei Familien, bei denen Missbrauch und Gewalt zur Vorgeschichte gehören.[607] Hier bietet es sich an, mit einem externen Interessenvertreter zu arbeiten oder die Methode der indirekten Beteiligung zu wählen. Bei älteren Kindern sollte sowohl mit dem Kind als auch mit den Eltern erörtert werden, ob eine Anwesenheit des Kindes in der Mediationssitzung sinnvoll ist. Bei entsprechender Reife des Kindes sollte es

---

604 Vgl. jedoch *Kostka*, Im Interesse des Kindes S. 513, der davor warnt, alle Hoffnungen auf die direkte Partizipation des Kindes zu legen.

605 Vgl. *Ivanits*, Die Stellung des Kindes S. 172, die davon ausgeht, dass auch die anderen positiven Attribute, die einem Mediationsverfahren zugesprochen werden, im Wesentlichen davon abhängen, ob eine angemessene Kindesbeteiligung erfolgt ist.

606 Die direkte Beteiligung befürwortend *Ivanits*, Die Stellung des Kindes S. 321 f.; *Rafi*, Der Weg zur gemeinsamen Ent-Scheidung S. 92; *Salgo*, FPR 2010, 456 ff.

607 Vgl. *Balloff*, FPR 2012, 216 (219), der eine Beteiligung des Kindes bei zurückliegender Gewalt unter bestimmten Voraussetzungen für möglich hält; kritisch zu einer Mediation in Fällen häuslicher Gewalt sowie bei Kindesmissbrauch *Ivanits*, Die Stellung des Kindes S. 195.

selbst bestimmen dürfen, wie und ob es teilnehmen möchte.[608] Um diese Entscheidung treffen zu können, ist es unerlässlich, das Kind über das Verfahren der Mediation sowie die Vor- und Nachteile seiner möglichen Einbeziehung kindgerecht zu informieren.[609] Die indirekte Einbeziehung sollte immer dann genutzt werden, wenn eine direkte Einbeziehung nicht in Betracht kommt. Sei es, weil das Kind zu jung ist, die direkte Einbeziehung zu belastend wäre oder tatsächliche Hindernisse, wie ein Aufenthalt im Ausland der Teilnahme entgegenstehen. Bei all den positiven Attributen, die der direkten Beteiligung zugesprochen werden, sollte nicht vergessen werden, das es nicht im Sinne des Kindes ist, es um jeden Preis zu beteiligen. Sind die Eltern in der Lage, ihrer Elternverantwortung nachzukommen und eine einvernehmliche und kindgerechte Einigung zu treffen, sollte abgewogen werden, ob der Erkenntnisgewinn durch die Anhörung des Kindes die Belastungen, die für das Kind dadurch entstehen können, aufwiegen. Im Ergebnis kann nur im Einzelfall entschieden werden, welche Beteiligungsform für die jeweilige Familie und insbesondere für das jeweilige Kind die richtige ist.

3. *Beteiligung trotz Einvernehmen?*

Im Rahmen der Diskussion um die Beteiligung des Kindes wird immer wieder die Frage aufgeworfen, ob es einer Beteiligung auch bedarf, wenn sich die Eltern über die kindbezogenen Regelungen einig sind.[610]

Ursprünglich bezog sich diese Diskussion nur auf die auf Einvernehmen zielenden gerichtlichen Verfahren sowie darauf, dass bei Eltern, die keinen Antrag zur elterlichen Sorge stellen, eine Beteiligung des Kindes nicht vorgesehen ist.[611] Mittlerweile hat sich die Diskussion auch auf die außergerichtlichen Verfahren erstreckt. Für die Mediation würde die Annahme, dass ein Einvernehmen die Beteiligung ersetze, bedeuten, dass die Beteiligung des Kindes obsolet wäre.

608 Dies ergibt sich auch aus der der Kommentierung von Art. 12 der UN-Konvention über die Rechte des Kindes, vgl. (UN) CRC/C/GC/12 Abs. 35.

609 Vgl. (UN) CRC/C/GC/12 Abs. 26.

610 Vgl. zu der Diskussion *Ivanits*, Die Stellung des Kindes S. 133 ff.

611 Diese Situation kritisierend *Salgo*, IzKK-Nachrichten 2009, 25 ff., der darin einen Verstoß gegen Art. 12 UN-KRK sieht und eine altersadäquate Beteiligung unabhängig von formalen Anträgen fordert.

Die positiven Wirkungen, die ein elterliches Einvernehmen auf das Kind haben kann, wurden bereits dargestellt.[612] Allerdings darf nicht verkannt werden, dass aus dem Einvernehmen nicht die Garantie für eine kindgerechte Regelung erwächst. Für die Frage nach dem Erfordernis der Kindesbeteiligung folgt daraus, dass ein Einvernehmen nicht die Funktion einer Beteiligung ersetzen kann. Wie oben ausgeführt, entsteht durch die Beteiligung des Kindes ein Perspektivenwechsel und es können viele neue Aspekte in die Abwägung mit einfließen. Dem Kind wird, zumindest bei der direkten Einbeziehung, die Gelegenheit gegeben, sich zu äußern und an der Regelung mitzuwirken.[613] Gleichfalls können die Äußerungen des Kindes als Korrektiv für die elterliche Einigung dienen. Eine Vereinbarung kann sich trotz Einigung der Eltern aus Sicht des Kindes für dieses vollkommen anders darstellen.[614] Die Perspektive des Kindes ist daher unabdingbare Voraussetzung für eine kindgerechte Lösung und kann nicht allein durch einen elterlichen Konsens ersetzt werden.[615]

4. Anspruch des Kindes auf Beteiligung in der Mediation

Das Recht des Kindes auf Beteiligung in Verfahren, die seine Belange betreffen, wird durch verschiedene internationale und nationale Vorschriften geschützt. Zahlreiche Veröffentlichungen zu der Thematik der Kinderrechte unterstreichen die Bedeutung der Kindesbeteiligung[616] Das Hauptaugenmerk wird bei den Ausführungen auf die Beteiligung des Kindes in Gerichts- oder Verwaltungsverfahren gelegt.[617] In jüngster Zeit wurde der Fokus aber auch ver-

612 Vgl. oben § 4 B. I.

613 Dies bestätigt der Gesetzgeber in § 1626 Abs. 2 S. 2 BGB. Er fordert, dass die Meinung und der Wille des Kindes auch bei Einigung der Eltern Beachtung finden müssen.

614 *Salgo*, FPR 2010, 456 (457).

615 So auch *Coester* in Lipp et al., Familienrechtliches Forum Göttingen, S. 49, der zu Recht fragt, wo die Rechtssubjektivität des Kindes bleibe, wenn es bei der Erarbeitung einvernehmlicher Lösungen nicht einbezogen werde; *Kostka*, Im Interesse des Kindes S. 501; *Ivanits*, ZKJ 2012, 98 (99); *Salgo*, FPR 2010, 456.

616 Vgl. z.B. *Baer/Marx*, FamRZ 1997, 1185 ff.; *Dethloff/Maschwitz*, FPR 2012, 190 ff.; *Koritz*, FPR 2012, 212 ff. *Maywald*, IzKK-Nachrichten 2009, 4 ff.; *Sebastian Sedlmayr*, IzKK-Nachrichten 2009, 10 ff. Aufgrund des bereits umfangreich bestehenden Schrifttums zu diesem Themenbereich soll an dieser Stelle auf eine Wiedergabe der einzelnen Hintergründe verzichtet werden.

617 Für eine Übersicht vgl. *Ivanits*, Die Stellung des Kindes S. 41–82 sowie *Salgo*, IzKK-Nachrichten 2009, 25.

stärkt auf die Beteiligungsrechte von Kindern in außergerichtlichen Verfahren gerichtet.[618]

Werden in der Mediation Regelungen erarbeitet, die das Leben des Kindes unmittelbar betreffen, stellt sich die Frage, ob in diesen Fällen ein Anspruch[619] des Kindes auf Beteiligung besteht – oder bestehen sollte.

a) Überlegungen de lege lata

Auf internationaler und europäischer Ebene wird das Recht des Kindes auf Beteiligung in außergerichtlichen Verfahren durch Art. 24 Abs. 1 S. 2 und 3 der Charta der Grundrechte der EU (GRC) über die Rechte der Kinder sowie in Art. 12 der UN-Kinderrechtskonvention gesichert. In Art. 24 Abs. 1 S. 2 und 3 der GRC heißt es zu den Rechten der Kinder: *„Sie können ihre Meinung frei äußern. Ihre Meinung wird in den Angelegenheiten, die sie betreffen, in einer ihrem Alter und ihrem Reifegrad entsprechenden Weise berücksichtigt"*. Art. 12 UN-KRK lautet:

> *„(1) Die Vertragsstaaten sichern dem Kind, das fähig ist, sich eine eigene Meinung zu bilden, das Recht zu, diese Meinung in allen das Kind berührenden Angelegenheiten frei zu äußern, und berücksichtigen die Meinung des Kindes angemessen und entsprechend seinem Alter und seiner Reife. (2) Zu diesem Zweck wird dem Kind insbesondere Gelegenheit gegeben, in allen das Kind berührenden Gerichts- oder Verwaltungsverfahren entweder unmittelbar oder durch einen Vertreter oder eine geeignete Stelle im Einklang mit den innerstaatlichen Verfahrensvorschriften gehört zu werden"*.

Aus der Kommentierung der UN-Konvention ergibt sich, dass die Beteiligungsrechte des Kindes über den Wortlaut hinaus auch in den Verfahren der alternativen Streitbeilegung gelten.[620]

Allerdings begründet nach derzeitigem Stand die UN-KRK keine unmittelbare Geltung für nationale Sachverhalte in Deutschland und kein damit verbundenes Individualbeschwerderecht.[621] Auch die Charta der Grundechte der

---

618 Vgl. z.B. *Balloff*, FPR 2012, 216 ff.; *Kinderrechtekommission des DFGT*, Stellungnahme zum MediationsG.

619 Wichtig ist es, hier von einem Anspruch des Kindes zu sprechen. Das Recht auf Beteiligung sollte keinesfalls zu einer Verpflichtung zur Entscheidung oder zur Übernahme von Verantwortung führen, vgl. auch *Emery*, Renegotiating Family Relationships S. 159.

620 (UN) CRC/C/GC/12 Abs. 32.

621 Vgl. hierzu den aktuellen Beschluss des OVG Lüneburg vom 02.10.2012, NVwZ-RR 2013, 165. Zwar hat Deutschland im November 2012 einstimmig die Ratifizierung des 3. Fakultativprotokolls zur UN-KRK verabschiedet, welches ein Individualbeschwerderecht des Kindes zum UN-Ausschuss in Genf vorsieht (vgl.

EU entfaltet keine unmittelbare Drittwirkung – gemäß § 51 Abs. 1 GRC gilt die Grundrechtscharta der EU *„[...] für die Mitgliedstaaten ausschließlich bei der Durchführung des Rechts der Union“*.[622]

Fraglich ist somit, ob die Vorgaben der internationalen Vorschriften auch in nationales Recht umgesetzt wurden.

Im Mediationsgesetz finden sich keine Regelungen zur Beteiligung des Kindes, sodass sich hieraus auch kein Anspruch auf Beteiligung herleiten lässt.[623]

Ein Anspruch des Kindes auf Beteiligung könnte sich jedoch aus Art. 103 GG ergeben. Nach dieser verfassungsrechtlichen Vorschrift hat *„vor Gericht jedermann Anspruch auf rechtliches Gehör“*. Auf die Partei- oder Geschäftsfähigkeit kommt es dabei nicht an.[624] Eine Anwendung von Art. 103 Abs. 1 GG auf die außergerichtliche/gerichtsnahe Mediation kommt, da Art. 103 Abs. 1 GG ausdrücklich von Gerichtsverfahren spricht, nicht in Betracht. Der außergerichtliche Mediator ist daher an Art. 103 GG nicht gebunden und muss rechtliches Gehör nicht gewähren.[625]

Etwas anderes könnte hingegen für das Mediationsverfahren vor dem Güterichter gelten. Hier liegt ein Gerichtsverfahren vor: *„Das Güterrichterverfahren ist, wie die gesamte richterliche Vergleichstätigkeit, dem Bereich der Rechtsprechung zuzuordnen“*[626]. Die güterichterliche Mediation könnte trotzdem vom Anwendungsbereich des Art. 103 Abs. 1 GG ausgeschlossen sein. Hintergrund der Regelung des Art. 103 Abs. 1 GG ist, dass bei *„allen Verfahren, bei denen ein neutraler Dritter eine abschließende, objektive Bewertung des Konflikts vornimmt“*,[627] der von der Entscheidung Betroffene sich äußern und Einfluss

---

BT-Drs. 17/10916). Erst, wenn zehn Vertragsstaaten das Fakultativprotokoll ratifiziert und bei der Generalversammlung der Vereinten Nationen hinterlegt haben, tritt es (nach Ablauf einer dreimonatigen Frist) in Kraft.

622 *Dethloff/Maschwitz*, FPR 2012, 190 (192) m.w.N.

623 Diesen Zustand kritisierend *Kinderrechtekommission des DFGT*, Stellungnahme zum MediationsG sowie *Hennessy*, Bonner Rechtsjournal 2012 (Sonderausgabe), 39 (42).

624 *Radtke/Hagemeier* in BeckOK-GG, Art. 103 Rn. 4.

625 So auch *Unberath* in Greger/Unberath, MediationsG, § 2 Rn. 137; a.A. *Hess* in Haft/Schlieffen, Hdb.-Mediation, § 43 Rn. 53 f., der die Anwendbarkeit damit begründet, dass auch der Mediator das Vorbringen der Parteien zur Kenntnis zu nehmen habe und sich dabei argumentativ auf den Grundsatz prozessualer Fairness stützt.

626 *Greger/Weber*, MDR-Sonderheft 2012, 3 (5).

627 *Unberath* in Greger/Unberath, MediationsG, § 2 Rn. 136. Von dem Beteiligungsanspruch des Kindes im Rahmen des § 8 SGB VIII werden hingegen auch vorbereitende Handlungen, z.B. Beratungen erfasst, vgl. *Winkler* in BeckOK-Sozialrecht, § 8 Rn. 3.

auf die Entscheidung nehmen können soll.[628] Im Rahmen der güterichterlichen Verhandlung trifft der Güterichter aber keine Entscheidung. Lediglich die Eltern einigen sich und können über die Gegenstände, die zu ihrer Disposition stehen, einen Vergleich schließen (§ 36 Abs. 5 S. 3 FamFG).[629] Daraus folgt, dass der Güterichter bei Durchführung einer Mediation kein rechtliches Gehör gewähren muss. Die endgültige Entscheidung über weitere Gegenstände, wie den Umgang (§ 156 Abs. 2 FamFG) bzw. die elterliche Sorge (§ 1671 BGB), bleibt dem Prozessgericht vorbehalten.

Aus denselben Erwägungen heraus ist auch ein Anspruch auf Beteiligung aus § 159 FamFG, der die persönliche Anhörung des Kindes im Kindschaftsverfahren regelt, sowohl für die außergerichtliche/gerichtsnahe, als auch für die Mediation vor dem Güterichter abzulehnen. § 159 FamFG bezieht sich, wie Art. 103 Abs. 1 GG, nur auf das gerichtliche Verfahren und soll sicherstellen, dass dem Kind vor der Entscheidung rechtliches Gehör gewährt wird.[630] Die Anhörung des Kindes dient der Sachverhaltsaufklärung für die spätere Entscheidung,[631] ein Aspekt, der bei der Mediation keine Rolle spielt.

Als mögliche Anspruchsgrundlage für die Beteiligung des Kindes in der Mediation kommt weiterhin § 1626 Abs. 2 S. 2 BGB in Betracht. Hiernach wird den Eltern die Pflicht auferlegt, mit dem Kind, soweit es seinem Entwicklungsstand nach angezeigt ist, Fragen der elterlichen Sorge zu besprechen und Einvernehmen anzustreben. Diese *„Pflicht zur Diskussionsbereitschaft und zum Bemühen um Einvernehmen“*[632], das sog. *„Gebot zur Gesprächsbereitschaft“*,[633] verfolgt den Zweck, dem Kind zu verdeutlichen, warum seine Eltern die jeweilige Entscheidung anstreben. Im Sinne eines partnerschaftlichen Erziehungsstils sollen die wachsenden Fähigkeiten des Kindes dabei berücksichtigt werden.[634]

Ein konkreter Anspruch des Kindes auf Beteiligung in der Mediation ergibt sich daraus nicht. § 1626 Abs. 2 S. 2 BGB beinhaltet weder eine *„Generalklausel für ein allgemeines Mitentscheidungsrecht des Kindes“*[635] noch ist vorgegeben, wie die Eltern ihrer Verpflichtung nachkommen sollen. Wann und in welcher

628 *Radtke/Hagemeier* in BeckOK-GG, Art. 103 Rn. 1.
629 *Burschel* in BeckOK-FamFG, § 36 Rn. 60.
630 *Schumann* in MüKo-FamFG, § 159 Rn. 1.
631 *Schlünder* in BeckOK-FamFG, § 159 Rn. 1.
632 *Huber* in MüKo-BGB, § 1626 Rn. 66.
633 *Huber* in MüKo-BGB, § 1626 Rn. 66.
634 *Veit* in BeckOK-BGB, § 1626 Rn. 32.
635 *Götz* in Palandt, BGB, § 1626 Rn. 23; zustimmend *Huber* in MüKo-BGB, § 1626 Rn. 66; *Veit* in BeckOK-BGB, § 1626 Rn. 32.

Form sie ihr Kind beteiligen, d.h., wie sie das durch § 1626 Abs. 2 S. 2 BGB vorgegebene Leitbild umsetzten, bleibt ihnen überlassen. Gegen einen konkreten Beteiligungsanspruch spricht zudem, dass sich aus § 1626 Abs. 2 BGB keine Rechtsfolgen oder Sanktionen ableiten lassen. Das Leitbild des partnerschaftlichen Erziehungsstils kann gerichtlich nicht durchgesetzt werden.[636] Die Einhaltung der Verpflichtung aus § 1626 Abs. 2 BGB unterliegt bis zur Grenze der Kindeswohlgefährdung keiner Kontrolle durch den Staat.[637] Lediglich bei schweren Verstößen können gerichtliche Sanktionen nach § 1666 BGB erlassen werden.[638]

Allerdings könnte sich aus den Regelungen des SGB VIII ein Anspruch des Kindes auf Beteiligung in der Mediation ergeben. Nach § 8 SGB VIII besteht für den öffentlichen Jugendhilfeträger[639] die Pflicht, das Kind – je nach Entwicklungsstand – an den Entscheidungen der Jugendhilfe zu beteiligen. In § 17 Abs. 2 HS. 1 SGB VIII wird der Beteiligungsanspruch aus § 8 SGB VIII konkretisiert und die angemessene Beteiligung bei der Entwicklung eines einvernehmlichen Konzeptes für die Wahrnehmung der elterlichen Sorge und elterlichen Verantwortung vorgeschrieben. Zur Entwicklung des einvernehmlichen Konzeptes kann auch die Methode der Mediation angewendet werden.[640] Ob die Methode der Mediation gewählt wird, steht im Ermessen des Kinder- und Jugendhilfeträgers. Voraussetzung ist nur, dass ein fachlich anerkanntes Verfahren zum Einsatz kommt.[641] Allerdings kann sich das Ermessen auf die Methode der Mediation verengen, falls diese als einzige Aussicht auf Erfolg bietet.[642] Wird durch die Kinder- und Jugendhilfeträger das Verfahren der Mediation angeboten, muss das Kind angemessen beteiligt werden. Allein in dieser Konstellation hat das Kind einen Anspruch auf Beteiligung an einer Mediation.[643]

---

636 *Huber* in MüKo-BGB, § 1626 Rn. 62.

637 *Ivanits*, ZKJ 2012, 98 (99).

638 *Veit* in BeckOK-BGB, § 1626 Rn. 33.

639 Freie Träger, die Leistungen der öffentlichen Träger übernehmen, verpflichten sich vor Übernahme vertraglich dazu, die Beteiligungsrechte des Kindes zu wahren, vgl. *Winkler* in BeckOK-Sozialrecht, § 8 Rn. 5.

640 *Struck* in Wiesner, SGB VIII, § 17 Rn. 30.

641 *Struck* in Wiesner, SGB VIII, § 17 Rn. 29.

642 *Riehle*, ZfJ 2003, 418 (423); zustimmend *Struck* in Wiesner, SGB VIII, § 17 Rn. 29.

643 Angaben darüber, wie viele Mediationen deutschlandweit im Rahmen des § 17 Abs. 2 SGB VIII durchgeführt werden, gibt es nicht. Insgesamt dürfte die Zahl, da wahrscheinlich viele Mitarbeiter der Kinder- und Jugendhilfeträger eher in den klassischen Beratungsmethoden ausgebildet sind, nicht allzu hoch sein. Auch die Beteiligung der Kinder scheint niedrig zu sein. In der Begründung der

Eine entsprechende Anwendung der Beteiligungsvorschriften des SGB VIII auf Mediationen, die von freiberuflichen Mediatoren angeboten werden, ist nicht geboten. Im Unterschied zu einem freiberuflichen Mediator ist die Kinder- und Jugendhilfe als Verwaltungsträger an das Rechtsstaatsprinzip gebunden und somit verpflichtet, die Beteiligungsmöglichkeit zu gewähren.[644]

b) Überlegungen de lege ferenda

Von der Mediation im Rahmen des § 17 Abs. 2 SGB VIII abgesehen, fehlt es auf nationaler Ebene an einem normierten Beteiligungsanspruch des Kindes. Da ein Kind jedoch gleichermaßen von der Trennung seiner Eltern betroffen ist, unabhängig davon, in welchem Rahmen diese Regelungen für seine Zukunft treffen, drängt sich die Frage nach einem gesetzgeberischen Handlungsbedarf auf.

Für einen Handlungsbedarf spricht, dass das Kind ansonsten mangels eines normierten Beteiligungsanspruches[645] in der Mediation schlechter gestellt wäre als in einem regulären Kindschaftsverfahren.[646] Zwar bestehen Beteiligungsrechte des Kindes, wenn sich die Eltern z.B. zwecks gerichtlicher Billigung (§ 156 Abs. 2 FamFG) an das Prozessgericht wenden,[647] ein adäquater Ersatz sind diese allerdings nicht. Unabhängig davon, dass es auch im gerichtlichen Verfahren oftmals nicht zu einer Beteiligung des Kindes kommt,[648] findet zu diesem

---

Folgeänderungen des Kindschaftsreformgesetzes wird als Grund der Neufassung des § 17 Abs. 2 SGB VIII die unzureichende und variierende Beteiligung des Kindes genannt, RegE-KindRG, BT-Drs. 13/4899 S. 163.

644 *Ivanits*, Die Stellung des Kindes S. 70.

645 Der Beteiligungsanspruch im Rahmen des SGB VIII ist aufgrund seines begrenzten Anwendungsbereichs kein adäquater Ersatz und soll deshalb bei der weiteren Diskussion nicht weiter berücksichtigt werden.

646 *Ivanits*, ZKJ 2012, 98 (103); auf das Risiko einer Schlechterstellung des Kindes ebenfalls hinweisend *Peschke*, Familienmediation bei Trennung S. 239; *Rafi*, Der Weg zur gemeinsamen Ent-Scheidung S. 93; zustimmend ebenfalls *Hennessy*, Bonner Rechtsjournal 2012 (Sonderausgabe), 39 (42), die es als wesentliches Versäumnis des Gesetzgebers ansieht, dass im Rahmen des Mediationsgesetzgebungsverfahrens nicht die Beteiligungsrechte des Kindes normiert worden sind.

647 Vgl. *Schumann* in MüKo-FamFG, § 156 Rn. 14 f., der sich für eine regelmäßige Anhörung des Kindes vor Billigung des Umgangsvergleiches ausspricht. Das Fehlen einer entsprechenden Regelung in § 156 FamFG wird auch durch *Salgo* kritisiert: *„Warum sieht das Gesetz nicht unmissverständlich eine echte Mitsprache des Kindes bereits am Zustandekommen des Einvernehmens vor?"* *Salgo*, FPR 2010, 456 (457 f.).

648 Vgl. hierzu den Abschlussbericht zur Kindesanhörung von *Karle/Gathmann/Klosinski*, ZKJ 2010, 432 ff.

Zeitpunkt nur noch eine Ergebniskontrolle statt.[649] Bei der Entwicklung des Ergebnisses, der Genese der Vereinbarung, ist die Beteiligung des Kindes dadurch nicht verfahrensrechtlich gesichert.[650]

Um die rechtliche Stellung des Kindes auch bei der Entwicklung der einvernehmlichen Regelung zu stärken, sollte eine gesetzliche Anpassung vorgenommen werden. Diese könnte wie folgt lauten:

„Mediation in Kindschaftssachen

1. *Der Mediator hat in Verfahren, die die Belange eines Kindes oder Jugendlichen betreffen, sicherzustellen, dass die Bedürfnisse und Interessen des Kindes oder des Jugendlichen in der Mediation ausreichend Berücksichtigung finden.*
2. *Der Mediator hat eine angemessene Beteiligung des Kindes oder des Jugendlichen sicherzustellen. Umfang und Art der Beteiligung sind mit den Beteiligten zu besprechen. Wenn es dem Wohl des Kindes/Jugendlichen entspricht, soll der Mediator eine direkte Beteiligung anregen.*
3. *Soweit es zur Wahrnehmung der Interessen des minderjährigen Kindes erforderlich ist, kann der Mediator bei Gericht beantragen, dass ein Verfahrensbeistand für die Interessenvertretung des Kindes in der Mediation bestellt wird. Der Antrag bedarf der Zustimmung der Mediationsparteien.“*

Systematisch sinnvoll wäre es, die Neuregelung als § 2a MediationsG aufzunehmen, um einen Bezug zu dem Verfahren und den Aufgaben des Mediators herzustellen. Alternativ könnte § 2 MediationsG um einen Absatz 7 ergänzt werden.

Der Verzicht auf eine Altersgrenze und die Wahl der Formulierung *„angemessene Beteiligung“* ermöglichen eine *„altersspezifische, der Einsichts- und Belastungsfähigkeit des Kindes oder des Jugendlichen entsprechende Einbeziehung“*[651]. Dem Mediator wird aufgegeben, Art und Umfang der Beteiligung mit den Beteiligten,

---

649 Vgl. *Rauscher*, FamFR 2010, 28 (31): *„Es bleibt gleichwohl der erhebliche Unterschied, dass die im familiengerichtlichen Verfahren oder die unter Mitwirkung des Verfahrensbeistandes stattfindenden Einigungsbemühungen auch in ihrer Genese beeinflussbar sind, was bei einer das Kind und den Verfahrensbeistand nicht ausreichend integrierenden Mediation nicht der Fall ist.“*

650 Für eine gesetzlich vorgeschriebene Beteiligung des Kindes im Mediationsverfahren, siehe *Kinderrechtekommission des DFGT*, Stellungnahme zum MediationsG. Ebenfalls kritisch *Ivanits*, ZKJ 2012, 98 (103), die vorschlägt, dass das Gericht bei der Billigung auch prüfen soll, ob das Kind ausreichend in der Mediation beteiligt wurde und fordert, dass dieses ggf. die Beteiligung nachzuholen habe.

651 So zu der entsprechenden Formulierung in § 17 SGB VIII vgl. *Struck* in Wiesner, SGB VIII, § 17 Rn. 27a.

d.h. insbesondere mit den Eltern, dem Kind und den Interessensvertretern des Kindes zu besprechen. Dadurch soll dem Charakter der Mediation entsprochen werden. Diese ist, wie bereits ausgeführt, ein Verfahren, welches erheblich durch die Autonomie der Parteien geprägt ist und sich in der Ausgestaltung an deren Bedürfnissen orientiert. Mit Abs. 2 S. 3 der oben vorgeschlagenen Regelung soll die direkte Einbeziehung des Kindes gefördert werden.[652] Der Mediator soll angehalten werden, zuerst die direkte Einbeziehung anzuregen und erst, wenn diese nicht in Betracht kommt, die indirekte Einbeziehung. Durch den Zusatz, *„wenn es dem Wohl des Kindes entspricht"* soll dem Umstand Rechnung getragen werden, dass nicht in jeder Konstellation eine direkte Einbeziehung förderlich ist.[653] Die Neuregelung ist als Verhaltenspflicht des Mediators ausgestaltet. Dieser wird in die Pflicht genommen, die Vor- und Nachteile der Beteiligungsformen (direkt/indirekt) im konkreten Einzelfall abzuwägen und diese mit den Eltern und dem Kind (bei entsprechender Reife) zu erörtern. Für das Kind resultiert aus der Neuregelung ein Anspruch auf *„angemessene Beteiligung"*, nicht jedoch auf eine unmittelbare Anwesenheit in der Mediation bzw. eine direkte Einbeziehung.[654] Mit der Antragsmöglichkeit des Abs. 3 der oben vorgeschlagenen Regelung soll eine Inanspruchnahme eines Verfahrensbeistandes unabhängig von einem gerichtlichen Verfahren ermöglicht werden.[655]

Sollte die Neuregelung eingeführt werden, dann ist anzunehmen, dass die Beteiligung des Kindes in der Mediation von einem Ausnahmetatbestand zum Regelfall wird. Der Mediator müsste zukünftig nicht mehr überlegen, ob ausnahmsweise ein Kind einbezogen wird, sondern ob ausnahmsweise eine Konstellation vorliegt, in der von einer Beteiligung abzusehen ist. Durch dieses Umdenken würde die Beteiligung des Kindes allmählich zu einer Selbstverständlichkeit werden. Die Neuregelung würde nicht nur den Anforderungen von Art. 12 UN-KRK und Art. 24 Abs. 1 S. 2, 3 GRC genügen, sondern auch ein klares (und rechtspolitisch wichtiges) Bekenntnis zu der Subjektstellung des Kindes darstellen. Für den Praktiker und die Ausbildungsinstitute würde der Aspekt der Kindesbeteiligung in den Fokus gerückt werden.

Für das Güterichterverfahren in Kindschaftssachen (§ 36 Abs. 5 FamFG) könnte überlegt werden, ob auch hier eine Regelung über die Beteiligung des

---

652 Das Präferieren der direkten Einbeziehung resultiert aus der obigen Abwägung, § 5 B. IV. 2. c).

653 Vgl. hierzu § 5 B. IV. 2.

654 Zu der Frage nach dem elterlichen Zustimmungserfordernis bei der direkten Einbeziehung des Kindes vgl. § 5 B. IV. 5. a) dieser Arbeit.

655 Vgl. hierzu bereits § 5 B. III. 1. e) bb).

Kindes aufgenommen werden sollte. Zum einen könnte § 159 FamFG auch für das Verfahren vor dem Güterichter für anwendbar erklärt werden, zum anderen könnte auf die vorgeschlagene Regelung für die Mediation in Kindschaftssachen verwiesen werden oder eine Neuregelung formuliert werden. Bei Änderungen im Bereich des Güterichterverfahrens besteht allerdings die Schwierigkeit, dass diese unmittelbar in das Gesamtsystem des FamFG eingebettet werden müssen. Es muss darauf geachtet werden, dass die bestehenden Beteiligungsvorschriften nicht der Neuregelung widersprechen und Doppelanhörungen des Kindes vermieden werden. Außerdem müssen die Methodenvielfalt und der z.T. begrenzte Zeitrahmen der güterichterlichen Verhandlung berücksichtigt werden. Nichtsdestotrotz sollte auch hier die Stellung des Kindes gestärkt werden. Zu empfehlen ist daher eine Verweisung auf § 159 FamFG in § 36 Abs. 5 FamFG. Dieser könnte ausdrücklich für entsprechend anwendbar erklärt werden. Hat der Güterichter das Kind angehört, dürfte eine erneute Anhörung durch das Prozessgericht entbehrlich sein. Darüber hinaus könnte in der Ausbildung der Güterichter, die in Familiensachen tätig werden, verstärkt der Fokus auf die Beteiligung von Kindern gelegt werden. Sie sollten ermutigt werden, Kinder an der Mediation zu beteiligen und ihnen sollte das erforderliche Hintergrundwissen vermittelt werden.

5. *Rechtliche Fragestellungen bei der Einbeziehung des Kindes*

Wie bei der Beteiligung Dritter stellt sich auch bei der Einbeziehung des Kindes die Frage, wer der Beteiligung zustimmen muss und wie es um den Schutz der Vertraulichkeit steht.

a) Zustimmungserfordernis

Außer Frage steht, dass eine Beteiligung des Kindes nur sinnvoll ist, wenn das Kind einverstanden ist und eine Kontaktaufnahme nicht anhaltend ablehnt.[656] Fraglich ist, ob die Eltern der Einbeziehung – wie etwa in Australien[657] –

656 *Balloff*, FPR 2012, 216 (219) sowie (UN) CRC/C/GC/12 Abs. 22, wo ausgeführt wird, dass das Recht des Kindes auf Beteiligung auch bedeutet, dass das Kind sich dafür entscheiden kann, sich nicht zu äußern.

657 *Parkinson/Cashmore*, The voice of a child in family law disputes S. 45; vgl. für England, Nummer 5.7.3. des Code of Practice des Family Mediation Council, nach dem ebenfalls die Zustimmung der Eltern und die des Kindes Voraussetzung sind, abzurufen unter http://www.familymediationcouncil.org.uk/5.html. (letzter Zugriff am 06.06.2013) sowie für Amerika die Model Standards AFCC. Nach Standard VIII D) sollen die Kinder, von Ausnahmen abgesehen, nicht ohne die Zustimmung der Eltern und des gerichtlichen Interessensvertreters an der Mediation teilnehmen.

zustimmen müssen, oder ob der Mediator – wie etwa in Kalifornien[658] – darüber entscheiden kann, ob er mit dem Kind spricht.

aa) Bestehen eines Zustimmungserfordernisses

Im MediationsG finden sich zu der Beteiligung des Kindes keine Regelungen. Allerdings könnte sich aus § 2 Abs. 4 MediationsG ein Zustimmungserfordernis ergeben, welches auch für die Einbeziehung des Kindes gilt. Nach § 2 Abs. 4 MediationsG können *„[...] Dritte nur mit Zustimmung aller Parteien in die Mediation einbezogen werden"*. Ein Zustimmungserfordernis würde somit bestehen, wenn das Kind *„Dritter"* im Sinne der Norm ist. Wer Dritter im Sinne der Norm ist, wird unterschiedlich beurteilt. *Unberath* sieht von dem Begriff alle Personen erfasst, die nicht am Mediatorvertrag beteiligt sind, jedoch zur Aufklärung beitragen können oder vom Konflikt betroffen sind.[659] *Pielsticker* hingegen definiert *„Dritte"* als *„Personen, die nicht unmittelbar von der Mediation oder von dem Ergebnis der Mediation betroffen sind"*.[660] Die Gesetzesbegründung spricht lediglich von *„weiteren Personen"* und nennt beispielhaft Rechtsanwälte und Parteivertreter.[661] Aufgrund ihrer vergleichbaren Stellung dürften auch externe Berater, Gutachter und Sachverständige als Dritte zu qualifizieren sein. Folgt man der ersten Ansicht, würde das Zustimmungserfordernis auch für das Kind gelten, da dieses nicht Partei des Mediatorvertrages ist. Nach der zweiten Ansicht wäre das Kind hingegen nicht erfasst, da es unmittelbar von dem Ergebnis der Mediation betroffen ist. Es dürfte dann ohne Zustimmung der Parteien an der Mediation teilnehmen. Vorzugswürdig erscheint die erste Ansicht. Diese bietet mit der Frage, ob jemand Partei des Mediatorvertrages ist, ein objektives Kriterium zur Abgrenzung und ermöglicht eine einheitliche Handhabung. Allerdings stellt sich die Frage, ob es dem Sinn und Zweck des in § 2 Abs. 4 MediationsG normierten Zustimmungserfordernisses entspricht, das Kind als Dritten zu qualifizieren. Das Kind nimmt bei genauerer Betrachtung eine Sonderstellung ein. Es ist zwar formal betrachtet nicht Partei des Mediatorvertrages, jedoch so unmittelbar von der Regelung betroffen, dass es eine vergleichbare Stellung einnimmt. Seine Situation ist nicht mit der eines externen Dritten, wie etwa einem Berater, vergleichbar. Die Zielsetzung des Zustimmungserfordernisses, die

658 Vgl. California Family Code Section 3180.

659 *Unberath* in Greger/Unberath, MediationsG, § 2 Rn. 133. Zu dem Begriff *Mediatorvertrag* vgl. Fn. 66 dieser Arbeit.

660 *Pielsticker* in Fritz/Pielsticker, MediationsG, § 2 Rn. 104.

661 Vgl. *Begr.* RegE-MediationsG, BT-Drs. 17/5335 S. 15.

Vertraulichkeit der Mediation zu schützen,[662] besteht gegenüber dem Kind nicht im gleichen Maße. Vielmehr sind andere Erwägungen ausschlaggebend, wenn es um die Einbeziehung des Kindes geht. Es geht um den Schutz des Kindes vor Belastungen, die Wahrnehmung von elterlicher Verantwortung und die Frage, wie den Interessen und Bedürfnissen des Kindes Raum in der Mediation gegeben werden kann. § 2 Abs. 4 MediationsG ist nicht darauf ausgerichtet, dieser besonderen Situation Rechnung zu tragen. Das Kind sollte daher von dem Anwendungsbereich dieser Regelung ausgenommen werden.

Zur Beantwortung der Frage, ob in der Mediation für die Einbeziehung des Kindes ein Zustimmungserfordernis besteht, könnten die Regelungen zur gerichtlichen Anhörung des Kindes sowie die Vorschriften im SGB VIII weitere Anhaltspunkte liefern. Im Rahmen einer gerichtlichen Anhörung des Kindes bedarf es der Zustimmung der Eltern nicht. Ebenso kann eine Beratung nach § 8 Abs. 3 SGB VIII von dem Kind ohne Einwilligung der Eltern wahrgenommen werden. Ob die Beteiligungsrechte des Kindes nach § 8 Abs. 1 SGB VIII von der elterlichen Zustimmung abhängen, wird unterschiedlich beantwortet. Während *Wiesner*[663] davon ausgeht, dass die Verpflichtung aus § 8 SGB VIII unabhängig von dem elterlichen Willen besteht und die Befugnis begründet, das Kind auch ohne Zustimmung der Eltern anzuhören, halten *Winkler*[664] und *Tillmanns*[665] eine Anhörung gegen den Willen der Erziehungsberechtigten nur für möglich, wenn ohne die Beteiligung des Kindes das Wohl des Kindes gefährdet ist und das Jugendamt in Ausübung seines staatlichen Wächteramts handelt.

Allerdings sind sowohl das gerichtliche Verfahren, als auch die Arbeit der Kinder- und Jugendhilfe nicht mit einer außergerichtlichen Mediation vergleichbar. Weder hat der Mediator staatliche Befugnisse, um sich gegen eine Weigerung der Eltern durchzusetzen, noch liegt eine durch eine besondere Not- oder Konfliktlage begründete Ausnahme, wie im Fall des § 8 Abs. 3 SGB VIII, vor. Vielmehr ergibt sich aus dem elterlichen Erziehungsrecht, dass der Mediator als privatrechtlich tätig werdender Dritter nicht ohne Einwilligung der Eltern direkten Kontakt zu dem Kind aufnehmen darf.[666] Zur elterlichen Sorge gehört es, dass die Eltern über den Umgang des Kindes mit Dritten bestimmen können (§ 1626 i.V.m. § 1632 Abs. 2 BGB). Gegenüber Dritten kann ein Umgangsverbot

662 Vgl. *Begr.* RegE-MediationsG, BT-Drs. 17/5335 S. 15.

663 *Wiesner* in Wiesner, SGB VIII, § 8 Rn. 33.

664 *Winkler* in BeckOK-Sozialrecht, § 8 Rn. 9.

665 *Tillmanns* in MüKo-BGB, § 8 SGB VIII Rn. 4.

666 *Rafi*, Der Weg zur gemeinsamen Ent-Scheidung S. 94.

erteilt werden – zumindest bis zur Grenze des Umgangsrechts des Kindes sowie bis zur Schranke des § 1666 BGB.[667]

Für das Bestehen eines Zustimmungserfordernisses spricht außerdem, dass die Mediation ein konsensuales Verfahren ist und die Parteien das Verfahren nach ihrer Vorstellung gestalten können. Die Eltern sollen bei der Wahrnehmung von Elternverantwortung unterstützt werden.[668] Zu der Wahrnehmung von Elternverantwortung gehört es auch, dass die Eltern darüber bestimmen, mit wem das Kind Kontakt hat und inwieweit es an einem Verfahren teilnimmt. Hinzu kommt, dass die positiven Wirkungen, die eine Kindesbeteiligung mit sich bringt, wohl kaum wirken, wenn die Eltern die Beteiligung des Kindes ablehnen, das Kind dadurch in erhebliche Konflikte kommt und sich nicht frei äußern kann.[669]

Somit gilt für die Mediation, dass eine Zustimmung der Eltern für die Beteiligung des Kindes erforderlich ist.[670]

bb) Rechtliche Bewertung und Schlussfolgerungen

Nimmt man ein Zustimmungserfordernis der Eltern für die Beteiligung des Kindes in der Mediation an, stellt sich die Frage, wie sich die Weigerung der Eltern, einer Einbeziehung zuzustimmen, auswirkt. Der Mediator kann sich aufgrund seiner Stellung als Privatdienstleister nicht auf das staatliche Wächteramt berufen und eine Anhörung/Beteiligung des Kindes erzwingen.

Vereinzelt wird vertreten, dass in der verweigerten Zustimmung der Eltern zu einer Beteiligung des Kindes eine Kontraindikation für das Mediationsverfahren zu sehen ist.[671] Konsequenterweise müsste der Mediator, folgt man dieser Ansicht, sodann die Mediation abbrechen. Sinnvoller erscheint jedoch ein differenzierteres Vorgehen: Hält der Mediator die direkte Einbeziehung des Kindes

---

667 *Huber* in MüKo-BGB, § 1632 Rn. 62 ff.

668 Vgl. *Schoffer*, Family Court Review 2005, 323 (326), die darauf hinweist, dass es bei der Beteiligung des Kindes nicht nur um die Verwirklichung der Rechte des Kindes, sondern auch um eine Stärkung (*Empowerment*) der Familie gehe.

669 Vgl. *Krabbe/Diez*, ZKM 2001, 219 (221), die eine Einbeziehung gegen den Willen der Eltern ablehnen, da das Kind in Loyalitätskonflikte gerate und sich ein solches Vorgehen zudem negativ auf die Psychodynamik der Mediation auswirke.

670 Für ein Zustimmungserfordernis *Balloff*, FPR 2012, 216 (219); *Kostka* in Hdb.-Verfahrensbeistandschaft, Rn. 947. Auch in Australien ist die Zustimmung der Eltern Grundvoraussetzung, vgl. *Bell/Cashmore/Parkinson/Single*, International Journal of Law, Policy and the Family 2013, 116 (117); a.A. *Ivanits*, ZKJ 2012, 98 (103) und *Salgo*, FPR 2010, 456 (457), die in dem Zustimmungserfordernis einen Verstoß gegen Art. 12 UN-KRK sehen.

671 *Ivanits*, ZKJ 2012, 98 (103).

für angebracht, sollte er die Einbeziehung anregen und erläutern, warum er eine Einbeziehung befürwortet und wie diese abläuft. Sollten die Eltern trotzdem eine direkte Beteiligung des Kindes ablehnen, sollte der Mediator je nach Einzelfall entscheiden, wie er weiter verfährt. Eine Verfahrensbeendigung sollte nicht unreflektiert erfolgen. Bei einer Weigerung der Eltern muss der Mediator überlegen, ob er die Interessenvertretung des Kindes durch andere Maßnahmen, z.B. eine indirekte Einbeziehung, sicherstellen kann.[672] Als Minimallösung ist es möglich, die Mediation auf Teile zu begrenzen, die das Kind nicht unmittelbar betreffen. Handelt es sich um Aspekte, die einer gerichtlichen Genehmigung bedürfen oder nicht zur Disposition der Eltern stehen, sollte der Mediator dem Gericht eine Mitteilung machen, dass es nicht zu einer direkten Beteiligung des Kindes gekommen ist. Das Gericht hat die Möglichkeit, die Beteiligung nachzuholen. Damit der Mediator durch die Mitteilung an das Gericht nicht gegen seine Verschwiegenheitspflicht verstößt, sollte der oben vorgeschlagene § 2a bzw. 2 Abs. 7 MediationsG wie folgt ergänzt werden:

> *„Der Mediator kann das Gericht darüber informieren, ob es in der Mediation zu einer direkten Beteiligung des Kindes oder des Jugendlichen gekommen ist.“*

Erst wenn der Mediator nicht (mehr) sicherstellen kann, dass die Interessen des Kindes ausreichend und angemessen Berücksichtigung in der Mediation finden, sollte er die Mediation beenden.

Um das Zustimmungserfordernis der Eltern zu verdeutlichen, sollte dieses in die oben vorgeschlagene Neuregelung der Mediation in Kindschaftssachen[673] aufgenommen werden. Abs. 2 S. 3 könnte lauten:

> *„Die direkte Beteiligung setzt das Einverständnis der Eltern und des Kindes/Jugendlichen voraus.“*

b) Verschwiegenheitspflicht des Kindes?

Neben der Frage, inwieweit der Inhalt des Gesprächs mit dem Kind dem Schutz der Vertraulichkeit unterliegt,[674] stellt sich die Frage, ob das Kind Verschwiegenheitspflichten treffen können. Das Kind erlangt, zumindest, wenn es unmittelbar

672 In der Hauptstudie von *Proksch* gaben die interviewten Vermittler an, dass sie es nicht als Nachteil empfunden haben, wenn die Eltern die direkte Einbeziehung ablehnten, da in der Mediation der Fokus so sehr auf die Bedürfnisse des Kindes gerichtet sei, dass diese ausreichend Platz fänden. Gegen den Willen der Eltern wurde das Kind nicht einbezogen, *Proksch*, Hauptstudie S. 232 f.

673 Vgl. § 5 B. IV. 4. b).

674 Vgl. dazu bereits oben § 5 B. IV. 1. a) bb) (1) (a).

in den Mediationssitzungen anwesend ist, Informationen. Ab einem gewissen Alter des Kindes besteht die Gefahr, dass Informationen sowohl im privaten Umfeld, als auch vor Gericht kundgetan werden. Im MediationsG finden sich zu der Verschwiegenheit des Kindes keine Ausführungen. Ebenso wenig kann sich die Verschwiegenheitspflicht aus der Vertraulichkeitsabrede der Eltern ableiten lassen. Allein durch seine Beteiligung wird das Kind nicht zum Vertragspartner der Mediationsabrede. Eine Einbeziehung des Kindes in die Vertraulichkeitsabrede wäre bei minderjährigen Kindern aufgrund der gesetzlichen Vorgaben zur Geschäftsfähigkeit auch nicht möglich. Bei einer Vertraulichkeitsvereinbarung handelt es sich nicht um ein lediglich rechtlich vorteilhaftes Rechtsgeschäft i.S.d. § 107 BGB. Dem Kind würde bei Annahme einer Verschwiegenheitspflicht ein Unterlassen aufgegeben, an das bei Zuwiderhandlung rechtliche Konsequenzen geknüpft wären. Ebenso wenig können die Eltern das schwebend unwirksame Geschäft bei beschränkt geschäftsfähigen Kindern genehmigen. Die Vertraulichkeitsverpflichtung würde einen Vertrag zwischen ihnen und dem Kind darstellen (§ 181 BGB).

Unabhängig von der rechtlichen Beurteilung ist es auch nicht im Sinne des Kindeswohls, das Kind zu einem Geheimnisträger zu machen und mit einer entsprechenden Vereinbarung unter Druck zu setzen. Besteht seitens der Parteien ein Bedürfnis, diesen Aspekt zu regeln, bietet sich ein Vorgehen nach folgenden Grundsätzen an: Bei geschäftsunfähigen Kindern und beschränkt geschäftsfähigen Kindern bis etwa zum 14. Lebensjahr sollte sowohl von einer mündlichen als auch von einer schriftlichen Vereinbarung Abstand genommen werden, um das Kind nicht zu sehr zu belasten. Sollten die Eltern Themen besprechen, die der Geheimhaltung bedürfen, sollten sie dies in Abwesenheit ihres Kindes tun. Mit Jugendlichen kann, wenn es gewünscht ist, eine gemeinsame (rechtlich unverbindliche) Regelung getroffen werden, wonach die Inhalte der Mediation nicht nach außen getragen werden bzw. mit gewissen Personen nicht besprochen werden sollen. Alternativ können auch Personen vereinbart werden, mit denen der Jugendliche die Inhalte der Mediation besprechen kann. Mit voll geschäftsfähigen Jugendlichen ist es denkbar, eine vertragliche Vertraulichkeitsabrede zu schließen, die sich an der Vertraulichkeitsvereinbarung der Parteien untereinander orientiert.

6. *Fazit zur Beteiligung des Kindes in der Mediation und Schlussfolgerungen*

Die Beteiligung des Kindes in der Mediation kann auf unterschiedliche Art und Weise erfolgen und wirft zahlreiche praktische und rechtliche Fragen auf. Fasst man die Erkenntnisse der vorangegangen Ausführungen zusammen, lassen sich folgende Grundsätze festhalten: Die Beurteilung des Kindeswohls allein anhand der Aussagen der Eltern ist in den meisten Konstellationen unzureichend.[675] Eine Einbeziehung des Kindes sollte immer erfolgen. Ob die direkte oder die indirekte Einbeziehung gewählt wird, kommt auf die Umstände des Einzelfalls an. Sowohl die direkte als auch die indirekte Einbeziehung können aufgrund der flexiblen Gestaltungsmöglichkeiten, die eine Mediation bietet, an das individuelle Schutzbedürfnis und die Fähigkeiten des Kindes angepasst werden. Es reicht nicht, ein Kind irgendwie anzuhören. Der Erfolg hängt von dem konkreten Vorgehen und der Qualität der Befragung ab.[676] Wichtig bei der Wahl der Beteiligungsform ist es, auf die individuellen Fähigkeiten des Kindes Rücksicht zu nehmen und die Beteiligung in all ihren Facetten kindgerecht zu gestalten.

Die Beteiligungsrechte des Kindes sollten durch eine Neuregelung im MediationsG gestärkt werden. Eine Einigung der Eltern lässt das Erfordernis, das Kind zu beteiligen, unberührt. Die direkte Einbeziehung bedarf der Zustimmung der Eltern.

C. Zusammenfassung

Die Mediation ist weder „*Allheilmittel*"[677] noch ist sie in ihrer Wirksamkeit zu marginalisieren.[678] Sie hat das Potential, eine kindgerechte Regelung hervorzubringen und sich positiv auf die Familien auszuwirken. Sowohl die empirischen Ergebnisse als auch die Überprüfung des Mediationsverfahrens anhand der Parameter *Deeskalation*, *Förderung von Elternverantwortung*, *Schutz des Kindes* und *Kindesbeteiligung* bestätigen die positive Wirkung der Mediation. Die Kombination der untersuchten Parameter ermöglicht einen stabilen Befund. Gleichzeitig hat die Analyse gezeigt, dass sich aus dem Kontext Mediation und Kinder eine Reihe von tatsächlichen und rechtlichen Schwierigkeiten ergeben können. Steigern und optimieren kann man die positiven Auswirkungen einer Mediation, wenn es gelingt, die Perspektive des Kindes erfolgreich zu integrieren.[679] Die vorgeschlagenen Neuregelungen mögen hier als erster Schritt dienen.

---

675 *Rafi*, Der Weg zur gemeinsamen Ent-Scheidung S. 43; *Suess* in: Bundeskonferenz für Erziehungsberatung – Scheidungsmediation S. 71.

676 *McIntosh/Long*, Studie 2006 S. 129.

677 Die überschwängliche Anpreisung der Mediation kritisierend *Kostka*, Im Interesse des Kindes S. 379.

678 Ein kritisches Resümee zieht *Kostka*, FamPra.ch 2009, 634 (643), der nach Auswertung zahlreicher Studien zu der Schlussfolgerung kommt, dass kaum positive Wirkungen der Mediation im Vergleich zum Gerichtsverfahren feststellbar sind und die festgestellten Wirkungen nur kurzfristig bestehen.

679 So auch *Holtzworth-Munroe*, Journal of family studies 2010, 116 (118).

§ 6 Denkmodelle und Optimierungsmöglichkeiten

Die Verfahrensanalyse hat gezeigt, dass das Mediationsverfahren viele Eigenschaften vereint, die es zu einem kindgerechten Verfahren machen. Dieser positive Befund veranlasst zu der Frage, wie eine Förderung der Mediation zu erreichen ist und welche ergänzenden Maßnahmen sinnvoll sind, um dem Kind und den Familien bestmöglich durch die schwierige Phase von Trennung und Scheidung zu helfen. Unter Berücksichtigung der aktuellen Rechtslage soll überlegt werden, inwieweit ein „*verändertes Denken zum Wohle des Kindes*"[680] erforderlich ist. Insbesondere soll erörtert werden, welche Schritte sinnvoll sind, um in der Praxis von den Vorteilen der Mediation profitieren zu können.

A. Ausgangslage

Im Jahre 2010 schrieb *Trenczek* über die Situation der Mediation in Deutschland: „*Großes Angebot - geringe Nachfrage*"[681] und brachte damit die Situation auf den Punkt. Während der Ausbildungsmarkt „boomt" und immer mehr Menschen Mediatoren werden und Mediationen anbieten, ist die Inanspruchnahme der Mediation vergleichsweise gering.[682]

Für die im internationalen Vergleich geringe Nachfrage von Mediation in Deutschland gibt es viele Gründe. Nicht nur das Vorhandensein unterschiedlicher Rechtssysteme und anderer Kommunikations- und Konfliktstrukturen, sondern auch die Verfügbarkeit und Effizienz des Gerichtswesens spielen eine große Rolle.[683] Die Dauer der Gerichtsverfahren ist in Deutschland

680 Vgl. den gleichlautenden Titel der Festschrift für Jürgen Rudolph, „*Verändertes Denken zum Wohle der Kinder*"(hrsg. von Müller-Magdeburg) aus dem Jahr 2009.

681 *Trenczek*, Spektrum der Mediation 2010, 4.

682 Genaue Zahlen über die durchgeführten außergerichtlichen Mediationsverfahren gibt es nicht. Viele Mediatoren berichten jedoch von erheblichen Schwierigkeiten, Mediationsfälle zu bekommen. In diese Richtung weisen auch die Ergebnisse des Roland-Rechtsreports 2012. Bei der Befragung gaben lediglich 65 % der Befragten an, schon von Mediation gehört zu haben. Der Roland-Rechtsreport kann unter http://www.roland-konzern.de/media/downloads/ROLAND_Rechtsreport_2012.pdf abgerufen werden (letzter Zugriff am 18.08.2013).

683 *Trenczek*, Spektrum der Mediation 2010, 4 (5).

im Vergleich zum Ausland gering und dem deutschen Gerichtswesen wird eine gute Effizienz und Qualität zugesprochen.[684] Gleichzeitig scheint die Zugangsschwelle zur Mediation in Deutschland zu hoch, die Mediationslandschaft zu unübersichtlich und intransparent zu sein.[685] Als weitere Gründe für die geringe Inanspruchnahme werden Informationsdefizite der Bevölkerung und der verschiedenen Berufsgruppen sowie das Fehlen von Kostenanreizen genannt.[686] Diese Zugangsbarrieren zu beseitigen war Ziel des Mediationsgesetzes.[687] Ob die Regelungen des Mediationsgesetzes ausreichen, um die Mediation zu fördern, und welche Schritte und ergänzenden Angebote noch sinnvoll sind, soll in den folgenden Ausführungen dargestellt werden.

B. Pflichtmediation

Geht es um die Verbreitung eines Verfahrens, bieten sich prinzipiell zwei Möglichkeiten an: Entweder verpflichtet man die Bürger hoheitlich, ein Verfahren in Anspruch zu nehmen oder es werden Anreize zur freiwilligen Inanspruchnahme gesetzt.[688] Als erster Ansatz, die Mediation in Familiensachen zu fördern, soll die Möglichkeit der Einführung einer verpflichtenden Mediation diskutiert werden.

I. Einleitung

In Deutschland ist das Thema Pflichtmediation in regelmäßigen Abständen Gegenstand rechtspolitischer Diskussionen, die Schwelle zu konkreten, umfassenden Gesetzesvorhaben wurde – mit Ausnahme der Einführung von § 15a des Gesetzes zur Einführung der Zivilprozessordnung (EGZPO)[689] – bislang jedoch noch nicht überschritten. Anders stellt sich die Situation auf

684 Vgl. die Platzierung Deutschlands im Bereich *„Effizienz der rechtlichen Rahmenbedingungen"* des „Global Competitiveness Report 2012–2013" des Welt-Wirtschaftsforums (Platz 20/144), abgerufen unter www3.weforum.org/docs/WEF_GlobalCompetitivenessReport_2012-13.pdf (letzter Zugriff am 13.07.2013).

685 *Trenczek*, Spektrum der Mediation 2010, 4 (5).

686 *Greger*, Stellungnahme MediationsG S. 3.

687 Vgl. *Begr.* RegE-MediationsG, BT-Drs. 17/5335 S. 11.

688 So auch *Wesche*, ZRP 2004, 49.

689 § 15a EGZPO regelt die Ermächtigung der Landesgesetzgeber in Bagatellstreitigkeiten und Nachbarschaftskonflikten die Durchführung eines außergerichtlichen Konfliktlösungsverfahrens verpflichtend vorzuschreiben.

internationaler Ebene dar. In einigen europäischen und nicht-europäischen Ländern existieren verschiedene Modelle verpflichtender Mediation, aus denen sich Erfahrungen und Erkenntnisse auch für den deutschen Raum ableiten lassen.[690]

Bekannt wurde die Idee der zwingenden Vermittlung erstmals in Kalifornien, wo am 01.01.1981 für streitige Sorgerechts- und Besuchsstreitigkeiten verbindlich festgelegt wurde, dass die betroffenen Familien vor Anrufung des Gerichts zuerst eine Konfliktlösung mithilfe eines Mediators versuchen müssen.[691] In vielen amerikanischen Staaten, in Australien[692], Kanada[693] und China[694] sowie in einigen europäischen Ländern[695] existieren mittlerweile Modelle verpflichtender

---

690 Eine aktuelle Übersicht über die bestehenden Systeme verpflichtender Mediation findet sich bei *Lee/Lakhani*, International Journal of Law, Policy and the Family 2012, 327 (336–342). Dargestellt werden die Modelle der USA (Kalifornien), von England und Wales, Australien, Norwegen und Kanada (Ontario). In Italien wurde im Rahmen der Umsetzung der Mediationsrichtlinie bereits am 20.03.2010 eine verpflichtende Mediation für bestimmte Rechtsgebiete eingeführt. Nachdem das italienische Verfassungsgericht diese Regelung für verfassungswidrig erklärte (aufgrund formaljuristischer Befugnisüberschreitungen im Gesetzgebungsverfahren), wurden am 09.08.2013 neue Regelungen zur Pflichtmediation verabschiedet. Nach Inkrafttreten des neuen Gesetzes, besteht somit auch in Italien wieder ein System verpflichtender Mediation, vgl. www.mediationaktuell.de/news/pflichtmediation-in-italien (letzter Zugriff am 13.09.2013).

691 Einführung durch California Senat Bill 1981 No. 961; mittlerweile geregelt im California Family Code §§ 3160 ff. Zur Analyse des kalifornischen Systems aus deutscher Sicht, vgl. die Untersuchungen von *Marx*, ZKM 2010, 132 und ZKJ 2010, 300 sowie *Proksch*, FamRZ 1989, 916 (919).

692 *Bell/Cashmore/Parkinson/Single*, International Journal of Law, Policy and the Family 2013, 116 (119); *Parkinson/Cashmore*, The voice of a child in family law disputes S. 47.

693 Vgl. hierzu die Darstellung in *Lee/Lakhani*, International Journal of Law, Policy and the Family 2012, 327 (336 f.).

694 Zu der Ausgestaltung des chinesischen Systems *Wang*, International Journal of Law, Policy and the Family 2013, 74 ff. Nach dem chinesischen Modell kann das Gericht eine verpflichtende Mediation anordnen. Wang kritisiert, dass in China die Mediatoren nicht allparteilich seien, sondern die kulturellen Werte Chinas in einer patriarchalischen Art und Weise durchsetzen und so die Parteien zu einer Einigung in ihrem Sinne bewegen würden.

695 Für das System in England und Norwegen, vgl. *Ivanits*, Die Stellung des Kindes S. 348 ff. sowie *James/Haugen/Rantalaiho/Marples*, International Journal of Children's Rights 2010, 313 ff.; für Schweden, vgl. *Ryrstedt*, International Journal of Law, Policy and the Family 2012, 220 (227 f.); für die Schweiz, vgl. *Schütz*, ZKM 2010, 94.

Mediation. In weiteren Ländern wird die Einführung verpflichtender Mediation in Erwägung gezogen und diskutiert.[696]

Hinter der Diskussion um die Einführung einer verpflichtenden Mediation in Familien- bzw. Kindschaftssachen steht die Frage, ob das Verfahren der Mediation so viele Vorzüge kombiniert, dass seine Inanspruchnahme zum Wohl des Kindes geradezu zwingend ist.[697]

II. Pflichtmediation auf dem Prüfstand

Wendet man sich dem Thema Pflichtmediation zu, gibt es einige zentrale Punkte, die die Diskussion maßgeblich bestimmen. Zum einen wird in Frage gestellt, ob das Modell verpflichtender Mediation mit dem Prinzip der Freiwilligkeit in Einklang gebracht werden kann, zum anderen wird die verfassungsrechtliche Vereinbarkeit eines solchen Modells angezweifelt. Darüber hinaus werden die Vor- und Nachteile und die Sinnhaftigkeit verpflichtender Mediation erörtert.

1. Vereinbarkeit mit dem Freiwilligkeitsprinzip

Hauptstreitpunkt und Aufhänger der Diskussion um die Pflichtmediation ist das Merkmal der Freiwilligkeit.

Was unter dem Begriff Freiwilligkeit inhaltlich zu verstehen ist, wird unterschiedlich beantwortet. Häufig fehlt es an einer genauen Differenzierung, was die Diskussion über die Pflichtmediation unübersichtlich und widersprüchlich macht.

Folgende Grundebenen der Freiwilligkeit können sinnvoll unterschieden werden: Das freiwillige Aufsuchen der Mediation, die Freiheit (der Medianten und des Mediators), die Mediation jederzeit zu beenden sowie die Freiwilligkeit hinsichtlich der inhaltlichen Gestaltung des Ergebnisses.[698] Die freie Wahl des Mediators ist ein weiterer Teilaspekt der Freiwilligkeit.

Der Grundsatz der Freiwilligkeit wird vom MediationsG an verschiedenen Stellen aufgegriffen: Nach § 1 Abs. 1 ist Mediation *„ein vertrauliches, strukturiertes Verfahren, bei dem Parteien mithilfe eines oder mehrerer Mediatoren freiwillig und eigenverantwortlich die Beilegung ihres Konfliktes anstreben"*. Nach § 2 Abs. 2 MediationsG hat sich der Mediator zu vergewissern, dass die Parteien *freiwillig*

696 Zu der Situation in Hong Kong, vgl. *Lee/Lakhani*, International Journal of Law, Policy and the Family 2012, 327 (332 ff.).

697 In diesem Sinne auch *Hager*, Konflikt und Konsens S. 51.

698 *Marx*, ZKM 2010, 132.

an der Mediation teilnehmen und auch das Recht, die Mediation jederzeit beenden zu können, ist als Ausdruck der Freiwilligkeit im MediationsG festgeschrieben (§ 2 Abs. 5 S. 1, 2 MediationsG). Mit Festschreibung des Verfahrensprinzips der Freiwilligkeit soll der „*privatautonome Charakter der Mediation*“[699] betont sowie sichergestellt werden, dass die Parteien selbst und ohne äußeren Zwang entscheiden, ob sie ihren Konflikt in der Mediation lösen wollen.[700] Die so verstandene Freiwilligkeit ist als unabdingbares, konstitutives Merkmal der Mediation anerkannt.[701]

Allerdings muss, um den Anwendungsbereich der Mediation nicht unangemessen einzuschränken, an einigen Stellen eine teleologische Reduktion vorgenommen werden.[702] Deutlich wird dies an dem Beispiel von Mediationsklauseln, also von privatautonomen Vereinbarungen, durch die sich die Parteien verpflichten, vor Anrufung des Gerichts eine Mediation zu versuchen.[703] Hier haben sich die Parteien freiwillig dazu verpflichtet, eine Mediation zu versuchen. Im Zeitpunkt der Inanspruchnahme der Mediation besteht somit ein vertraglicher Zwang. Bei einer solchen, von den Parteien selbst gewählten Verpflichtung einen Verstoß gegen das Freiwilligkeitsprinzip anzunehmen, würde nicht nur die Förderung einvernehmlicher Konfliktbeilegung konterkarieren, sondern auch dem privatautonomen Willen der Parteien widersprechen.

Uneinigkeit besteht darüber, wie es zu bewerten ist, wenn seitens des Staates Einschränkungen der Freiwilligkeit vorgenommen werden. Einschränkungen der Freiwilligkeit können zunächst bestehen aufgrund des moralischen Drucks, der bei einem Vorschlag des Gerichts entsteht, eine Mediation zu versuchen, über die Befürchtung von Kostenfolgen bei Ablehnung einer Mediation (vgl. § 81 Abs. 2 Nr. 5 FamFG und § 150 Abs. 4 S. 2 FamFG) bis hin zu einer gerichtlichen Anordnung von Mediation bzw. einem gesetzlich vorgeschriebenen Mediationsversuch.[704] Der Schwerpunkt des Diskurses liegt bei der letztgenannten Alternative, dem verpflichtenden Mediationsversuch. Es wird hinterfragt, ob eine autonome Konfliktlösung verordnet werden könne, oder ob darin eine paradoxe

699 *Greger* in Greger/Unberath, MediationsG, § 1 Rn. 29.

700 Vgl. *Begr.* RegE-MediationsG, BT-Drs. 17/5335 S. 14.

701 *Greger* in Greger/Unberath, MediationsG, § 1 Rn. 3 und Rn. 29; *Risse*, SchiedsVZ 2012, 244 (246).

702 *Unberath* in Greger/Unberath, MediationsG, § 2 Rn. 13.

703 *Unberath* in Greger/Unberath, MediationsG, § 2 Rn. 13.

704 *Peschke*, Familienmediation bei Trennung S. 178.

Verhaltensaufforderung liege[705] und ob die *„Zwangsbeglückung zur Autonomie"* nicht dem der Mediation innewohnenden Freiheitsverständnis widerspreche.[706]

Die Kritiker der Pflichtmediation argumentieren, dass die Autonomie der Parteien nur gewahrt werden könne, wenn auch die „äußere Freiheit", also die Wahl des Verfahrens frei von jeglicher staatlicher Einflussnahme bleibe.[707] Anderenfalls werde die Selbstbestimmtheit der Parteien, um die es in der Mediation ja gerade gehe, untergraben.[708] Für die Konfliktpartner sei es nicht zumutbar, *„in einem Setting zu sprechen, das sie nicht frei gewählt haben"*[709] Eine Konfliktlösung sei nur vielversprechend, wenn die Parteien zu einer Erörterung ihres Konfliktstoffes aus freien Stücken bereit sind.[710]

Die Befürworter sehen in einem gerichtlich angeordneten oder gesetzlich vorgeschriebenen Mediationsversuch keinen Verstoß gegen das Freiwilligkeitsprinzip. Solange es den Parteien unbenommen bleibe, die Mediation jederzeit zu beenden, werde der Kern ihrer Freiwilligkeit nicht berührt.[711] Zudem könne die Entscheidung für ein Verfahren grundsätzlich nie frei von Einflüssen getroffen werden. Selbst dann, wenn jemand freiwillig das Verfahren der Mediation wähle, liege es nahe, dass auch hier externe Einflüsse zur Wahl des Verfahrens beigetragen haben.[712] Die Entscheidung, eine Mediation zu beginnen, resultiere häufig aus einem Strategie-Kalkül,[713] aus einer bewussten oder unbewussten Abwägung wirtschaftlicher, sozialer oder sonstiger Gründe.[714] Es gebe keinen *„harten Schnitt zwischen Freiwilligkeit und Zwang, sondern nur fließende Über-*

---

705 *Haffke* in: Duss-von Werdt, Mediation S. 107 m.w.N.

706 *Mähler/Mähler* in: Duss-von Werdt, Mediation S. 132.

707 Vgl. z.B. *Risse*, SchiedsVZ 2012, 244 (246).

708 *Haffke* in: Duss-von Werdt, Mediation S. 107; *Rafi*, Der Weg zur gemeinsamen Ent-Scheidung S. 137.

709 *Grillo*, STREIT 2001, 91.

710 *Proksch* in: Hahn/Lomberg et al., Scheidung und Kindeswohl S. 61.

711 *Zurmühl/Kiesewetter*, ZKM 2008, 107 (110), die ausführen, dass es nicht darauf ankomme, dass die Parteien *„freiwillig kommen, sondern dass sie freiwillig bleiben"*.

712 Zu den Faktoren, die Einfluss auf die freie Entscheidung zur Mediation nehmen, vgl. *Kriegel*, ZKM 2006, 52 (53); vgl. auch *Buchholz-Graf* in: SGB VIII Online-Hdb. der (bezogen auf die Beratung) dafür plädiert, die *„äußere Freiwilligkeit"* (die freiwillige Anmeldung zum Termin) nicht zu überschätzen.

713 *Glasl* in: Rapp, Mediation S. 11 f.; in diesem Sinne auch *Suess* in: Bundeskonferenz für Erziehungsberatung – Scheidungsmediation S. 69.

714 *Trenczek*, SchiedsVZ 2008, 135 (141); *Rafi*, Der Weg zur gemeinsamen Ent-Scheidung S. 139 f., der jedoch betont, dass daraus nicht folge, dass auf Freiwilligkeit verzichtet werden könne.

gänge, die sich modifizieren lassen.“[715] Prinzipien seien „*nicht in absoluter Reinheit zu praktizieren, stellen aber wertvolle Orientierungsrichtungen dar.*“[716]

Sowohl die Kritiker als auch die Befürworter der Pflichtmediation können gewichtige Argumente vorbringen. Als streitentscheidendes Argument für eine Vereinbarkeit spricht jedoch, dass Art. 3 lit. a der EU Mediationsrichtlinie[717] die Freiwilligkeit als Grundprinzip benennt und trotzdem die gerichtlich angeordnete und gesetzlich vorgeschriebene Mediation erlaubt.[718] Die Mediationsrichtlinie, die in Deutschland durch das MediationsG umgesetzt wurde, stellt klar, dass der verpflichtende Versuch einer Mediation keinen Widerspruch zum Freiwilligkeitsprinzip darstellt. Solange es den Parteien freisteht, die Mediation jederzeit zu verlassen und eine Einigung nicht erzwungen wird, ist der Kernbereich der Freiwilligkeit nicht verletzt.

Daher ist ein verhältnismäßig ausgestalteter verpflichtender Mediationsversuch mit dem Freiwilligkeitsprinzip vereinbar.

2. *Überlegungen zur verfassungsrechtlichen Vereinbarkeit von Pflichtmediation*

Neben der Frage, ob die Pflichtmediation mit dem Freiwilligkeitsprinzip vereinbar ist, wird auch diskutiert, ob die Einführung einer verpflichtenden Mediation verfassungsrechtlich zulässig ist.[719] Auch wenn die Prüfung der verfassungsrechtlichen Vereinbarkeit ohne die Entscheidung für ein konkretes Modell von Pflichtmediation nicht in allen Einzelheiten möglich ist, sollen die wesentlichen Aspekte der Diskussion dargestellt werden. Erörtert werden kann, ob die Einführung einer obligatorischen Mediation einen Eingriff in die Grundrechte der Verpflichteten darstellt.

Zu allererst ist, wenn man den Blick auf die verfahrensrechtliche Ebene richtet, an einen Eingriff in den allgemeinen Justizgewährungsanspruch zu denken. Der Anspruch auf effektiven Rechtsschutz, der sich aus dem Rechtsstaatsprinzip sowie aus Art. 2 Abs. 1 GG herleiten lässt, umfasst auch den Rechtsschutz in

715 *Dettenborn*, Kindeswohl und Kindeswille S. 137.

716 *Glasl* in: Rapp, Mediation S. 11.

717 ABl. EU 2008, L 136 vom 24.05.2008, S. 3.

718 In Art. 3 lit. a S. 2 der EU-Mediationsrichtlinie heißt es: „*Dieses Verfahren kann von den Parteien eingeleitet oder von einem Gericht vorgeschlagen oder angeordnet werden oder nach dem Recht eines Mitgliedstaats vorgeschrieben sein.*“

719 Vgl. *Risse* in: Hengstl/Sick, Recht gestern und heute S. 310 f., der kritisiert, dass diese Frage kaum gestellt wird.

zivilrechtlichen Streitigkeiten.[720] Geschützt sind sowohl die Eröffnung als auch die Effektivität des Rechtsweges.[721] Eine obligatorische Mediation würde die Parteien je nach Modell verpflichten, entweder vor Anrufung des Gerichts oder während des gerichtlichen Verfahrens zusätzlich Zeit und ggf. Kosten aufzuwenden. Die gerichtliche Entscheidung würde dadurch unter zusätzliche Voraussetzungen gestellt und sich verzögern. Grundsätzlich gilt, dass der Gesetzgeber für ein Rechtschutzbegehren formelle Voraussetzungen aufstellen darf. Diese dürfen sich auch einschränkend auswirken, soweit der Weg zu den staatlichen Gerichten offen bleibt.[722] Die gewählten Maßnahmen müssen verhältnismäßig sein.

Mit der obligatorischen Mediation müsste ein legitimer Zweck verfolgt werden. Als Ziele verpflichtender Mediation werden die *„Entlastung des Justizhaushalts und die streitbeilegende Funktion eines Mediationsverfahrens“*[723] genannt. Ob diese allgemeinen Aussagen zur Legitimation ausreichen, wird zu Recht in Frage gestellt.[724] Grundsätzlich gilt, dass ein finanzielles Interesse allein (ohne weitere Beweggründe) eine Beschränkung des Justizgewährungsanspruches nicht rechtfertigen kann.[725] Auch die wenig differenzierte Annahme, Schlichten ist besser als Richten, ist als Legitimation problematisch und nur schwerlich mit der aus dem Bild eines selbstbestimmten Individuums resultierenden freien Verfahrenswahl zu vereinbaren.[726] Treten allerdings weitere legitime Ziele hinzu, kann ein obligatorisches Vorverfahren verfassungsmäßig sein.[727]

---

720 *Huster/Rux* in BeckOK-GG, Art. 20 Rn. 199 unter Bezugnahme auf BVerfG, NJW 2003, 1924 (1926).

721 BVerfG, NJW-RR 2007, 1073 (1074).

722 BVerfG, NJW-RR 2007, 1073 (1074); vgl. auch *Stadler*, NJW 1998, 2479 (2484), die in der Verzögerung ebenfalls keinen Verstoß gegen den Justizgewährungsanspruch sieht.

723 *Risse* in: Hengstl/Sick, Recht gestern und heute S. 312.

724 Hierzu ausführlich *Risse* in: Hengstl/Sick, Recht gestern und heute S. 312 ff.

725 *Risse* in: Hengstl/Sick, Recht gestern und heute S. 312.

726 *Risse* in: Hengstl/Sick, Recht gestern und heute S. 313.

727 Vgl. die Entscheidung des BVerfG zur Verfassungsmäßigkeit eines obligatorischen Vorverfahrens (§ 15a EGZPO), NJW-RR 2007, 1073 (1074). Das BVerfG nennt neben Kostenersparnissen und der Entlastung des Justizhaushaltes das Bestreben, einen dauerhaften Rechtsfrieden zu erreichen, als ein weiteres legitimes Ziel. In dem Schlichtungsverfahren könnten mehr Umstände als im Gerichtsverfahren berücksichtigt werden, sodass eine umfassendere und nachhaltigere Lösung erarbeitet werden könne. Es betont die Vorzugswürdigkeit einvernehmlicher Konfliktbeilegung und führt aus, dass es den Konfliktbeteiligten zumutbar sei, zeitliche Verzögerungen und finanzielle Nachteile zur Erreichung dieser Ziele in Kauf zu nehmen.

Bei der vorliegend für Kindschaftssachen vorgeschlagenen Pflichtmediation könnte als zusätzliches Ziel die Sicherung des Kindeswohls in die Waagschale geworfen werden. Das Ziel, das Wohl des Kindes zu schützen, ist Leitgedanke des Art. 6 Abs. 2 GG. Dieser begründet eine Pflichtenbindung der Eltern, über deren Einhaltung der Staat wacht.[728] Der daraus resultierende gesetzgeberische Auftrag zur Ausgestaltung des Elternrechts begründet in der Phase von Trennung und Scheidung ein Mandat des Staates zum Ausgleich widerstreitender Interessen.[729] Aus Art. 6 Abs. 2 GG folgt ein *„Schlichtungsauftrag des Gesetzgebers"*, der keine schwerwiegende Beeinträchtigung des Kindeswohls voraussetzt.[730] Die Erfüllung dieses Auftrages kann ein legitimes, einen Eingriff in andere Grundrechte rechtfertigendes Ziel sein.

Die besondere Eignung der Mediation zur nachhaltigen Konfliktbeilegung in familiären Streitigkeiten wurde in § 5 der Arbeit ausführlich dargelegt. Die Analyse hat ergeben, dass sich die Mediation positiv auf die Familie auswirken kann und kindgerechte Lösungen gefunden werden können. Allein der obligatorische Charakter der Maßnahme beseitigt die positiven Wirkungen, wie zahlreiche Erfahrungsberichte bestätigen,[731] nicht. Zudem darf bei der *„Einschätzung der Zieltauglichkeit eine positive Prognose zugrunde gelegt werden"*[732].

Die Erforderlichkeit der Einführung von Pflichtmediation bestimmt sich an der konkreten Ausgestaltung und der damit verbundenen Eingriffsqualität. Ein Vergleich mit ggf. weniger eingriffsintensiven Alternativmaßnahmen kann erst nach der Entscheidung für eine konkrete Ausgestaltung erfolgen. Die bis dato zumeist nicht mit dem gewünschten Erfolg initiierten Vorhaben zur Förderung der Mediation lassen auf eine Erforderlichkeit einer verpflichtenden Mediation schließen.[733] Eine andere Methode gleicher Wirkung und Effektivität ist nicht ersichtlich.[734] Für die Angemessenheit der Maßnahme spricht die besondere Bedeutung des Kindeswohls. Den Beeinträchtigungen stehen zahlreiche Vorteile für die Eltern und für das Kind gegenüber. Die Einführung verpflichtender Mediation wäre mit dem allgemeinen Justizgewährungsanspruch vereinbar.

---

728 *Uhle* in BeckOK-GG, Art. 6 Rn. 55.

729 *Uhle* in BeckOK-GG, Art. 6 Rn. 49 unter Bezugnahme auf BVerfG, NJW 1983, 101 ff.

730 *Uhle* in BeckOK-GG, Art. 6 Rn. 49.

731 Zu den positiven Auswirkungen der Pflichtmediation, vgl. § 6 B. II. 3.

732 BVerfG, NJW-RR 2007, 1073 (1074).

733 Zu den weiteren Förderungsmöglichkeiten, vgl. § 6 D.

734 So auch *Peschke*, Familienmediation bei Trennung S. 189; *Risse* in: Hengstl/Sick, Recht gestern und heute S. 316.

Weiterhin könnte die verpflichtende Mediation einen Eingriff in das Elternrecht des Art. 6 Abs. 2 S. 1 GG darstellen. Allerdings handelt der Staat mit Einführung einer verpflichtenden Mediation für den Bereich des Kindschaftsrechts in Ausübung seines staatlichen Wächteramtes. Ziel ist es, das Elternrecht auszugestalten und die Wahrnehmung elterlicher Verantwortung durch Mediation zu fördern. Für *Peschke* resultiert aus Art. 6 Abs. 2 GG sogar das Gebot, eine entsprechende Regelung einzuführen.[735] Ein Eingriff in das verfassungsrechtlich geschützte Elternrecht liegt nicht vor.

Ebenso wenig steht das durch Art. 6 Abs. 1 GG geschützte Recht der Wiedererlangung der Eheschließungsfreiheit einem verpflichtenden Mediationsversuch entgegen. Die durch einen solchen Mediationsversuch gegebenenfalls eintretende zeitliche Verzögerung ist aufgrund der hohen Bedeutung des Kindeswohls und der Pflichtenbindung des Elternrechts gerechtfertigt.[736]

Sollte man darüber hinaus einen Eingriff in das allgemeine Persönlichkeitsrecht (Art. 2 Abs. 1 i.V.m. Art. 1 Abs. 1 GG), insbesondere in den Schutz der Privatsphäre, annehmen,[737] so wäre dieser gemäß der obigen Ausführungen als rechtmäßig zu beurteilen. Zwar könnte ein Eingriff darin gesehen werden, dass die Eltern gezwungen wären, miteinander in Kontakt zu treten und dass in der Mediation höchstpersönliche Themen besprochen werden.[738] Insbesondere das Ziel der Sicherung des Kindeswohls rechtfertigt aber einen obligatorischen Mediationsversuch. Zudem ist zu bedenken, dass das Mediationsverfahren vertraulich ist und die Konfliktpartner nicht gezwungen werden, private Informationen zu offenbaren. Für eine verfassungsrechtliche Vereinbarkeit spricht auch, dass eine verpflichtende Beratung angeordnet werden kann (§ 156 Abs. 1 S. 4 FamFG). In der Beratung bei den Beratungsstellen und Trägern der Kinder- und Jugendhilfe werden auch höchstpersönliche Themen besprochen und es wird von den Eltern erwartet, dass sie kooperieren und sich öffnen. Es ist nicht ersichtlich, dass dadurch ein geringerer Eingriff in das Persönlichkeitsrecht der Parteien entsteht, als bei einer angeordneten Mediation.[739]

Die Einführung verpflichtender Mediation zum Wohle des Kindes ist bei verhältnismäßiger Ausgestaltung verfassungsrechtlich nicht zu beanstanden.

---

735 *Peschke*, Familienmediation bei Trennung S. 186 ff.

736 Vgl. hierzu ausführlich *Peschke*, Familienmediation bei Trennung S. 207 ff.

737 So *Peschke*, Familienmediation bei Trennung S. 189 ff.

738 *Peschke*, Familienmediation bei Trennung S. 190.

739 *Balloff*, FPR 2012, 216 (220).

3. *Vor- und Nachteile von Pflichtmediation*

Um eine abschließende Bewertung vornehmen zu können, bedarf es eines Blickes auf die Vor- und Nachteile verpflichtender Mediation. Warum sind einige Autoren von der Idee einer Pflichtmediation so überzeugt und warum sehen andere darin einen großen Fehler?

Bei manchen Autoren stößt der Gedanke einer obligatorischen Streitschlichtung auf große Gegenwehr und entrüstete Ablehnung.[740] Sie argumentieren, dass sich eine gütliche Einigung nicht staatlich anordnen oder erzwingen lasse[741] und eine obligatorische außergerichtliche Streitschlichtung kein probates Mittel zur Erreichung qualitativ hochwertiger Ergebnisse sei.[742] Die verpflichtende Mediation berge das Risiko, dass die gefundene Lösung mangels Selbstbestimmtheit der Parteien instabil sei.[743] Der durch die Pflichtmediation entstehende unangemessene Einigungsdruck – der Mangel an Handlungsalternativen – könne sich negativ auf die Bereitschaft der Eltern auswirken, Verantwortung zu übernehmen.[744] Eine Mediation als ein auf Einvernehmen ausgerichtetes Verfahren sei nur sinnvoll, wenn ein gewisses Maß an Kooperationsbereitschaft schon vor Beginn des Verfahrens bestehe.[745] Zudem könne die Pflicht, einen Konflikt einvernehmlich zu lösen, manche Menschen überfordern.[746] Insbesondere für Frauen sei eine obligatorische Mediation nachteilig.[747] Der von den Befürwortern behauptete Effekt der Entlastung der Gerichte sei nicht gegeben. Aus der obligatorischen Schlichtung resultierten vielmehr Prozessverschleppungen, Zeitverluste sowie zusätzliche Kosten.[748]

Beeinflusst durch die Erfahrungen in Amerika mit *mandatory mediation* häufen sich auch im deutschsprachigen Raum die Stimmen, die den Nutzen eines verpflichtenden Mediationsversuchs, insbesondere in kindschaftsrechtlichen

740 Vgl. *Decker-Theiß*, Rechtsprobleme der Scheidungsmediation S. 100; *Grillo*, STREIT 2001, 91 ff.; kritisch zu den tatsächlichen Erfolgen verpflichtender Mediation (basierend auf den Erfahrungen in England und Wales), *Kilian*, FamRZ 2000, 1006 ff.; kritisch zu den in Amerika existierenden Modellen: *Zylstra*, Journal of the American Academy of Matrimonial Lawyers 2001, 69 ff.

741 *Haffke* in: Duss-von Werdt, Mediation S. 107.

742 *Katzenmeier*, ZZP 2002, 51 (86).

743 *Dettenborn*, Kindeswohl und Kindeswille S. 138.

744 *Dettenborn*, Kindeswohl und Kindeswille S. 136.

745 *Ivanits*, Die Stellung des Kindes S. 169.

746 *Kostka* in Hdb.-Verfahrensbeistandschaft, Rn. 959.

747 *Grillo*, STREIT 2001, 91; *Semple*, Can. J. Women & L. 2012, 207 (211 ff.).

748 *Katzenmeier*, ZZP 2002, 51 (88) m.w.N.

Konflikten, betonen[749] oder sich sogar ausdrücklich für einen verpflichtenden Mediationsversuch aussprechen.[750] Die Befürworter argumentieren, dass die Pflichtmediation ein Instrument zur „*Rückdelegation von Entscheidungsverantwortung*"[751] auf die Konfliktpartner sei. Lediglich der „*Moment der Verfahrensaufnahme*" liege nicht in der autonomen Entscheidung der Parteien. Im Fortgang der Mediation werde die elterliche Autonomie hingegen gefördert.[752] Die verpflichtenden Mediation eröffne die Chance, dass sich unter „*kompetenter Anleitung, die Fremdmotivation in eine Eigenmotivation umwandle*"[753]. Erst unter Druck seien manche Parteien willens, eine Bereitschaft zur Erzielung von Einvernehmen zu entwickeln.[754] Das Ziel einer Mediation könne es daher auch sein, die Eltern erstmals zu einer Kooperation zu bewegen.[755] Eine autonome Entscheidung für eine Mediation könne von Eltern, die sich inmitten einer Konfliktdynamik befinden, kaum verlangt werden.[756] Oft könne erst nach Beginn der Mediation geklärt werden, welche Hindernisse der Einigung entgegenstehen.[757] Gerade hochstrittige Eltern seien erst zu autonomen – kindeswohlorientierten – Entscheidungen in der Lage, wenn die Stelle, an die sie vorher die Verantwortung delegiert hatten (in der Regel das Gericht), sie dazu auffordert, den Fokus auf ihre Kinder zu richten.[758] Mit einem verpflichtenden Mediationsversuch könne den Parteien eine ihnen unbekannte neue Möglichkeit der Konfliktbeilegung näher

---

749 *Bastine*, ZKM 2005, 11 (13); *Hennessy*, Bonner Rechtsjournal 2012 (Sonderausgabe), 39 (43); *Kriegel*, ZKM 2006, 52 (54 f.); *Staub*, Zeitschrift für Vormundschaftswesen 2008, 431; *Tochtermann* in: Fischer/Unberath, Das neue Mediationsgesetz S. 114 ff.

750 Befürwortend *Glasl* in: Rapp, Mediation S. 12; *Marx*, ZKM 2010, 132 (136); *Peschke*, Familienmediation bei Trennung S. 183; *Peter*, FamPra.ch 2011, 633 (647 f.).

751 *Proksch*, Konsens – Zeitschrift für Mediation 1998, 7 (8).

752 *Kriegel*, ZKM 2006, 52 (53).

753 Für die Beratung so formuliert durch *Dettenborn*, Kindeswohl und Kindeswille S. 137; in diesem Sinne auch *Kriegel*, ZKM 2006, 52 (53).

754 *Balloff*, FPR 2012, 216 (220) sowie bezogen auf den Druck durch ein Gerichtsverfahren *Salgo*, FPR 2010, 456 (458). Zur positiven Wirkung eines „richterlichen Appells" *Paul/Pape*, ZKJ 2012, 464 (467).

755 *Unberath* in Greger/Unberath, MediationsG, Einleitung Rn. 100, der klarstellt, dass „*eine Einigungsbereitschaft oder eine hohe Vergleichswahrscheinlichkeit keineswegs Voraussetzungen der Mediation*" seien.

756 *Kriegel*, ZKM 2006, 52 (53); zustimmend *Staub*, Zeitschrift für Vormundschaftswesen 2008, 431 (435).

757 *Unberath* in Greger/Unberath, MediationsG, Einleitung Rn. 100.

758 *Schüler/Löhr* in: Walper, Fichtner et al., Hochkonflikthafte Trennungsfamilien S. 152.

gebracht werden.[759] Die Zugangsschwelle zur Mediation könne durch eine verpflichtende Mediation überwunden werden.[760] Im Ergebnis sei es besser, *„mit einer 30-prozentigen Freiwilligkeit eine Mediation zu beginnen, als diese Möglichkeit unversucht zu lassen“*[761]. Auch die hohe Anzahl an Prozessvergleichen spreche für die verpflichtende Mediation. Bei Parteien, die einen Prozessvergleich schließen, habe eine Einigungsbereitschaft bestanden, die zuvor nicht ausgeschöpft wurde.[762] Ein Prozessvergleich wird daher auch als *„Korrektur eines Fehlgriffes bei der Verfahrenswahl“*[763] bezeichnet, als *„Ausdruck eines Versagens gesellschaftlicher Eigenregulierung“*[764].

III. Pflichtmediation in Deutschland? – Status quo

In Deutschland gibt es im Gegensatz zu den erwähnten ausländischen Rechtssystemen kein eigenständiges Modell verpflichtender Mediation in Familiensachen. Jedoch zeigen sich in vielen gesetzlichen Regelungen entsprechende Tendenzen und auch in der Rechtsprechung ist der Trend zu beobachten, die Eltern zu einer einvernehmlichen Konfliktlösung anzuhalten.

In Deutschland gibt es verschiedene Normen, die mit unterschiedlichen Termini[765] („verweisen“, „vorschlagen“ „anordnen“) und Verbindlichkeitsgraden Regelungen zur Mediation enthalten.

In § 36 Abs. 5 FamFG ist die Verweisung in das oben bereits dargestellte Güterichtermodell geregelt. Im Hinblick auf eine verpflichtende Mediation stellt sich die Frage, inwieweit die dort normierte Verweisung auch ohne Einverständnis der Parteien – mithin verpflichtend – erfolgen kann. Aus dem Wortlaut ergibt sich nicht, inwieweit die Verweisung von dem Einverständnis der Parteien abhängt. Ebenso wenig geben die Gesetzesmaterialien eine eindeutige Antwort. Während nach der Begründung des Gesetzesentwurfes

---

759 *Bastine*, ZKM 2005, 11 (13); *Trenczek*, Spektrum der Mediation 2010, 4 (7).

760 *Kriegel*, ZKM 2006, 52 (53).

761 *Glasl* in: Rapp, Mediation S. 12.

762 Diese Überlegung war mitursächlich für die Einführung von § 253 Abs. 3 Nr. 1 ZPO, *Begr.* RegE, BT-Drs. 17/5335 S. 20. Nach § 253 Abs. 3 Nr. 1 ZPO muss in der Klageschrift angegeben werden, ob der Klageerhebung der Versuch einer Mediation oder eines anderen Verfahrens der außergerichtlichen Konfliktbeilegung vorausgegangen ist sowie, ob einem solchen Verfahren Gründe entgegenstehen.

763 *Greger* in: Greger, Neue Wege zum Recht S. 13.

764 *Hoffmann-Riem*, JZ 1999, 421 (422).

765 Die unterschiedlichen Termini kritisierend *Kinderrechtekommission des DFGT*, Stellungnahme zum MediationsG.

(BT-Drs. 17/5335 S. 20) die Entscheidung allein im Ermessen des Gerichts stehen soll, wird in der Beschlussempfehlung des Rechtsausschusses (BT-Drs. 17/8058 S. 21) das Einverständnis der Parteien gefordert. Auch in der Literatur werden die Anforderungen unterschiedlich interpretiert. Während einige Stimmen eine Bindung an das Freiwilligkeitsprinzip annehmen oder zumindest aber eine Ermessensreduzierung auf Null bei Verweigerung auch nur einer Partei fordern,[766] befürworten andere einen obligatorischen Charakter der Verweisung.[767] Für beide Ansichten lassen sich gute Argumente finden. Für eine Bindung an das Freiwilligkeitsprinzip spricht, dass die Erfolgsaussichten des güterichterlichen Verfahrens bei einer Weigerung der Parteien geringer sind, als wenn die Parteien aus freien Stücken bereit sind, an dem Verfahren teilzunehmen. Kommt es zu keiner Einigung, ist durch die Pflichtmediation eine unnötige Verfahrensverzögerung eingetreten. Es entstehen zwar keine zusätzlichen Gerichtsgebühren,[768] je nachdem, ob Anwälte oder weitere Verfahrensbeteiligte einbezogen werden, können allerdings zusätzliche Kosten entstehen.[769]

Für eine obligatorische Verweisungsmöglichkeit spricht hingegen, dass in § 36 Abs. 5 FamFG ein Einverständnis nicht ausdrücklich gefordert wird. Der Wortlaut stellt die Verweisung lediglich in das Ermessen des Gerichts. Zudem spricht die systematische Einbettung des § 36 Abs. 5 FamFG im Rahmen des generellen Auftrags des Gerichts, eine gütliche Einigung herbeizuführen (§ 36 Abs. 1 S. 2 FamFG) dafür, die Verweisung als verfahrensleitende Maßnahme des Gerichts anzusehen. Weiterhin ist zu bedenken, dass sich die Parteien freiwillig

---

766 *Fritz* in Fritz/Pielsticker, MediationsG, § 36 Rn. 18; *Röthemeyer*, ZKM 2012, 116 (117), *Zorn*, FamRZ 2012, 1265 (1266); in diesem Sinne auch *Ewig*, ZKM 2012, 4, der annimmt, dass eine Verweisung nur sinnvoll sei, wenn die Parteien ihr Einverständnis erklären, sowie *Greger* in Greger/Unberath, MediationsG, Teil 4 Rn. 122, der erklärt, dass eine Verweisung gegen den Willen nicht erfolgen *„solle"*.

767 Für einen obligatorischen Charakter der Verweisung siehe *Duve*, ZKM 2012, 108 (109) sowie *Steffek* in: Fischer/Unberath, Das neue Mediationsgesetz S. 40 f., der jedoch davon ausgeht, dass das Gericht die Weigerung einer Partei bei der Verweisung berücksichtigen werde.

768 *Greger* in Greger/Unberath, MediationsG, Teil 4 Rn. 147.

769 Die Rechtsanwälte erhalten für die Teilnahme am güterichterlichen Verfahren, solange Gegenstand der Verhandlung nur der rechtshängige Anspruch ist, keine zusätzliche Gebühr. Etwas anderes gilt bei Vereinbarung eines Stundensatzes. Sollen Sachverständige oder weitere Hilfspersonen einbezogen werden, müssen die Parteien die Kosten tragen, vgl. zur Kostentragung im güterichterlichen Verfahren *Greger* in Greger/Unberath, MediationsG, Teil 4 Rn. 149 ff.

in das streitige Gerichtsverfahren begeben und es der Verantwortung des Gerichts übertragen haben, eine Lösung für ihren Konflikt zu finden.

Die besseren Argumente sprechen dafür, die Verweisung in das alleinige Ermessen des Gerichts zu stellen. Insbesondere, wenn man zusätzlich die positiven Erfahrungen ausländischer Modelle mit verpflichtender Mediation in die Abwägung miteinbezieht,[770] überzeugt die zweite Ansicht. Wichtig ist es jedoch, dass der Richter, bevor er eine Verweisung gegen den Willen der Parteien anordnet, die Argumente der ersten Ansicht berücksichtigt. Zwar ist bei einer Weigerung der Parteien keine zwingende Ermessensreduzierung auf Null anzunehmen, die geringeren Erfolgsaussichten und die ggf. eintretende Verzögerung müssen aber insbesondere in Kindschaftssachen berücksichtigt werden. Ein Ermessensfehler dürfte anzunehmen sein, wen ein Richter in die Mediation verweist, obwohl eine Verweisung aussichtslos oder die Konstellation mediationsungeeignet ist. Zu denken ist hier an Fälle, in denen eine autonome Einigung der Parteien nicht möglich ist oder wenn ein besonderes Schutzbedürfnis einer Partei besteht (z.B. Gewalthintergrund, Suchtproblematiken, psychische Erkrankungen).

Den Parteien ist vor Erlass des Verweisungsbeschlusses Gelegenheit zur Äußerung zu geben, eine mündliche Verhandlung ist nicht erforderlich (§ 128 Abs. 4 ZPO).[771] Der Verweisungsbeschluss ist nicht anfechtbar.[772]

Eine weitere Regelung zur Förderung der einvernehmlichen Konfliktlösung findet sich in § 36a Abs. 1 FamFG. Danach kann das Gericht den Parteien eine Mediation oder ein anderes Verfahren außergerichtlicher Konfliktlösung vorschlagen. Hier ergibt sich schon aus der Wortwahl *„vorschlagen"*, dass die Zustimmung der Parteien erforderlich ist. Eine Verpflichtung zur Inanspruchnahme der außergerichtlichen Mediation besteht nicht.[773]

Nach § 156 Abs. 1 S. 3 FamFG[774] kann angeordnet werden, dass die Ehegatten/Eltern einzeln oder gemeinsam an einem kostenfreien Informationsgespräch über Mediation oder eine sonstige Möglichkeit der außergerichtlichen Streitbeilegung anhängiger Folgesachen bei einer von dem Gericht benannten Person oder Stelle teilnehmen und dies durch eine Bestätigung nachweisen müs-

---

770 Vgl. hierzu den Überblick und die Studienauswertung bei *Kriegel/Koerrenz*, Mediationspflicht S. 153 ff.

771 *Greger* in Greger/Unberath, MediationsG, Teil 4 Rn. 121 f.

772 *Burschel* in BeckOK-FamFG, § 36 Rn. 56.

773 *Burschel* in BeckOK-FamFG, § 36a Rn. 7.

774 Eine entsprechende Regelung für Scheidungsfolgensachen findet sich in § 135 FamFG. Auch hier können bei Nichtteilnahme negative Kostenfolgen nach § 150 Abs. 4 S. 2 FamFG eintreten.

sen. Eine zwangsweise Durchsetzung ist nicht möglich, das ungenügend entschuldigte Fernbleiben kann jedoch kostenrechtliche Nachteile nach sich ziehen (§ 81 Abs. 2 Nr. 5 FamFG). Durch die Teilnahme an einem Informationsgespräch kann die nachteilige Kostenfolge vermieden werden. Die Entscheidung, ob und inwieweit die Nichtteilnahme kostenrechtlich berücksichtigt wird, liegt im Ermessen des Gerichts. Inwieweit die Möglichkeit negativer Kostenfolgen geeignet ist, die Parteien dazu zu motivieren, eine Mediation zu versuchen, bleibt abzuwarten.[775] Ein Verstoß gegen den Grundsatz der Freiwilligkeit ist aufgrund der Verhältnismäßigkeit der Maßnahme und der geringen Eingriffsintensität nicht gegeben.[776] Eine verpflichtende Information über Mediation kann somit vom Gericht angeordnet werden.

Darüber hinaus kann das Gericht nach § 156 Abs. 1 S. 4 FamFG die Teilnahme an einer Beratung durch die Beratungsstellen und -dienste der Träger der Kinder- und Jugendhilfe anordnen. Die Anordnung ist nicht mit Zwangsmitteln durchsetzbar (§ 156 Abs. 1 S. 5 FamFG), kann sich jedoch nachteilig auf die Kostentragungspflicht der Betroffenen auswirken (§ 81 Abs. 2 Nr. 5 FamFG). Gleichzeitig kann die Verweigerung vom Gericht als fehlende Mitwirkung an der Sachaufklärung zum Kindeswohl gewertet werden und somit zu einer nachteiligen Beurteilung führen.[777] Die Möglichkeit, eine Mediation anzuordnen, ist nicht geregelt.[778]

Nach § 1666 Abs. 3 Nr. 1 BGB kann das Gericht zur Wiederherstellung elterlicher Kooperation das Gebot erlassen, dass Leistungen der Kinder- und Jugendhilfe in Anspruch genommen werden müssen.[779] Als Maßnahmen kommen Hilfen zur Erziehung (§ 27 SGB VIII) sowie die Beratungsangebote der §§ 16–18 SGB VIII in Betracht. Insbesondere im Rahmen des § 17 SGB VIII kann auch die Methode der Mediation eingesetzt werden.[780] Ob die Methode der Mediation gewählt wird, steht, wie bereits oben dargelegt, im Ermessen des Kinder- und Jugendhilfeträgers.[781] Das Gebot, die Hilfen in Anspruch zu nehmen, ist nach §§ 89 ff. FamFG vollstreckbar, die Nichtbefolgung kann weitere familiengerichtliche

775 Die Signalwirkung des § 81 Abs. 2 Nr. 5 FamFG begrüßend *Paul/Pape*, ZKJ 2012, 464 (467); kritisch *Zimmermann* in Keidel, FamFG, § 81 Rn. 65.

776 *Paul/Pape*, ZKJ 2012, 464 (467).

777 *Dettenborn*, Kindeswohl und Kindeswille S. 136.

778 Diesen Zustand kritisierend *Kinderrechtekommission des DFGT*, Stellungnahme zum MediationsG; *Marx*, ZKJ 2010, 300 (301).

779 *Olzen* in MüKo-BGB, § 1666 Rn. 171.

780 *Struck* in Wiesner, SGB VIII, § 17 Rn. 30.

781 Vgl. hierzu § 5 B. IV. 4. a).

Anordnungen zur Folge haben.[782] Da sich der Anwendungsbereich jedoch auf § 1666 BGB beschränkt und die Wahl der Methode im Ermessen des Jugendamtes steht, lässt sich auch hieraus keine Verpflichtung zu einer Mediation ableiten.

Die deutschen Gerichte haben sich bislang nur vereinzelt mit dem Thema verpflichtender Mediation beschäftigt.[783] Immer häufiger werden jedoch die Eltern angehalten, Konsens anzustreben und eine Kooperation und Einigung zu versuchen. So hat das OLG Hamm[784] in seiner Beschlussbegründung ausgeführt, dass den „*Kindeseltern eine Konsensbereitschaft im Rahmen des Zumutbaren*" abzuverlangen sei. Ob eine Mediation in Kindschaftssachen verpflichtend angeordnet werden kann, wird unterschiedlich bewertet. Das AG Eilenburg hat bereits 2006 die gerichtliche Anordnung einer Mediation als zulässig erachtet. Aus § 12 FGG i.V.m. § 1693 i.V.m. §§ 1666 Abs. 1, 1697a i.V.m. 1626 Abs. 2 S. 2 BGB ergebe sich die Befugnis des Gerichts, im Umgangsverfahren eine Mediation anzuordnen.[785] Das OLG Brandenburg hingegen lehnt eine Ermächtigung des Gerichts, eine Mediation verpflichtend anzuordnen, ab und führt aus, dass das FamFG eine entsprechende Ermächtigung nicht hergebe.[786]

Inwieweit die durch das Gesetz zur Förderung der Mediation und anderer Verfahren außergerichtlicher Konfliktbeilegung eingetretenen Änderungen des FamFG die Beurteilung der Gerichte beeinflussen werden, bleibt abzuwarten.

IV. Denkbare Modelle verpflichtender Mediation – Überlegungen de lege ferenda

Nach der Analyse des Status quo soll überlegt werden, ob und unter welchen Voraussetzungen eine Einführung verpflichtender Mediation in Deutschland sinnvoll ist.

1. Modelle verpflichtender Mediation

Es lassen sich unterschiedliche Modelle verpflichtender Mediation unterscheiden. Drei denkbare Ausgestaltungen sollen im Folgenden mit ihren Vor- und Nachteilen dargestellt werden.

---

782 *Olzen* in MüKo-BGB, § 1666 Rn. 169.

783 Vgl. BVerfG, NJW-RR 2007, 1073 ff. zur Verfassungsmäßigkeit eines obligatorischen Schlichtungsverfahren (§ 15a EGZPO).

784 OLG Hamm, BeckRS 2012, 04021.

785 AG Eilenburg, NJW-RR 2007, 154; *Vosberg/Rockstroh*, FPR 2007, 1.

786 OLG Brandenburg, FPR 2010, 463; vgl. auch bereits OLG Brandenburg, NJOZ 2002, 1252.

Als Grundmodelle lassen sich hier unterscheiden: Erstens die obligatorische Verweisung der Parteien in die Mediation durch das Gericht (je nach Ausgestaltung als „Kann-", „Soll-", oder „Muss-Vorschrift"), zweitens ein obligatorischer, dem Gerichtsverfahren vorgeschalteter Informationstermin sowie drittens das Modell eines verpflichtenden Mediationsversuchs.[787]

Für die obligatorische Verweisung durch den Richter spricht, dass der Richter die Umstände des Einzelfalls einschätzen und eine Auswahl treffen kann, welche Fälle für die Mediation geeignet sind. Die Autorität des Richters kann sich positiv auf die Kooperationsbereitschaft der Parteien auswirken. Nachteilig ist jedoch, dass sich vor Beginn einer Mediation nur begrenzt feststellen lässt, ob ein Fall mediationsgeeignet ist. Inwieweit von der Verweisungsmöglichkeit Gebrauch gemacht werden würde, lässt sich nicht prognostizieren.[788] Bei manchen Eltern könnte durch eine unterlassene Verweisung die Chance einvernehmlicher Konfliktbeilegung vertan werden. Ferner ist zu bedenken, dass sich die Eltern im Zeitpunkt der Verweisung bereits im gerichtlichen Verfahren befinden und überzeugt werden müssten, diesen Weg wieder zu verlassen.[789] Da in Deutschland bereits die Möglichkeit des Gerichts besteht, in eine güterichterliche Mediation zu verweisen bzw. eine außergerichtliche Mediation vorzuschlagen, dürfte durch eine verpflichtende Verweisung in die außergerichtliche Mediation kein wesentlicher Gewinn eintreten.

Ein obligatorischer Informationstermin über Mediation vor Einleitung eines gerichtlichen Verfahrens hätte den Vorteil, dass die Eltern zu einem frühen Zeitpunkt mit einem Mediator in Kontakt treten würden. Dieser könnte schon im Erstgespräch mediative Techniken einsetzen, sodass die Parteien die Wirkmechanismen von Mediation unmittelbar erfahren könnten.[790] Die Entscheidung für die Fortführung der Mediation würde mit einem hohen Grad an Autonomie getroffen, da die Eltern über die Verfahrensalternativen informiert wären

787 *Kriegel*, ZKM 2006, 52 (54), die insgesamt sechs Stufen unterscheidet. Als weitere Stufen diskutiert sie den *„Entscheidungszwang durch Öffentlichkeitsarbeit"*, eine *„Beratungspflicht"* sowie einen *„Zwang zur Einigung"*.

788 *Peschke*, Familienmediation bei Trennung S. 192, die annimmt, dass von einer Verweisungsmöglichkeit, die im Ermessen des Gerichts stehe, kaum Gebrauch gemacht werde. Sie spricht sich daher dafür aus, eine Anordnung als Regelfall festzuschreiben (*„soll anordnen"*) und nur in Ausnahmefällen eine Verweisung nicht vorzunehmen. Darüber hinaus empfiehlt sie, eine Anordnungsmöglichkeit auch mit der Regelung des § 128 Abs. 2 FamFG zu kombinieren (S. 198 ff.).

789 *Kriegel*, ZKM 2006, 52 (54).

790 *Kriegel*, ZKM 2006, 52 (54).

und eine bewusste Entscheidung fällen könnten.[791] Gegen ein reines Informationsgespräch spricht, dass die Eltern darin eine relativ passive Rolle einnehmen könnten und nicht versuchen müssten, sich unmittelbar mit ihrem Konflikt auseinanderzusetzen.[792] Gegenüber der Möglichkeit, die Teilnahme an einem Informationsgespräch gerichtlich anzuordnen (§§ 135, 156 Abs. 1 S. 3 FamFG) bestünde jedoch der Vorteil, dass die Information erfolgen würde, bevor sich der Konflikt durch das gerichtliche Verfahren ggf. verschärft hat.

Die dritte Alternative, der verpflichtende Mediationsversuch, würde einen verbindlichen Einstieg in die Mediation, d.h. die Arbeit am konkreten Fall bedeuten.[793] Positiv an dieser Ausgestaltung ist, dass die Eltern gezwungen werden, miteinander in Kontakt zu treten und am Konflikt zu arbeiten. Die Hemmschwelle, sich auf das Verfahren der Mediation einzulassen, wäre beseitigt. Dadurch, dass alle Eltern zuerst eine Mediation versuchen müssten, würde sich auch das gesellschaftliche Bewusstsein verändern.[794] Nach der obligatorischen Versuchsphase stünde es ihnen frei, die Mediation fortzusetzen oder ein anderes Verfahren zu wählen.[795] Nachteilig an dieser Variante ist, dass sie die eingriffsintensivste ist und die Eltern zeitlich stärker belastet. Trotzdem überzeugt diese Möglichkeit, da sie als einzige einen Einstieg auf der inhaltlichen Ebene ermöglicht und die Eltern erfahren, wie eine Mediation funktioniert. Die Zeit zwischen den Terminen kann von den Eltern genutzt werden, um darüber nachzudenken, wie sie ihre Konflikte lösen möchten und ob die Mediation fortgesetzt werden soll. Fragen, die nach dem Informationsgespräch der ersten Stunde entstanden sind, können in den weiteren Terminen geklärt werden. Paare, die sich ansonsten nach einer Stunde aufgrund von offenen Fragen oder Missverständnissen gegen eine Mediation entschieden hätten, können so weitere Unterstützung erfahren. In drei Terminen kann bereits eine gute Vertrauensbasis für eine weitere Zusammenarbeit begründet werden. Es ist anzunehmen, dass die Wahrscheinlichkeit, dass die Eltern eine Mediation fortsetzen, steigt, wenn sie den Mediator und das

791 *Kriegel*, ZKM 2006, 52 (54). Zu dem in Australien bestehenden Modell, bei dem mit den Eltern vor Beginn der (obligatorischen) Mediation in einem Termin erörtert wird, ob die Mediation geeignet ist, vgl. *Bell/Cashmore/Parkinson/Single*, International Journal of Law, Policy and the Family 2013, 116 (119).

792 So auch *Peschke*, Familienmediation bei Trennung S. 207.

793 *Kriegel*, ZKM 2006, 52 (55).

794 *Kriegel*, ZKM 2006, 52 (55); in diesem Sinne auch *Staub*, Zeitschrift für Vormundschaftswesen 2006, 121 (125).

795 Zu dem Modell in Norwegen vgl. *Lack-Strecker*, ZKJ 2010, 380; *Peschke*, Familienmediation bei Trennung S. 204 ff.

Verfahren der Mediation in Ruhe kennenlernen konnten. Für das Kind steigt dadurch die Chance, dass seine Eltern bereit sind, miteinander zu kooperieren und gemeinsam eine Lösung zu erarbeiten.

2. *Anwendungsbereich und Voraussetzungen einer Einführung eines verpflichtenden Mediationsversuchs*

Erwägt man die Einführung eines verpflichtenden Mediationsversuches, so stellen sich in Bezug auf die tatsächliche Umsetzung zahlreiche Fragen. Wird seitens des Staates ein verpflichtendes Modell eingeführt, dann muss garantiert sein, dass die dafür erforderliche Infrastruktur gegeben ist, Qualitätssicherungssysteme bestehen und die Kostenfrage geklärt ist. Der Kreis der Verpflichteten muss genau bestimmt sein. Da insbesondere die Sicherung des Kindeswohls legitimer Zweck einer einschränkenden Regelung ist,[796] sollte die verpflichtende Mediation auf Kindschaftssachen nicht vermögensrechtlicher Art beschränkt werden. Vor allem bei Eltern, die sich trennen (unabhängig davon, ob sie verheiratet sind oder nicht) und eine gerichtliche Entscheidung begehren, dürfte eine Pflichtmediation besonders gewinnbringend sein.

Hinsichtlich des Umfangs der *„Verpflichtung zur Erprobung eines Mediationsverfahrens"*[797] scheint angesichts der Komplexität von Trennungs- und Scheidungsfällen eine zu kurze Dauer unrealistisch, um einen ernsthaften mediativen Versuch unternehmen zu können.[798] Andererseits ist es auch wenig sinnvoll, Parteien, die keine einvernehmliche Lösung finden wollen, über Gebühr zu belasten. Das kindliche Zeitempfinden sowie der in § 155 FamFG normierte Vorrang- und Beschleunigungsgrundsatz müssen zusätzlich beachtet werden.

Unter Berücksichtigung dieser Aspekte ist es sinnvoll, den Mediationsversuch auf drei Termine zu begrenzen. Da die erste Sitzung sowieso der Information und dem Kennenlernen dient, ist der Zeitrahmen überschaubar. Für die weitere Ausgestaltung empfiehlt sich, dass die Parteien nach den drei Terminen, sollten sie die Mediation nicht fortsetzen wollen, eine Teilnahmebescheinigung erhalten. Diese können sie dann bei Gericht vorlegen und sodann den Gerichtsweg beschreiten. Dem Mediator sollte es freistehen, bei Paaren, bei denen eine Mediation keinerlei Aussicht auf Erfolg hat, eine Erklärung auch nach der ersten

796 Vgl. hierzu bereits § 6 B. II. 2.

797 *Lack-Strecker*, ZKJ 2010, 380.

798 Vgl. jedoch die Regelung in Norwegen, bei der lediglich ein einstündiger Termin verpflichtend ist, *James/Haugen/Rantalaiho/Marples*, International Journal of Children's Rights 2010, 313 (323).

Stunde auszustellen. Wichtig ist es, dass die Parteien ausreichend Zeit haben, um auszuprobieren, ob das Verfahren der Mediation für sie in Frage kommt. Für (von vornherein) mediationsungeeignete Fälle sollte eine Ausnahmeregelung bestehen.

Für Konstellationen, in denen sich die Eltern bereits ohne Hilfe eines Mediators über die kindbezogenen Regelungen geeinigt haben, kann überlegt werden, ob hier eine Stunde zur Reflexion der gefunden Vereinbarung ausreicht. So könnten in Fällen, in denen keine Anträge zum Umgangs- oder Sorgerecht gestellt wurden, die Eltern trotzdem zu einer Präventivmediation verpflichtete werden.[799] In dieser Präventivmediation könnten mit den Eltern die Regelungsinhalte der Einigung besprochen werden und es könnte gemeinsam reflektiert werden, ob diese dem Wohl des Kindes am besten entspricht. So kann verhindert werden, dass Eltern, um einer Mediation zu entgehen, fälschlicherweise angeben, sich einig zu sein. Zudem können die Eltern darauf aufmerksam gemacht werden, wenn sie Aspekte, die für ihr Kind von Bedeutung sein könnten, nicht berücksichtigt haben. Ein entsprechendes System existiert in Norwegen. Nach dem Modell in Norwegen ist bei Vorhandensein minderjähriger Kinder unter 16 Jahren ein Mediationsversuch Grundvoraussetzung für die Scheidung, unabhängig davon, ob die Eltern sich einig sind oder nicht.[800] Da in diesen Konstellationen Ziel der Intervention mehr die Aufklärung der Eltern und die Überprüfung der Einigung auf die Kindeswohlbelange ist, scheint hier eine Beratung besser geeignet. Insbesondere durch die Beratungsstellen und Träger der Kinder- und Jugendhilfe könnte eine fachlich qualifizierte Unterstützung erfolgen. Eltern, die sich scheiden lassen wollen, jedoch keine Anträge zum Umgangs- oder Sorgerecht gestellt haben, sollten daher zu einem Beratungstermin verpflichtet werden. Dieser sollte nicht erst vom Gericht angeordnet werden können, sondern sollte dem Gerichtsverfahren grundsätzlich vorgeschaltet sein. Nach absolvierter Beratung könnte den Eltern hier ebenfalls eine entsprechende Teilnahmebescheinigung ausgestellt werden. Ergibt sich in der Beratung, dass keine Einigung besteht oder weitere Unterstützung erforderlich ist, können die Eltern an einen Mediator verwiesen oder weitere Beratungstermine vereinbart werden.

---

799 Vgl. dazu *Peschke*, Familienmediation bei Trennung S. 184, die in Anlehnung an das norwegische Modell eine Präventivmediation auch für die Fälle vorschlägt, in denen keine Anträge zum Umgangs- oder Sorgerecht gestellt wurden.

800 *James/Haugen/Rantalaiho/Marples*, International Journal of Children's Rights 2010, 313 (321).

Bei der Einführung verpflichtender Beratung/Mediation darf die Kostenfrage nicht außer Acht gelassen werden. In Deutschland müsste ein System bereitgestellt werden, das garantiert, dass die betroffenen Paare kostenlos/kostengünstig qualifizierte Hilfe bekommen. Ein denkbares Modell wäre es, die ersten drei Termine für alle Eltern kostenfrei zur Verfügung zu stellen und für die Fortführung nach diesem Zeitraum für einkommensschwache Eltern eine Mediationskostenhilfe einzuführen.[801] Die Beratung von Eltern, die sich über die kindbezogenen Regelungen einig sind, muss ebenfalls kostenlos angeboten werden.

Als Koordinatoren könnten entweder das Gericht, die Anwälte oder eine andere Stelle, z.B. das Jugendamt oder ein sonstiger freier Träger, dienen. Die Anwälte müssten bei der Beratung ihre Mandanten auf das Erfordernis des Mediationsversuches hinweisen. Informationsmaterialien mit den Anlaufstellen sollten allgemein zugänglich gemacht werden. Wichtig ist es, unnötige Verzögerungen zu Lasten des Kindes zu vermeiden und eine zeitnahe Inanspruchnahme zu ermöglichen. Als Stellen, die eine Teilnahmebestätigung ausstellen könnten, kommen die Jugendämter, staatlich anerkannte Beratungsstellen, die Mediationen durchführen, sowie freie Mediatoren in Betracht. Um eine Qualitätssicherung zu garantieren, sollte geregelt werden, dass nur zertifizierte Mediatoren zur Ausstellung der Teilnahmebestätigung berechtigt sind. Inhaltlich sollten in der Mediation nicht nur Regelungen der kindbezogenen Aspekte, sondern, sofern es die Eltern wünschen, auch Vereinbarungen über die sonstigen Scheidungsfolgensachen getroffen werden.[802]

V. Fazit zur Pflichtmediation und Regelungsvorschläge

Mediation ist und bleibt ein freiwilliger Prozess, auch wenn man den Zugang zur Mediation obligatorisch vorschreibt.

Für Eltern in Trennung kann die Mediation als *„obligatorisches Probestadium“*[803] durchaus sinnvoll sein. Solange die Einigung selbst eine *„Option aber keine Obligation darstellt“*[804], ist die Einführung einer verhältnismäßig ausgestalteten Pflichtmediation verfassungsrechtlich nicht zu beanstanden. Orientieren sollte sich die Einführung einer verpflichtenden Mediation an folgendem, von

---

801 Vgl. hierzu § 6 D. IV.

802 So auch *Peschke*, Familienmediation bei Trennung S. 207, die den damit verbundenen Vorteil der Entlastung der Justiz betont.

803 Begriff aus *Dettenborn*, Kindeswohl und Kindeswille S. 137.

804 *Kriegel/Koerrenz*, Mediationspflicht S. 65; vgl. auch *Emery*, Renegotiating Family Relationships S. 118, der klarstellt, dass nur die Anwesenheit, jedoch nicht die Einigung angeordnet werden kann.

Dettenborn formulierten Satz: „*Eine Entscheidung in problembeladenen Familiensachen ohne den Versuch intervenierender Hilfe ist genauso kontraindiziert wie eine formale Intervention als Selbstzweck mit unnötig verzögerter Entscheidung.*"[805] Für die konkrete Ausgestaltung bedeutet dies, dass es wichtig ist, ein angemessenes Verhältnis zwischen dem Grad des angewendeten Zwangs und der Belastung der Familien und insbesondere der Kinder zu finden. Langandauernde Versuche, eine einvernehmliche Lösung zu finden, können, gerade unter Berücksichtigung des kindlichen Zeitempfindens, einen dem Kindeswohl abträglichen Zustand in den Familien auch unnötig lange aufrecht erhalten.[806] Zum Wohle des Kindes ist es den Eltern jedoch zuzumuten, eine einvernehmliche Konfliktbeilegung durch Mediation zu versuchen.

Eine Einbettung in die bestehenden Vorschriften könnte wie folgt realisiert werden:

Für alle Eltern mit minderjährigen Kindern, die sich scheiden lassen wollen, könnte ein dem Scheidungsverfahren vorgelagerter obligatorischer Mediationsversuch bzw. Beratungstermin vorgeschrieben werden.[807] Systematisch könnte die Vorschrift in die Regelungen zum Scheidungsverfahren eingefügt werden.

Es könnte ein neuer Paragraph (128a FamFG) eingefügt werden. Dessen Überschrift und Gesetzestext könnten lauten:[808]

„*Antragsvoraussetzungen bei Vorhandensein gemeinschaftlicher minderjähriger Kinder der Ehegatten*

1. *Sind gemeinschaftliche minderjährige Kinder vorhanden, haben die Eltern in Wahrnehmung ihrer Elternverantwortung vor Antragsstellung zur Regelung kindbezogener Belange einen Mediationsversuch bei einer zertifizierten Stelle oder einem zertifizierten Mediator zu unternehmen.*
2. *Die Mindestdauer des Mediationsversuches beträgt drei Termine à 60 Minuten, sofern nicht eine frühere Beendigung aus Gründen des Kindeswohls oder aufgrund persönlicher Gründe der Eltern angezeigt ist.*

805 *Dettenborn*, Kindeswohl und Kindeswille S. 139.

806 *Dettenborn*, Kindeswohl und Kindeswille S. 137.

807 Vgl. *Peschke*, Familienmediation bei Trennung S. 232 f. mit einem Formulierungsvorschlag für die Möglichkeit, dass das Gericht eine Präventivmediation verpflichtend anordnen kann.

808 Wird auch § 156 FamFG in der vorgeschlagenen Neufassung umgesetzt (dazu sogleich), dann kann in § 128a FamFG auf diesen entsprechend verwiesen werden. § 128a Abs. 2 und 5 FamFG können sodann durch einen entsprechenden Verweis auf § 156 Abs. 3 und 4 FamFG ersetzt werden. Der Übersichtlichkeit halber werden hier beide Paragrafen in ihrem vollen Wortlaut wiedergegeben.

3. *Sind sich die Eltern über die kindbezogenen Belange, insbesondere die Gestaltung des Sorge- und Umgangsrechts, einig, haben sie an einem Beratungstermin teilzunehmen. In dem Beratungstermin soll das beabsichtigte Sorge- und Umgangsmodell auf seine Vereinbarkeit mit dem Kindeswohl überprüft werden. Der Beratungstermin beträgt mindestens 60 Minuten.*
4. *Über den Mediationsversuch nach Abs. 1 und den Beratungstermin nach Abs. 3 ist eine Teilnahmebescheinigung auszustellen.*
5. *Sollte eine Mediation oder eine Beratung aus Gründen des Kindeswohls nicht angezeigt oder den Eltern aus persönlichen Gründen nicht zumutbar sein, ist dies im Scheidungsantrag im Einzelnen darzulegen.“*

Konsequenterweise sollte bei Einführung von § 128a FamFG sodann § 124 FamFG um folgenden Satz 2 ergänzt werden:

> *„Bei gemeinschaftlichen minderjährigen Kindern der Ehegatten ist dem Antrag eine Teilnahmebestätigung nach § 128a FamFG beizufügen.“*

§ 128 Abs. 2 FamFG müsste ebenfalls entsprechend angepasst werden. Der letzte Halbsatz *„auf bestehende Möglichkeiten der Beratung hinzuweisen“* könnte gestrichen werden, da der Mediationsversuch bzw. der Beratungstermin ja obligatorisch wären. Um die freiwillige Inanspruchnahme zu fördern, könnte § 128 Abs. 2 FamFG alternativ auch um einen Hinweis auf Mediation erweitert werden und würde dann lauten:

> *„Sind gemeinschaftliche minderjährige Kinder vorhanden, hat das Gericht die Ehegatten auch zur elterlichen Sorge und zum Umgangsrecht anzuhören und auf bestehende Möglichkeiten der Beratung und Mediation hinzuweisen“.*

Im Kindschaftsrecht könnte folgende Regelung implementiert werden:[809]

> *„Mediation in Kindschaftssachen*

1. *Zur Entwicklung eines einvernehmlichen Konzeptes zur Wahrnehmung der elterlichen Sorge und der elterlichen Verantwortung haben die Eltern einen Mediationsversuch bei einer zertifizierten Stelle oder einem zertifizierten Mediator zu unternehmen.*
2. *Über den Mediationsversuch ist eine Teilnahmebescheinigung auszustellen.*
3. *Die Mindestdauer des Mediationsversuches beträgt drei Termine à 60 Minuten, sofern nicht eine frühere Beendigung aus Gründen des Kindeswohls oder aufgrund persönlicher Gründe der Eltern angezeigt ist.*

---

809 Vgl. für einen anderen Vorschlag *Peschke*, Familienmediation bei Trennung S. 234, die für den Bereich der Kindschaftssachen die gerichtliche Anordnungsmöglichkeit für vorzugswürdig hält, da damit auf das besondere Schutzbedürfnis der Betroffenen besser reagiert werden könne.

4. *Sollte eine Mediation aus Gründen des Kindeswohls nicht angezeigt oder den Ehegatten aus persönlichen Gründen nicht zumutbar sein, ist dies dem Gericht gegenüber im Einzelnen darzulegen.*"

Die Regelung könnte als § 156 FamFG aufgenommen werden. Der jetzige § 156 FamFG würde zu § 156a FamFG werden. In dem jetzigen § 156 FamFG müsste die Möglichkeit, ein Informationsgespräch über Mediation anordnen zu können, gestrichen werden. Die Möglichkeit, eine Beratung anordnen zu können, könnte beibehalten werden, da die Beratung, wie oben dargestellt, auch eine über die Mediation hinausgehende Zielrichtung verfolgen kann. Auch § 135 FamFG und die Kostenregelungen der §§ 81 Abs. 2 Nr. 5, 150 Abs. 4 S. 2 FamFG müssten entsprechend gestrichen bzw. modifiziert werden.

C. Rechtsanspruch auf Mediation

Als Gegenentwurf zu einem verpflichtenden Modell kann die Frage diskutiert werden, ob den Eltern ein Rechtsanspruch auf Mediation zustehen sollte.[810] In diesem Denkmodell geht es nicht um eine etwaige Verpflichtung der Eltern, eine Mediation ernsthaft zu versuchen, sondern um einen Anspruch der Beteiligten gegen den Staat, entsprechende Angebote zur Verfügung zu stellen. Wie *Wesche* zutreffend formuliert: „*Die Alternative zum Zwangsverfahren ist das Angebot*".[811]

Zieht man die positiven Auswirkungen der Mediation auf das Kindeswohl in Erwägung, so stellt sich die Frage, ob der Staat, der das Kindeswohl zu sichern hat, nicht gerade dieses Verfahren in Kindschaftssachen anbieten muss. Zwar besteht mit dem Güterichtermodell eine Möglichkeit, eine von der Verfahrenskostenhilfe umfasste Mediation durchzuführen, ein Anspruch auf Mediation durch den Güterichter besteht jedoch nicht. Zum einen liegt die Entscheidung, ob die Parteien in das Güterichterverfahren verwiesen werden, im Ermessen des Gerichts und zum anderen kann der Güterichter frei darüber bestimmen, welches Verfahren der Konfliktbeilegung er wählt.[812]

Allerdings könnte sich aus § 17 SGB VIII ein Rechtsanspruch auf Mediation ergeben.[813] § 17 SGB VIII soll die „*Handlungskompetenz der Eltern verbessern*"[814]

810 Vgl. *Ryrstedt*, International Journal of Law, Policy and the Family 2012, 220 (227), die über die Situation in Schweden berichtet, wo die Gemeinden verpflichtet sind, Mediationen den Eltern kostenlos zur Verfügung zu stellen.

811 *Wesche*, ZRP 2004, 49 (50).

812 Hierzu bereits oben § 6 B. III. dieser Arbeit.

813 *Riehle*, ZfJ 2003, 418.

814 *Struck* in Wiesner, SGB VIII, § 17 Rn. 1.

und sie bei der Bewältigung der Trennungs- und Scheidungsfolgen unterstützen. Während § 17 Abs. 1 SGB VIII den Eltern einen Beratungsanspruch zuspricht, wird in Abs. 2 die Pflicht der Kinder- und Jugendhilfe normiert, die Eltern bei der Entwicklung eines einvernehmlichen Konzeptes für die Wahrnehmung der elterlichen Sorge und Verantwortung zu unterstützen. Zu der Erfüllung dieser Aufgaben wird auch die Methode der Mediation eingesetzt.[815] Es kann überlegt werden, ob sich aus der Tatsache, dass § 17 SGB VIII eine Anspruchsnorm ist, ableiten lässt, dass die Parteien einen Anspruch auf Mediation haben.[816] Fest steht, dass § 17 SGB VIII ein einklagbares, subjektiv öffentliches Recht vermittelt.[817] Fraglich ist jedoch, ob sich auch ein Anspruch auf eine bestimmte „Beratungsform"[818] ergeben kann. Bejaht man dies, wäre die Mediation eine (einklagbare) Pflichtleistung der Kinder- und Jugendhilfe, was Qualifizierungspflichten der Mitarbeiter und eine entsprechende Planung und Bereitstellung von Kapazitäten zur Folge hätte.[819] Welches Beratungskonzept im Rahmen des § 17 SGB VIII zu wählen ist, gibt der Gesetzgeber nicht vor.[820] Die Wahl des Verfahrens steht, wie oben bereits dargelegt, grundsätzlich im Ermessen des Kinder- und Jugendhilfeträgers.[821] Bei der Wahl des Verfahrens können als Anhaltspunkte der elterliche Wille, der Beratungsbedarf, die Beteiligungsrechte des Kindes sowie das Gebot der Fachlichkeit herangezogen werden.[822] *Riehle* nimmt an, dass sich aus dieser Konkretisierung ein Rechtsanspruch auf Mediation ergeben könne, wenn in dem konkreten Fall nur die Methode der Mediation *„eine Möglichkeit des Erfolgs biete"*[823]. Diese Ansicht ist überzeugend, auch wenn die Feststellung, ob die Mediation die einzig geeignete Methode ist – was der Autor durchaus erkennt – die Kinder- und Jugendhilfe und das Gericht vor nicht unerhebliche

815 *Struck* in Wiesner, SGB VIII, § 17 Rn. 30.

816 *Riehle*, ZfJ 2003, 418.

817 *Riehle*, ZfJ 2003, 418.

818 Wird die Mediation im Rahmen des § 17 SGB VIII eingesetzt, muss es sich aufgrund des Gesetzesvorbehaltes (§ 31 SGB I) um eine Methode der Beratung handeln. § 31 SGB I gibt vor, dass Rechte und Pflichten in den Sozialleistungsbereichen des SGB nur begründet, festgestellt, geändert oder aufgehoben werden dürfen, soweit ein Gesetz dies vorschreibt oder zulässt, vgl. *Riehle*, ZfJ 2003, 418, der zu Recht darauf hinweist, dass mit dieser rechtlichen Qualifizierung nicht die Eigenständigkeit des Mediationskonzeptes angegriffen werden soll.

819 *Riehle*, ZfJ 2003, 418.

820 *Riehle*, ZfJ 2003, 418 (419).

821 Vgl. bereits oben § 5 B. IV. 4. a).

822 *Riehle*, ZfJ 2003, 418 (421).

823 *Riehle*, ZfJ 2003, 418 (423); zustimmend *Struck* in Wiesner, SGB VIII, § 17 Rn. 29.

Schwierigkeiten stellen dürfte. Formal-juristisch betrachtet lässt sich aus § 17 SGB VIII somit ein Anspruch auf Mediation herleiten, wenn die Mediation die einzig erfolgsversprechende Methode ist. Die Chancen der Parteien, diesen Anspruch ohne ein entsprechendes freiwilliges Angebot der Jugendämter zu realisieren, sind jedoch schlecht. Insbesondere, da viele Beratungsformen Elemente des Mediationsverfahrens beinhalten und vice versa dürfte es kaum nachweisbar sein, dass nur die Mediation Aussicht auf Erfolg hat.

Um das Verfahren der Mediation zu fördern und den Eltern eine Konfliktbeilegung durch Mediation zu ermöglichen, könnte es sinnvoll sein, einen Anspruch ausdrücklich zu normieren und die Mediation als selbstständige Methode in § 17 SGB VIII zu verankern.

Die Überschrift von § 17 SGB VIII könnte sodann mit folgender hier unterstrichener Ergänzung lauten:

> *„Beratung und Mediation in Fragen der Partnerschaft, Trennung und Scheidung".*

§ 17 Abs. 2 SGB VIII könnte wie folgt ergänzt werden:

> *„Im Fall der Trennung und Scheidung sind Eltern unter angemessener Beteiligung des betroffenen Kindes oder Jugendlichen bei der Entwicklung eines einvernehmlichen Konzepts für die Wahrnehmung der elterlichen Sorge und der elterlichen Verantwortung zu unterstützen. Zur Entwicklung des einvernehmlichen Konzeptes können die Eltern, sofern dem nicht zwingende Gründe entgegenstehen, das Verfahren der Mediation wählen. Das erarbeitete Konzept kann auch als Grundlage für einen Vergleich oder eine gerichtliche Entscheidung im familiengerichtlichen Verfahren dienen."*

Für eine Verankerung der Mediation in der Kinder- und Jugendhilfe spricht, dass die dort bereits bestehenden Strukturen genutzt werden können. Eine Erweiterung des Angebots dürfte relativ einfach zu realisieren sein. Da die Räumlichkeiten, Kapazitäten und Verwaltungsstrukturen bereits für die Beratung bestehen, müsste wohl vor allem in die Ausbildung der Mitarbeiter investiert werden. Durch den offiziellen Charakter des Angebots ist, wie die Studie von *Proksch* zeigt, eine hohe Akzeptanz zu erwarten. In der Pilotstudie gaben 88,9 % der Teilnehmer an, Interesse an einer Mediation durch das Jugendamt zu haben und immerhin 68,6 % entschieden sich zur Inanspruchnahme des Angebots. 68,5 % gaben an, sich Mediation als Jugendhilfestandardangebot zu wünschen.[824] In der Hauptstudie wurde deutlich, dass sich das Bild, das die Teilnehmer vom Jugendamt hatten, nach der Vermittlung deutlich positiv verändert hatte.[825] Allerdings könnte der offizielle Charakter auch eine Hemmschwelle darstellen und den

824 *Proksch*, Pilotstudie S. 43.
825 *Proksch*, Hauptstudie S. 83.

Eltern das Gefühl staatlicher Einmischung vermitteln. Eine weitere Schwierigkeit könnte die Vertraulichkeit der Mediation darstellen. Es müsste sichergestellt werden, dass die Inhalte der Mediation nicht an andere Jugendamtsmitarbeiter weitergeben und nicht vor Gericht verwendet werden. Inwieweit dies gelingt und ob die Eltern die Mediation durch das Jugendamt annehmen, sollte erneut empirisch erprobt werden.

D. Überblick über weitere Optimierungsmöglichkeiten

Im folgenden Abschnitt sollen weitere Optimierungsmöglichkeiten angeregt und Ideen aufgezeigt werden, die eine Unterstützung der Familien in der Phase von Trennung und Scheidung bewirken können. Die Darstellung konzentriert sich dabei auf Modelle, die der Förderung der Mediation dienen oder begleitend zu einer Mediation angeboten werden können.

I. Konfliktmanagement durch Zuweisungssysteme

Eine Optimierung könnte durch ein Konfliktmanagement der Gerichte in Form von Zuweisungssystemen erreicht werden. Hintergrund der Zuweisungssysteme ist, dass durch entsprechende Fachkenntnisse die Konflikte je nach Art und Eignung in eine dafür passende Form der Konfliktbeilegung überwiesen werden können. Als Zuweisungsmodelle kommen insbesondere die Arbeit mit Zuweisungstabellen, die Einrichtung einer Verfahrenswahlberatungsstelle an den Gerichten oder die Umsetzung der Idee eines *Multi-Door-Courthouse* in Betracht.

Bei der Arbeit mit Zuweisungstabellen, dem *„case classification sytem"* werden objektive Kriterien (z.B. Zahl der Beteiligten, Fehlen anwaltlicher Vertretung, Gewichtung finanzieller und anderer Interessen, andauernde Beziehungen zwischen den Beteiligten, Erfordernis von Sachverstand….) sowie subjektive Kriterien, die sich aus den Präferezen der Beteiligten ergeben (z.B. Vertraulichkeit, schnelle Konfliktlösung, Erhalt persönlicher Beziehungen…)[826] unterschieden. Anhand eines Punktesystems wird durch einen geschulten Mitarbeiter (Richter oder Rechtspfleger) ein Vorschlag der passenden Konfliktbeilegungsmethode erarbeitet.[827] Die Auswahl berücksichtigt sowohl außergerichtliche als

---

826 *Wesche*, ZRP 2004, 49 (50 f.).

827 *Wesche*, ZRP 2004, 49 (51); zu den Kriterien sowie dem Auswahlprozesses vgl. den ADR Suitability Guide des International Institute for Conflict Prevention and Resolution (CPR) aus dem Jahre 2006, abzurufen unter www.cpradr.org/Portals/0/Resources/ADR Tools/Tools/cpr suitability guide.pdf. (letzter Zugriff am 13.05.13) sowie *Ulrici* in MüKo-ZPO, § 278a Rn. 7 ff.

auch gerichtliche Verfahren.[828] Vorgeschlagen wird das Verfahren, das unter Berücksichtigung der Angaben aller Beteiligter summarisch den höchsten Wert erreicht.[829] Ziel ist es, die verfahrensbezogenen Bedürfnisse der Parteien bestmöglich zu berücksichtigen.[830] Nach diesem Modell wird den Beteiligten eine Einflussmöglichkeit auf die Verfahrenswahl gegeben, gleichzeitig wird ihnen aber durch die Struktur des Auswahlverfahrens eine Struktur und Richtung vorgegeben. *Wesche* spricht daher von einer *„sachgerechten Autonomie bezüglich des Fortgangs der Ereignisse“* [831].

Die Methode der Zuweisungstabellen geht über die Möglichkeit des Gerichts, eine Mediation vorzuschlagen oder die Parteien in das Verfahren vor dem Güterichter zu verweisen, hinaus. Zwar prüft auch hier der Richter die Eignung des Falls, die Zuordnung erfolgt jedoch nicht nach einer bestimmten Stuktur und setzt eine Klageerhebung voraus. Zudem steht es dem Richter frei, welche Kriterien er zugrunde legt. Bei dem Güterichterverfahren kann er keinen Einfluss darauf nehmen, welche Konfliktbeilegungsmethode gewählt wird.[832] Eine Zuweisung könnte auch durch eine bei den Gerichten angesiedelte Verfahrensberatungsstelle vorgenommen werden, die den Parteien eine zentrale Anlaufstelle sowie ensprechende Informationen anbietet.[833]

Einen Schritt weiter als die Zuweisung anhand einer Tabelle geht die Idee des *Multi-Door-Courthouse*. Nach diesem Modell findet nicht nur die oben dargestellte Zuweisung statt, sondern die verschiedenen Verfahren werden unter dem Dach des Gerichts angeboten.[834] Der Idee nach sollen in Kooperation mit anderen Berufsgruppen in den Räumen des Gerichts sowohl verschiedene gerichtliche als auch außergerichtliche Verfahren angeboten werden. In Amerika wurde das System in unterschiedlichen Abstufungen umgesetzt.[835] Bei Scheitern einer Konfliktbeilegungsmethode kann ohne großen Zeitverlust in den Nachbarräumen eine streitige Verhandlung stattfinden.[836] Die Konfliktbeilegungsverfahren, wie

828 Zu den typischerweise angebotenen Verfahren, vgl. *Wendenburg*, ZKM 2013, 19 (20).
829 *Wesche*, ZRP 2004, 49 (51).
830 *Wesche*, ZRP 2004, 49 (51).
831 *Wesche*, ZRP 2004, 49 (51).
832 Vgl. *Wendenburg*, ZKM 2013, 19, der aufgrund dessen eine Eignung als Instrument zum Konfliktmanagement ablehnt.
833 *Wendenburg*, ZKM 2013, 19 (21 f.).
834 *Wesche*, ZRP 2004, 49 (51).
835 *Wendenburg*, ZKM 2013, 19 (22).
836 *Wesche*, ZRP 2004, 49 (51).

etwa die Mediation, werden oft kostengünstig von Vertretern nichtjuristischer Berufe oder entsprechend ausgebildeten Jurastudenten angeboten.[837]

Folgt man der Idee der Einrichtung einer Verfahrenswahlberatungsstelle an deutschen Gerichten, dann stellt sich die Frage, wie die Parteien in die Beratung gelangen. Denkbar sind auch hier verschiedene Abstufungen von Freiwilligkeit und Obligation. Eine Möglichkeit ist es, die Zulässigkeit einer Zivilklage von der vorherigen Inanspruchnahme der Beratungsstelle durch den Kläger abhängig zu machen.[838] Nach der Beratung des Klägers könnte auch der Beklagte aufgefordert werden, den Fragebogen der Beratungsstelle auszufüllen. Wenn sich keine übereinstimmende Verfahrenstendenz ermitteln lässt, können Kläger und Beklagter gemeinsam zu einem Beratungsgespräch eingeladen werden.[839]

Für streitige Kindschaftssachen bietet es sich an, dass die Eltern von Anfang an gemeinsam zu der Verfahrensberatungsstelle gehen. Damit es nicht zu konfliktverschärfenden Schriftsätzen kommt, ist zu überlegen, ob die Teilnahme an der Verfahrensberatung zwingend der Antragstelllung vorgeschaltet sein sollte. Eine Bescheinigung der Verfahrensberatungsstelle wäre danach Voraussetzung für die Antragsstellung. Sollten die Eltern eine gemeinsame Beratung ablehnen, sind auch Einzelgespräche denkbar. Im Gegensatz zu einem obligatorisch vorgeschalteten Informationsgespräch über Mediation, würden in der Verfahrensberatung mit den Parteien alle Verfahrensalternativen gleichermaßen besprochen. Durch die Angliederung der Beratungsstelle an das Gericht gäbe es eine zentrale Anlaufstelle. Ein gemeinsames Aufsuchen der Verfahrensberatungsstelle wäre aufgrund der Verpflichtung der Eltern zur Wahrnehmung von Elternverantwortung auch einforderbar. Gleichzeitig könnten in der Verfahrensberatungsstelle auch Informationen für Kinder bereitgestellt werden.

Die Verfahrensberatung könnte ebenso von einer gerichtsunabhängigen Stelle vorgenommen werden. Es könnte bestimmt werden, dass die Parteien vor Beschreiten des Rechtsweges diese Stelle zwecks Koordinierung und Verfahrenswahlberatung aufsuchen müssten. Das Leistungsangebot könnte demjenigen der an dem Gericht angesiedelten Verfahrensberatungsstellen entsprechen. Vorteil an einer neutralen Stelle wäre, dass mangels Anbindung an eine bestimmte

837 *Wesche*, ZRP 2004, 49 (51), der zudem vorschlägt, in Deutschland Rechtsreferendare dafür einzusetzen.

838 Vorschlag nach *Wendenburg*, ZKM 2013, 19 (22).

839 *Wendenburg*, ZKM 2013, 19 (22), der darüber hinaus betont, dass die Parteien auch nach erfolgter Empfehlung in ihrer Entscheidung, welches Verfahren sie in Anspruch nehmen, frei bleiben.

Institution die Gefahr der Bevorzugung eines bestimmten Verfahrensweges gering wäre. *Hartges*[840] weist auf das Risiko hin, dass *„vom Gericht zum Gericht"* verwiesen werde, da *„große Organisationen eine selbstreferenzielle Tendenz"* hätten. In einer gerichtsunabhängigen Stelle sei ein mehrdimensionaler Blick auf den Konflikt, ein interdisziplinärer Ansatz wahrscheinlicher.

II. Aufklärung, Information und Beratung

In den letzten Jahren haben die Information und die Beratung der Familien wesentlich an Bedeutung gewonnen.[841] Der gesellschaftliche Wandel und der Trend hin zu einer autonomen Konfliktlösung haben zur Folge, dass der Wissensvermittlung und der Beratung der Eltern immer mehr Gewicht zukommt.[842] Im Folgenden werden verschiedene Informations- und Beratungsmodelle für Eltern und Kinder dargestellt.

1. Angebote für Eltern

Auf die in Zusammenhang mit den §§ 17 f. SGB VIII bestehenden Beratungsansprüche sowie die vielfältige Unterstützung der Familien durch die Kinder- und Jugendhilfe wurde bereits eingegangen. Damit die Eltern Kenntnis von dem Leistungsangebot der Jugendhilfe erhalten, teilt das Gericht der Kinder- und Jugendhilfe mit, wenn von der elterlichen Scheidung minderjährige Kinder betroffen sind (§ 17 Abs. 3 SGB VIII). Der Kinder- und Jugendhilfeträger informiert die Familien sodann über das vor Ort bestehende Leistungsangebot.[843] Die Beratung kann freiwillig in Anspruch genommen oder vom Gericht verpflichtend angeordnet werden (§ 156 Abs. 1 S. 4 FamFG). Im Gegensatz zu vielen ausländischen Modellen existiert in Deutschland keine einem Gerichtsverfahren vorgeschaltete obligatorische Beratung oder Informationsveranstaltung. Im englischsprachigen Raum hingegen gibt es unterschiedliche, meist einem gerichtlichen Verfahren vorgeschaltete verpflichtende Beratungskurse. Diese oftmals als *„Divorce-Education-Programs"* oder *„Co-Parenting-Classes"* bezeichneten Kurse sollen die Familien in dem durch die Trennung bedingten

840 *Hartges*, Außergerichtliche Konfliktlösung – Modell ÖRA S. 246.

841 Vgl. z.B. Standard VIII A) der Model Standards AFCC, wonach der Mediator die Parteien ermutigen soll, über die Themen, die es nach der Trennung zu bedenken gibt, mit einem professionellen Dritten zu sprechen.

842 Vgl. *Rexilius* in Bergmann et al., Lösungsorientierte Arbeit im Familienrecht, S. 17.

843 Kritisch hierzu *Buchholz-Graf* in: SGB VIII Online-Hdb., der anzweifelt, ob die Information der Eltern ausreichend motivierend ist.

Veränderungsprozess unterstützen. Ziel der Kurse ist es, den Eltern Wissen über die Auswirkungen ihres Verhaltens während und nach der Trennung zu vermitteln.[844] In Amerika wird häufig vom Familiengerichtsservice ein umfassendes Informationsprogramm mit Kursen, Seminaren, Filmen und Literatur bereitgestellt.[845] Manche Programme richten sich gleichermaßen an Eltern und Kinder. In Kentucky etwa gibt es das *Family in Transition Program* (FTI), nach dem Eltern mit Kindern zwischen dem achten und sechzehnten Lebensjahr verpflichtet sind, an einem Bildungsprogramm teilzunehmen.[846] Das Programm ist darauf ausgerichtet, nicht eine *„Scheidungshilfe für Paare"*, sondern vor allem ein Begleit- und Präventionsprogramm für Kinder zu sein. Alle Familienmitglieder – also auch die Kinder – sind verpflichtet, an mindestens sechs bis acht Stunden teilzunehmen. Inhaltlich wird in den Elternkursen darüber informiert, wie Kinder die Trennung erleben, wie man auf ihre Fragen und Probleme kindgerecht und angemessen reagieren und wie gemeinsame Elternschaft nach der Trennung funktionieren kann. In den Kinderkursen wird mit den Kindern über ihre Situation gesprochen, Schuldgefühle und Ängste werden thematisiert. Gleichzeitig werden den Kindern Strategien zur Bewältigung von Wut und Ängsten an die Hand gegeben. Ihre Rolle in der Trennung und Scheidung der Eltern wird ihnen erklärt. Die Zufriedenheit der Eltern mit den Kursen war, auch wenn die Teilnahme verpflichtend war, sehr hoch.[847] In Australien werden die Eltern regelmäßig dazu angehalten, einen Kurs über die Elternschaft nach Trennung und Scheidung zu besuchen, der einer Mediation vorgeschaltet ist.[848]

Auch in Deutschland wird dafür plädiert, die Angebote für die Eltern zu erweitern. Auf der Fachtagung in Bernburg 2005 zu dem Thema *„Kindeswohl und Kindeswille in Sorge- und Umgangsrechtsstreitigkeiten"* wurde der Vorschlag

---

844 *Kelly*, Va. J. Soc. Pol'y & L. 2002/2003, 129 (134).

845 *Marx*, ZKJ 2010, 300 (302).

846 Die folgenden Ausführungen und Zitate zu dem *„Family in Transition Program"* sind, soweit nicht anders angegeben *Jall* in: Buchholz-Graf/Vergho, Beratung für Scheidungsfamilien S. 204 ff. entnommen.

847 Zu den Ergebnissen der verschiedenen Studien im Einzelnen vgl. *Kelly*, Va. J. Soc. Pol'y & L. 2002/2003, 129 (135 ff.) sowie *Jall* in: Buchholz-Graf/Vergho, Beratung für Scheidungsfamilien S. 211 m.w.N., der von Studienergebnissen berichtet, nach denen 89 % der Teilnehmer mit dem Programm sehr zufrieden oder zufrieden waren und 60 % Folgekurse in Anspruch nehmen wollen.

848 *Bell/Cashmore/Parkinson/Single*, International Journal of Law, Policy and the Family 2013, 116 (119).

entwickelt, eine Weiterbildungsreihe in Kursformat für Eltern zu dem Thema *„Psychosoziale Belastungen des Kindes“* ins Leben zu rufen.[849]

Über die Erweiterung des freiwilligen Angebots hinaus, kann die Einführung eines obligatorischen Eltern-Kind-Kurses auch für Deutschland diskutiert werden. Die Argumente für und gegen ein solches Modell entsprechen im Wesentlichen denen zur Pflichtmediation. Da es in den Kursen jedoch nicht um die Erarbeitung einer Trennungs- und Scheidungsvereinbarung geht, dürften rechtliche Aspekte und Folgefragen nicht in gleichem Maße von Bedeutung sein. Die Teilnahme an den Kursen/der Beratung könnte dem Gerichtsverfahren obligatorisch vorgeschaltet sein und mit einer Teilnahmebescheinigung nachgewiesen werden. Die Teilnahme an den Beratungsterminen sollte für beide Eltern verpflichtend sein.[850]

Ein mögliches Modell für Deutschland könnte auch in einer Kombination aus Beratung und Mediation bestehen. Es könnten drei verpflichtende Beratungstermine eingeführt werden, in denen die Eltern über die Auswirkungen der Trennung auf ihre Kinder informiert und ihnen die verschiedenen Verfahrensmöglichkeiten erläutert werden. Bei Interesse an einer Mediation könnte diese zeitnah angeboten werden. Für Fälle, in denen eine Mediation nicht gewünscht oder geeignet ist, könnten zusätzliche Maßnahmen empfohlen oder die Beratung fortgesetzt werden. Dieses Angebot könnte durch ein am Gericht angesiedeltes Familienzentrum angeboten werden.

Ein Vorteil gegenüber der verpflichtenden Mediation bestünde darin, dass die Eltern auf jeden Fall Grundinformationen über die Auswirkungen ihrer Trennung auf ihre Kinder erhalten. Wichtig wäre es bei diesem Modell, dass die Mitarbeiter sowohl über die psychosozialen Aspekte der Trennung als auch über die Verfahren und rechtlichen Gestaltungsmöglichkeiten ausreichend informiert sind. Falls angezeigt, könnten diese Teilbereiche auch personell aufgeteilt werden. Für die Eltern könnte somit ein dreiteiliges Programm angeboten werden: Im ersten Termin könnte den Eltern – ggf. auch mit einem entsprechenden Film – die

---

849 Tagungsdokumentation Bernburg S. 60, abzurufen unter http://www.stejh.de/service/downloads/dokuI/view (letzter Zugriff am 20.08.2013).

850 Vgl. die in England gesammelten Erfahrungen mit einem obligatorischen Beratungstermin vor dem gerichtlichen Verfahren. Nach dem durch den Family Law Act eingeführten Modell war der Beratungstermin nur für den Elternteil verpflichtend, der den Scheidungsantrag gestellt hatte. Der andere Elternteil konnte freiwillig teilnehmen. Da der einmalige Beratungstermin jedoch kaum Auswirkungen auf das Verhalten der Eltern hatte, wurde dieses Modell nicht implementiert, vgl. *Kostka*, FamPra.ch 2009, 634 (636).

Auswirkungen der Trennung auf ihre Kinder deutlich gemacht werden. In einem zweiten Termin könnten sie persönlich beraten werden. Ihnen sollte mitgeteilt werden, welche Angebote es für sie und ihre Kinder gibt. In der dritten Sitzung sollte das weitere Vorgehen besprochen werden und es sollten den Eltern die verschiedenen Wege aufgezeigt werden, die zur Konfliktlösung beschritten werden können. Anschließend könnte das gewählte Verfahren initiiert werden. Die Beratung der Eltern könnte, wenn es erforderlich ist, auch getrennt stattfinden. Der letzte Teil der Beratung könnte durch außergerichtlich tätige Mediatoren durchgeführt werden und inhaltlich dem Informationsgespräch nach den §§ 135, 156 Abs. 1 S. 3 FamFG entsprechen.

Für die Einrichtung eines Familienzentrums am Gericht spricht, dass die Aspekte der Beratung und der Fokussierung auf die Kinder sowie die Vorteile einer Verfahrenswahlberatung kombiniert werden können. Durch die zentrale Anlaufstelle und die Anbindung an die Justiz ist eine effektive Handhabung möglich. Die Eltern erhalten zu einem sehr frühen Zeitpunkt Hilfe und werden umfassend informiert.

Es ist anzunehmen, dass diese Variante auf weniger Gegenwehr stoßen wird als die Einführung einer verpflichtenden Mediation. Sowohl die Beratung (§ 156 Abs. 1 S. 4 FamFG), als auch die Information über Mediation (§§ 135 und 156 Abs. 1 S. 3 FamFG) können bereits nach geltendem Recht angeordnet werden. Das Familienzentrum könnte in Kooperation mit den Mediationsverbänden und Dachorganisationen eine gut strukturierte Anlaufstelle schaffen und den Zugang zur Mediation somit deutlich erleichtern. Eine Beteiligung des Kindes sollte dann in der (fortgesetzten) Beratung, der Mediation oder dem Gerichtsverfahren sichergestellt werden.

2. *Angebote für Kinder*

Die meisten Informations- und Beratungsangebote richten sich an die Eltern. Dabei können die Information von Kindern sowie die Bereitstellung eines Ansprechpartners für die Kinder von besonderer Bedeutung sein. Während insbesondere in den englischsprachigen Ländern vielfältige Programme für Kinder angeboten werden,[851] holt Deutschland eher zögernd auf. Immerhin haben Kinder- und Jugendliche nunmehr nach § 18 Abs. 3 SGB VIII einen Anspruch auf Beratung und Unterstützung bei der Ausübung des Umgangsrechts und § 8 Abs. 2 SGB VIII normiert das Recht der Kinder und Jugendlichen, sich in *„allen Angelegenheiten der Erziehung und Entwicklung an das Jugendamt zu wenden"*.

---

851 Vgl. z.B. *Jall* in: Buchholz-Graf/Vergho, Beratung für Scheidungsfamilien 207 ff.

In § 8 Abs. 3 SGB VIII ist darüber hinaus ein Beratungsanspruch für Kinder- und Jugendliche in besonderen Konflikt- und Notlagen geregelt, der auch ohne Kenntnis der Personensorgeberechtigten wahrgenommen werden kann.

Ein weiteres mancherorts vorhandenes Angebot sind Kinderkurse. In Deutschland werden diese Kindergruppen (oftmals auch als Trennungs-oder Scheidungsgruppe bezeichnet) in der Regel von öffentlichen und freien Trägern angeboten. Ziel der Kinderkurse ist es, dass die Kinder untereinander Erfahrungen austauschen, Probleme besprechen und in einem geschützten Rahmen ihre Sorgen loswerden können.[852] Unter kompetenter Leitung von Fachkräften soll die Gruppe den Kindern ein Forum bieten, sich gegenseitig zu unterstützen. Der Gründung von Kindergruppen liegt die Erfahrung zu Grunde, dass sich Kinder untereinander auf einer ganz anderen Ebene verstehen, als Erwachsene dies können. Sie sind kreativ und hilfsbereit, wenn es darum geht, Problemlösungen zu finden. Indem sie erfahren, dass andere Kinder ähnliche Probleme haben, fühlen sie sich nicht mehr so allein. Die Zusammenführung von mehreren Kindern ist gewinnbringend und bewirkt viele Synergieeffekte.[853] Die Anleitung und Unterstützung durch Fachleute garantiert einen sicheren Rahmen und verhindert eine Überforderung der Kinder. In den Kinderkursen könnten die Kinder über eine anstehende Anhörung oder Einbeziehung informiert werden und sich mit den anderen Kindern darüber austauschen.

Eine Information von Kindern kann auch durch Materialien erfolgen, die speziell auf Kinder unterschiedlicher Altersstufen zugeschnitten sind. Als Informationsmedien kommen Broschüren, Poster, ein Sorgentelefon, das Internet, Videos, Radio, Fernsehen, Comics, Computerprogramme und Kinowerbung in Betracht.[854] Bei all diesen Varianten besteht das Problem, dass die Angebote die Kinder oft nicht erreichen.[855] Insbesondere dann, wenn die Informationen durch die Eltern weitergegeben werden sollen, treten Probleme auf. Viele Eltern geben die Informationen nicht weiter, da sie das Kind für zu jung halten oder sich über den richtigen Zeitpunkt der Weitergabe unsicher sind.[856] Zu fördern sind daher

852 Die folgenden Ausführungen zu den Kinderkursen sind, sofern nicht anders angegeben, *Peter*, FamPra.ch 2011, 633 ff. entnommen, der mit konkreten Praxisbeispielen seine Erfahrungen mit Kindergruppen anschaulich darstellt.

853 Kritisch zu der Wirkung von Gruppeninterventionen *Kostka*, Im Interesse des Kindes S. 505.

854 Aufzählung nach *Kostka*, Im Interesse des Kindes S. 500.

855 Diesen Zustand kritisierend *Ivanits*, ZKJ 2012, 98 (104).

856 *Kostka*, FamPra.ch 2009, 634 (636) m.w.N.

Systeme, die Kinder unabhängig von den Eltern erreichen.[857] Insbesondere Schulen könnten hier eine wichtige Rolle übernehmen und Informationen an die Kinder weitergeben. In Kooperation mit der Kinder- und Jugendhilfe könnten auch Informationsveranstaltungen stattfinden und ein jeweiliger Ansprechpartner in den Schulen ausgewählt werden, der eine Weitervermittlung vornimmt. Alle Vertrauenslehrer sollten darüber informiert sein, welche Angebote es für Kinder gibt und bei Bedarf die Eltern darauf ansprechen.

III. Qualifizierung der professionell Beteiligten

Eine Schlüsselrolle kommt der Ausbildung derjenigen zu, die den Familien beratend und unterstützend zur Seite stehen und ihnen bei der Beilegung ihrer Konflikte behilflich sind.

Für die Mediatoren könnten bestimmte Ausbildungsvoraussetzungen eingeführt werden, um Mediationen in Familiensachen übernehmen zu dürfen. Ähnlich wie ein Fachanwalt könnte die Zusatzqualifikation *Familienmediator* erworben werden. In England besteht bereits ein entsprechendes System. Nach dem *Code of Practice* des FMC dürfen Mediatoren nur direkt mit dem Kind sprechen, wenn sie entsprechend ausgebildet sind, diese Ausbildung nachweisen und entsprechende Räumlichkeiten für eine kindgerechte Anhörung bereitstellen können.[858] In Deutschland besteht bis dato lediglich die Möglichkeit, sich durch die Bundesarbeitsgemeinschaft für Familienmediation zertifizieren zu lassen, um eine Ausbildung in diesem Bereich nachzuweisen.[859] Der Erwerb der Zertifizierung ist indessen freiwillig und nicht Voraussetzung für die Übernahme von Familienmediationen.

Ebenso sinnvoll ist es, eine verbesserte Ausbildung von Richtern zu fordern, die Verfahren leiten, in denen es um den Schutz und die Belange von Kindern und Jugendlichen geht.[860] Sowohl von Familienrichtern als auch in diesem Bereich tätigen Güterichtern könnte eine besondere Qualifikation gefordert werden. Für Güterichter wäre eine den Anforderungen des § 5 MediationsG entsprechende Zertifizierung denkbar, wobei zusätzlich die sozialwissenschaftlichen Hintergründe familiärer Konflikte Ausbildungsstoff sein sollten. Bislang

857 So auch *Ivanits*, ZKJ 2012, 98 (104).

858 Vgl. Punkt 5.7.4. des Code of Practice for Family Mediators des FMC, abzurufen unter http://www.familymediationcouncil.org.uk/5.html (letzter Zugriff am 06.06.2013).

859 Vgl. www.bafm-mediation.de.

860 *Prestien* in: Müller-Magdeburg, Verändertes Denken zum Wohle der Kinder S. 105.

steht nicht fest, welche Ausbildungsvoraussetzungen ein Güterichter zu erfüllen hat.[861]

Eine weitere Optimierung könnte eintreten, wenn dem Güterichter die Möglichkeit eröffnet wird, mit einem (freiberuflichen) Co-Mediatior zu arbeiten. In Familienkonflikten wäre ein Vertreter der sozialen Berufe eine gute Ergänzung. Auch von dem Familienrichter sollten neben der Berufserfahrung (§ 23b Abs. 3 S. 2 GVG) noch weitere Qualifikationen gefordert werden. Denkbar ist es, auch hier ein an der Fachanwaltsausbildung angelehntes Modell einzuführen, bei dem neben den juristischen Themen insbesondere die sozial-psychologischen Hintergründe und die Situation der Kinder in den Fokus gerückt werden sollten. Zwar sind viele Familienrichter (zumeist durch freiwilliges Engagement) gut ausgebildet und engagiert, einheitliche Standards bestehen jedoch nicht. Um den Richtern eine entsprechende Ausbildung zu ermöglichen, sollte diese gesetzlich vorgeschrieben und entsprechend bei der Arbeitszuteilung berücksichtigt werden. § 23b Abs. 3 GVG könnte um folgenden Satz 3 ergänzt werden:

> *„Eine Abteilung für Familiensachen darf nur nach dem Erwerb der Qualifizierung zum Familienrichter übernommen werden."*

Eine ähnliche Qualifizierungspflicht ist auch für die an diesem Verfahren beteiligten Rechtsanwältinnen und Rechtsanwälte zu erwägen.[862]

IV. Finanzielle Förderung

Ein wesentlicher Punkt bei der Frage, wie der Zugang zur Mediation erleichtert werden kann, ist der Aspekt der finanziellen Förderung. Bislang gibt es in Deutschland nur vereinzelt Förderungsmodelle oder kostenfreie Mediationsangebote. Zwar übernehmen immer mehr Rechtsschutzversicherungen die Kosten einer Mediation und öffentliche oder gemeinnützige Institutionen bieten kostenfreie oder kostengünstige Mediationen an,[863] ein der Prozesskostenhilfe

861 Ein Vorschlag für ein Ausbildungsprogramm für Güterichter findet sich bei *Greger/Weber*, MDR-Sonderheft 2012, 3 (31 f.).

862 Ein Gütesiegel für entsprechend ausgebildete Anwälte wird auch von den Teilnehmern der Fachtagung in Bernburg (Kindeswohl und Kindeswille in Sorge- und Umgangsrechtsstreitigkeiten) vorgeschlagen, Tagungsdokumentation Bernburg S. 60, abzurufen unter http://www.stejh.de/service/downloads/dokuI/view (letzter Zugriff am 20.08.2013); vgl. auch *Lee/Lakhani*, International Journal of Law, Policy and the Family 2012, 327 (346), die auch in Hong Kong eine verbesserte Ausbildung der Anwälte fordern und empfehlen, Mediation als verpflichtenden Studieninhalt für Juristen festzuschreiben.

863 Vgl. hierzu *Hartges*, Außergerichtliche Konfliktlösung – Modell ÖRA S. 225 ff.

entsprechendes System finanzieller Förderung außergerichtlicher Mediation gibt es hingegen nicht. Lediglich das Informationsgespräch über Mediation (§§ 135, 156 Abs. 1 S. 3 FamFG) ist nach dem Gesetzeswortlaut kostenfrei.[864] Darüber hinaus ist es für die Parteien schwer, neben den oben aufgezeigten Möglichkeiten eine finanzielle Unterstützung bzw. Kostenübernahme für die Mediation zu erlangen.

Nach dem bestehenden Prozesskostenhilfesystem kann eine Kostenübernahme für die gerichtsinterne Mediation gewährt werden.[865] Hinsichtlich der Übernahme der Kosten einer gerichtsnahen Mediation besteht Uneinigkeit.[866] Für die außergerichtliche Mediation werden die Kosten bislang nicht übernommen.[867] Lediglich eine Vergütung der Anwälte nach dem BerHG kommt in Betracht.[868] Weitere diskutierte finanzielle Vorteile, wie etwa steuerliche Begünstigungen nach § 33 EStG,[869] sind, sofern sie bestehen, nicht ausreichend, um eine Förderung der Mediation zu bewirken.

Wenn man bedenkt, wie ausschlaggebend die finanziellen Erwägungen für die Inanspruchnahme eines Verfahrens sind, stellt sich die Frage, wie die Situation in Deutschland verbessert werden könnte. Denkbar sind verschiedene Abstufungen finanzieller Förderung, wobei die Förderung der Mediation sowohl

---

864 *Spangenberg*, FamRZ 2009, 834 (835), der kritisch anmerkt, dass es inkonsequent sei, ein kostenloses Informationsgespräch über Mediation anzubieten, einer kostenarmen Partei, die nach dem Gespräch von dem Konzept überzeugt sei, jedoch keine Finanzierung anzubieten.

865 Für die Zulässigkeit von Gewährung von PKH für die gerichtsinterne Mediation nach geltendem Recht: OLG Köln, BeckRS 2011, 24961; AG Eilenburg, FamRZ 2007, 1670, *Spangenberg*, FamRZ 2009, 834 (835) sowie bezogen auf die Übernahme der Rechtsanwaltsvergütung: KG, NJW 2009, 2754; OLG Celle, NJW 2009, 1219 f.; OLG Rostock, BeckRS 2007, 01078.

866 Für die Zulässigkeit der Gewährung von PKH für die gerichtsnahe Mediation nach geltendem Recht: OLG Köln, BeckRS 2011, 24961, *Hartges*, Außergerichtliche Konfliktlösung - Modell ÖRA S. 231; *Koch*, ZKM 2007, 71 (72) sowie *Spangenberg*, FamRZ 2009, 834 (835), der die Zulässigkeit annimmt, wenn das Gericht vorab ein Informationsgespräch nach § 135 FamFG angeordnet hat; a.A. OLG Dresden, NJW-RR 2007, 80; *Greger* in Greger/Unberath, MediationsG, § 7 Rn. 16 (der jedoch eine Pflicht des Gesetzgebers sieht, eine Mediationskostenhilfe einzuführen).

867 Vgl. *Ewig*, ZKM 2012, 4 (6), der darauf hinweist, dass bei Befürwortung einer Kostenübernahme für die gerichtsnahe Mediation sich eine unterschiedliche Behandlung der selbstinitiierten Mediation nur schwer rechtfertigen lasse.

868 *Koch*, ZKM 2007, 71 (73); *Greger* in Greger/Unberath, MediationsG, § 7 Rn. 18.

869 Vgl. dazu *Laws*, ZKM 2012, 43 f.

durch Gewährung staatlicher Hilfen als auch durch das Aufstellen kostenrechtlicher Hindernisse denkbar ist.

Eine indirekte Förderung von Mediation könnte dadurch eintreten, dass man die Gewährung von Verfahrens-/Prozesskostenhilfe davon abhängig macht, dass die Parteien bei Eignung des Falles eine kostenfreie Mediation des Jugendamtes[870] oder eines anderen Anbieters in Anspruch nehmen. Die direkte Beschreitung des Gerichtsweges wäre in einem solchen Fall als mutwillig zu bewerten. Weiterhin könnte überlegt werden, die Verfahrens-/Prozesskostenhilfe davon abhängig zu machen, dass Beratungshilfe oder das oben vorgeschlagene Modell eines Familienzentrums in Anspruch genommen werden.

Eine Förderung von Mediation kann auch durch die Androhung von finanziellen Nachteilen bei ihrer Nichtinanspruchnahme eintreten. Bereits jetzt können gemäß § 150 Abs. 4 S. 2 FamFG kostenrechtliche Nachteile entstehen, wenn ein Beteiligter ohne ausreichende Entschuldigung dem Informationsgespräch ferngeblieben ist. Diese Sanktion könnte – wie es in England der Fall ist[871] – darauf ausgeweitet werden, dass eine Mediation unentschuldigt nicht versucht wurde.

Kostenrechtlich interessant ist auch die in § 61a FamGKG neu eingeführte Verordnungsermächtigung. Mit § 61a FamGKG wird den Landesregierungen die Möglichkeit eröffnet, bei Verfahren, deren Beendigung in Zusammenhang mit einer außergerichtlichen Konfliktbeilegung steht, einen kostenrechtlichen Vorteil zu gewähren.

Als Modelle positiver Förderung kommen außerdem die Bezuschussung der ersten Mediationssitzung(en), die Subventionierung gemeinnütziger Organisationen, die Mediation kostenfrei anbieten[872], sowie die Anrechnung der Kosten einer gescheiterten Mediation auf die Gerichtskosten in Betracht.[873]

Als umfassendste Förderungsmöglichkeit kommt – neben der Bereitstellung kostenfreier Mediationsangebote – die Einführung einer Mediationskostenhilfe

---

870 So entschieden durch das AG Bochum, FamRZ 2003, 772.

871 In England hat derjenige, der sich einer richterlichen Anregung zur Durchführung einer Mediation oder dem ernsthaften Angebot des Gegners, eine Mediation zu versuchen, widersetzt, mit kostenrechtlichen Nachteilen zu rechnen *Wagner*, ZKM 2004, 100.

872 In England wurde beispielsweise bereits mit dem Family Law Act 1996 die Förderung und öffentliche Subventionierung von Mediationsstellen beschlossen, vgl. *James/Haugen/Rantalaiho/Marples*, International Journal of Children's Rights 2010, 313 (317).

873 *Greger* in Greger/Unberath, MediationsG, Einleitung Rn. 130; zu den im Ausland verbreiteten Modellen, vgl. *Steffek*, RabelsZ 2010, 842 (869 ff.).

in Betracht.[874] Diese könnte entweder einen Pauschalbetrag für die Mediatoren und begleitenden Rechtsanwälte umfassen oder zeitlich begrenzt sein.[875]

Ein erster Schritt in diese Richtung wurde mit Einführung von § 7 MediationsG getan. Danach können wissenschaftliche Forschungsvorhaben vereinbart und gefördert werden, die die Folgen einer Mediationskostenhilfe untersuchen.[876] Ob es in naher Zukunft tatsächlich zu einer Einführung von Mediationskostenhilfe kommt, bleibt abzuwarten. Dafür spricht, dass sich immer mehr Stimmen für eine Einführung aussprechen. Anlässlich des ersten gemeinsamen Mediationskongresses der Mediationsverbände Bundesverband Mediation e.V. (BM), Bundes-Arbeitsgemeinschaft für Familien-Mediation e.V. (BAFM) und des Bundesverbandes Mediation in Wirtschaft und Arbeitswelt (BMWA) wurde im November 2012 in Ludwigsburg die Ludwigsburger Erklärung zur Mediationskostenhilfe formuliert, die eine Einführung fordert.[877] Hintergrund der Forderung ist, dass die Mediation ohne ein der Verfahrens-/Prozesskostenhilfe entsprechendes System für weite Teile der Bevölkerung nicht erreichbar ist.[878] Trotz dieses Engagements und der Vielzahl an Befürwortern[879] ist eine zeitnahe Einführung unwahrscheinlich. Als Hauptargument gegen die Einführung wird vorgebracht, dass die Belastung der Staatshaushaltes die Einführung einer

874 Zu dem bereits in der Schweiz bestehenden System einer Mediationskostenhilfe in kindschaftsrechtlichen Streitigkeiten, vgl. *Schütz*, ZKM 2010, 94 (95). In der Schweiz haben die Parteien gemäß Art. 218 Abs. 2 ZPO-CH in kindesrechtlichen Angelegenheiten nicht vermögenrechtlicher Art einen Anspruch auf unentgeltliche Mediation, wenn (a) „*ihnen die erforderlichen Mittel fehlen und*" (b) „*das Gericht die Durchführung einer Mediation empfiehlt*".

875 Vgl. *Peschke*, Familienmediation bei Trennung S. 238, die einen Förderumfang von acht Stunden (mit Verlängerungsoption bei Vorliegen besonderer Gründe) vorschlägt.

876 Die Minimallösung des Mediationsgesetzes kritisierend *Wagner*, ZKM 2012, 110 (115).

877 Die Erklärung kann unter (http://www.bafm-mediation.de/wp-content/uploads/image/images/Ludwigsburger-Erklärung.pdf) abgerufen werden (letzter Zugriff am 07.02.2013).

878 In diesem Sinne auch *Greger* in Greger/Unberath, MediationsG, Einleitung Rn. 130, der kritisiert, dass dieser Aspekt nicht ausreichend Niederschlag im MediationsG gefunden hat.

879 Eine Mediationskostenhilfe befürworten u.a. *Bundeskonferenz für Erziehungsberatung*, ZKJ 2011, 28 (29); *Greger* in Greger/Unberath, MediationsG, § 7 Rn. 16; *Hartges*, Außergerichtliche Konfliktlösung – Modell ÖRA S. 234 f.; *Marx*, ZKM 2010, 132 (136); *Peschke*, Familienmediation bei Trennung S. 224 ff.

Mediationskostenhilfe nicht hergebe.[880] Dieses Argument überzeugt nicht. Vielmehr ist zu erwarten, dass bei ihrer Einführung die Einsparungen an Verfahrens- und Prozesskosten höher sein dürften, als die Ausgaben, die für eine Mediationskostenhilfe erforderlich wären.[881] Das Argument, dass bei Scheitern einer Mediation ein zusätzliches Gerichtsverfahren erforderlich sei, überzeugt nur auf den ersten Blick. Die Wahrscheinlichkeit, dass bei einem gerichtlichen Verfahren Folgeverfahren entstehen, dürfte bei Sorge- und Umgangsstreitigkeiten gleich oder sogar höher einzuschätzen sein.[882] Zudem wird bei dieser Argumentation verkannt, dass sich die Mediation nicht nur aus finanziellen Erwägungen rentieren kann, sondern dass auch die immateriellen Vorteile, wie der Erhalt von Beziehungen, in die Waagschale geworfen werden sollten.[883] Für die Familienmediation müssen die positiven Auswirkungen, die eine Mediation auf die Familien haben kann, ebenso als Wert angesetzt werden.[884]

Zumindest für den Bereich des Kindschaftsrechts sollte (als Minimallösung) eine Mediationskostenhilfe eingeführt werden. Eine Neuregelung könnte wie folgt lauten:

> *„In kindschaftsrechtlichen Angelegenheiten nicht vermögensrechtlicher Art erhält eine Partei, die nach ihren persönlichen und wirtschaftlichen Verhältnissen die Kosten einer Mediation nicht, nur zum Teil, oder nur in Raten aufbringen kann, auf Antrag Mediationskostenhilfe, wenn die Durchführung einer Mediation hinreichende Aussicht auf Erfolg hat und nicht mutwillig erscheint."*

Da es jedoch sinnvoll ist, in einer Mediation nicht nur die kindschaftsrechtlichen Fragen zu behandeln, sondern gleichzeitig Scheidungs- und Trennungsfolgen zu regeln, wäre es noch effektiver, auch diese von einer Mediationskostenhilfe zu

880 Vgl. z.B. *Dr. Birgit Grundmann* (Staatssekretärin des BMJ) in ihrer Rede zur Eröffnung des ersten gemeinsamen Mediationskongresses am 16.11.2012 in Ludwigsburg. Ein Abdruck der Rede kann unter http://www.bmj.de/SharedDocs/RedenSt/2012/20121116_Eroeffnung_des_ersten_gemeinsamen_Mediaitionskongress.html?nn=1468892 abgerufen werden (letzter Zugriff am 08.01.2013).

881 Anhaltspunkte dafür bieten die Studienergebnisse von *Greger*, Pilotstudie Mediation S. 128 (Die Studienergebnisse beziehen sich allerdings nur auf Umgangs- und Sorgerechtsverfahren) sowie die Einschätzung von Marx (nach Analyse fünf amerikanischer Pilotstudien) *Marx*, ZKM 2010, 132 (135); kritisch hingegen *Kilian*, FamRZ 2000, 1006, der kaum Einsparmöglichkeiten durch Mediation sieht.

882 *Greger*, Pilotstudie Mediation S. 128.

883 *Engel/Müller*, ZKM 2013, 39–43 ff., die in ihrem Aufsatz aufschlüsseln, welche Kosten bei der außergerichtlichen und der gerichtsinternen Mediation tatsächlich entstehen, welche Verdienstmöglichkeiten der beteiligten Berufsträger bestehen und welche Aspekte bei der Bilanzierung berücksichtigt werden sollten.

884 So auch *Peschke*, Familienmediation bei Trennung S. 229 f.

erfassen. Zudem sollte die Mediationskostenhilfe auch bereits vor Antragstellung beim Gericht und zur Vermeidung eines streitigen gerichtlichen Verfahrens gewährt werden. Eine diese Aspekte einbeziehende Regelung könnte wie folgt lauten:

> „*Eltern gemeinschaftlicher Kinder erhalten auf Antrag Mediationskostenhilfe zur Konfliktbeilegung nach Trennung und Scheidung, sofern sie die Kosten einer Mediation nicht, nur zum Teil oder nur in Raten aufbringen können und wenn die Mediation zur Beilegung des Konfliktes geeignet ist.*“[885]

Über die Gewährung der Mediationskostenhilfe könnte eine Abteilung des am Gericht angesiedelten Familienzentrums entscheiden.[886] Für die nicht bedürftige Partei sollte bei Scheitern der Mediation im späteren gerichtlichen Verfahren eine Reduzierung der Gerichtskosten erfolgen, um den Mediationsversuch zu honorieren.[887]

Verfolgt man das oben dargestellte Modell verpflichtender Mediation, müsste eine Mediationskostenhilfe bei Bedürftigkeit grundsätzlich gewährt, bzw. die verpflichtenden Stunden für beide Parteien kostenfrei zur Verfügung gestellt werden.

Als weitere Alternative könnte in den Familienzentren oder vergleichbaren Institutionen eine Mediation angeboten werden, deren Kosten abhängig vom Einkommen der Parteien sind. Bei diesem Modell, wie es etwa von der Öffentlichen Rechtsauskunft (ÖRA) in Hamburg[888] angeboten wird, bestünde der Vorteil, dass die Parteien selbst einen finanziellen Beitrag zu der Mediation leisten, jedoch niemand von der Inanspruchnahme ausgeschlossen ist. Sind die Parteien selbst finanziell an dem Verfahren beteiligt, sind sie schon aus ökonomischen Motiven heraus geneigt, am Verfahren konstruktiv und zielstrebig teilzunehmen.[889] Gleichermaßen könnten die Mediationskosten durch eine gemeinnützige Einrichtung zentral verwaltet und je nach Einkommenssituation der Medianten

---

885 Vgl. *Steffek*, RabelsZ 2010, 842 (872), der zu Recht darauf hinweist, dass es bei der Mediation nicht auf den Erfolg der beabsichtigten Rechtsverfolgung ankommen könne.

886 Vgl. *Goll*, AnwBl 2003, 274 (275), der zu bedenken gibt, dass für die Prüfung der Gewährung von Mediationskostenhilfe zusätzliches Personal benötigt wird, was sich auf die Belastung des Staatshaushalts auswirkt.

887 So auch *Peschke*, Familienmediation bei Trennung S. 239.

888 Zu der Arbeit der ÖRA in Hamburg, vgl. *Hartges*, Außergerichtliche Konfliktlösung – Modell ÖRA.

889 Vgl. *Goll*, AnwBl 2003, 274 (275); in diesem Sinne auch *Steffek*, RabelsZ 2010, 842 (872).

an die freien Mediatoren ausgeschüttet werden.[890] Vorteil beider Modelle wäre, dass gleichzeitig eine Qualitätssicherung stattfinden könnte. Es könnte bestimmt werden, dass nur zertifizierte Mediatoren die staatlich geförderten Mediationen übernehmen bzw. eine Ausschüttung beantragen können.

E. Zusammenfassung und Schlussfolgerungen

Es wird nicht nur den einen richtigen Weg geben, ein Verfahren zu schaffen, dass den Bedürfnissen aller Beteiligten gleichermaßen entspricht und für alle Fallkonstellationen eine entsprechende Struktur und Unterstützung bietet. Wie die vorangegangenen Ausführungen gezeigt haben, gibt es jedoch zahlreiche Möglichkeiten unterschiedlicher Intensität, um eine Förderung von Mediation und eine Verbesserung der familiären Situation bei Trennung und Scheidung zu erreichen. Um das vorhandene System zum Wohle des Kindes zu optimieren, sollte versucht werden, zwischen den beteiligten Berufsgruppen Kooperationen herzustellen und bestehende Netzwerke zu nutzen. Neue Ideen und Denkmodelle sollten von der Politik und vom Gesetzgeber offen diskutiert und in Modellprojekten erprobt werden. Ziel sollte es sein, ein Gesamtsystem zu schaffen, in dem die Familien die erforderlichen Informationen, Beratung und Hilfe bei der Konfliktbeilegung erhalten. Als erster Schritt ist die Einführung einer Mediationskostenhilfe zu empfehlen, um in dem bereits bestehenden System eine Förderung zu erreichen. Langfristig ist die Implementierung eines Familienzentrums mit integrierter Verfahrensberatungsstelle in Erwägung zu ziehen.

890 Vgl. zu diesem in Österreich existierenden Modell *Steffek*, RabelsZ 2010, 842 (870 f.).

§ 7 Regelungsempfehlungen

Im Folgenden sollen die in den einzelnen Kapiteln erarbeiteten Regelungsvorschläge zusammengefasst und praxisgerecht dargestellt werden. Herausgegriffen werden die Umsetzungsvorschläge, deren Einführung und Umsetzung im Lichte der aktuellen Entwicklungen realistisch erscheinen.

Folgende gesetzliche Änderungen und Ergänzungen sollten in Betracht gezogen werden:

A. Änderungen des Mediationsgesetzes

Das Mediationsgesetz könnte um eine Regelung zur Mediation in Kindschaftssachen ergänzt werden.[891] Diese könnte wie folgt lauten:

„*Mediation in Kindschaftssachen*

1. *Der Mediator hat in Verfahren, die die Belange eines Kindes oder Jugendlichen betreffen, sicherzustellen, dass die Bedürfnisse und Interessen des Kindes oder des Jugendlichen in der Mediation ausreichend Berücksichtigung finden.*
2. *Der Mediator hat eine angemessene Beteiligung des Kindes oder des Jugendlichen sicherzustellen. Umfang und Art der Beteiligung sind mit den Beteiligten zu besprechen. Wenn es dem Wohl des Kindes/Jugendlichen entspricht, soll der Mediator eine direkte Beteiligung anregen. Die direkte Beteiligung setzt das Einverständnis der Eltern und des Kindes/Jugendlichen voraus. Der Mediator kann das Gericht darüber informieren, ob es in der Mediation zu einer direkten Beteiligung des Kindes oder des Jugendlichen gekommen ist.*
3. *Soweit es zur Wahrnehmung der Interessen des minderjährigen Kindes erforderlich ist, kann der Mediator bei Gericht beantragen, dass ein Verfahrensbeistand für die Interessenvertretung des Kindes in der Mediation bestellt wird. Der Antrag bedarf der Zustimmung der Mediationsparteien.*
4. *Werden während der Dauer der Mediation Kindeswohlgefährdungen erkennbar oder sind solche zu befürchten, hat der Mediator die Eltern aufzufordern, unterstützende Hilfen in Anspruch zu nehmen, wenn dies dem Kindeswohl nicht widerspricht. Zur Einschätzung des*

891 Die Hintergründe zu den vorgeschlagenen Änderungen des MediationsG sowie weitere Erläuterungen finden sich in den Abschnitten § 5 B. III. 1. e) und § 5 B. IV. 2.–6.

Vorliegens von Kindeswohlgefährdungen steht dem Mediator ein Beratungsanspruch nach § 4 Abs. 2 KKG zu. Der Mediator hat, sofern die Kindeswohlgefährdung nicht anderweitig abgewendet werden kann, das Jugendamt zu informieren. Er hat die Beteiligten auf diese Möglichkeit hinzuweisen.“

Die Regelung des § 4 MediationsG sollte, um den Umgang mit Kindeswohlgefährdungen für alle Mediationen (und nicht nur für Mediationen in Kindschaftssachen) klarzustellen, um folgenden Satz 5 ergänzt werden:

„Die Beratung bei Kindeswohlgefährdungen sowie die Übermittlung der diesbezüglich erlangten Informationen richtet sich nach § 4 Abs. 2 und 3 KKG.“

B. Sonstige Gesetzesänderungen

Eine Förderung der Mediation könnte eintreten, wenn die Mediation als selbstständige Methode in § 17 SGB VIII verankert wird.[892] Die Überschrift von § 17 SGB VIII könnte lauten:

„Beratung und Mediation in Fragen der Partnerschaft, Trennung und Scheidung“.

§ 17 Abs. 2 SGB VIII könnte wie folgt ergänzt werden:

„Im Fall der Trennung und Scheidung sind Eltern unter angemessener Beteiligung des betroffenen Kindes oder Jugendlichen bei der Entwicklung eines einvernehmlichen Konzepts für die Wahrnehmung der elterlichen Sorge und der elterlichen Verantwortung zu unterstützen. Zur Entwicklung des einvernehmlichen Konzeptes können die Eltern, sofern dem nicht zwingende Gründe entgegenstehen, das Verfahren der Mediation wählen. Das erarbeitete Konzept kann auch als Grundlage für einen Vergleich oder eine gerichtliche Entscheidung im familiengerichtlichen Verfahren dienen.“

Für Familienrichter könnte eine zusätzliche Qualifizierungspflicht eingeführt werden.[893] § 23b Abs. 3 GVG könnte um folgenden Satz 3 ergänzt werden:

„Eine Abteilung für Familiensachen darf nur nach dem Erwerb der Qualifizierung zum Familienrichter übernommen werden.“

Die Qualifizierungsvoraussetzungen müssten bestimmt werden. Für Güterichter, die Familiensachen übernehmen, könnte eine vergleichbare Regelung eingeführt werden. Die Ausbildungsinhalte für Güterichter sollten sich an denen für Familienmediatoren orientieren.

Eine Mediationskostenhilfe für Kindschaftssachen könnte mit folgender Regelung eingeführt werden:[894]

892 Vgl. hierzu § 6 C.

893 Vgl. hierzu § 6 D. III.

894 Vgl. hierzu oben § 6 D. IV.

„Eltern gemeinschaftlicher Kinder erhalten auf Antrag Mediationskostenhilfe zur Konfliktbeilegung nach Trennung und Scheidung, sofern sie die Kosten einer Mediation nicht, nur zum Teil oder nur in Raten aufbringen können und wenn die Mediation zur Beilegung des Konfliktes geeignet ist.“

C. Regelungsvorschläge für die Einführung eines verpflichtenden Mediationsversuchs

Sollte die Einführung eines verpflichtenden Mediationsversuchs in Erwägung gezogen werden, bietet sich folgende Umsetzung an:[895]

Im Kindschaftsrecht könnte die Umsetzung wie folgt realisiert werden:

„Mediation in Kindschaftssachen

1. *Zur Entwicklung eines einvernehmlichen Konzeptes zur Wahrnehmung der elterlichen Sorge und der elterlichen Verantwortung haben die Eltern einen Mediationsversuch bei einer zertifizierten Stelle oder einem zertifizierten Mediator zu unternehmen.*
2. *Über den Mediationsversuch ist eine Teilnahmebescheinigung auszustellen.*
3. *Die Mindestdauer des Mediationsversuches beträgt drei Termine à 60 Minuten, sofern nicht eine frühere Beendigung aus Gründen des Kindeswohls oder aufgrund persönlicher Gründe der Eltern angezeigt ist.*
4. *Sollte eine Mediation aus Gründen des Kindeswohls nicht angezeigt oder den Eltern aus persönlichen Gründen nicht zumutbar sein, ist dies dem Gericht gegenüber im Einzelnen darzulegen.“*

Die Neuregelung könnte vor den bestehenden § 156 FamFG eingefügt werden. In der aktuellen Fassung des § 156 FamFG müsste die Möglichkeit, ein Informationsgespräch über Mediation anordnen zu können, gestrichen werden. § 135 FamFG und die Kostenregelungen der §§ 81 Abs. 2 Nr. 5, 150 Abs. 4 S. 2 FamFG müssten ebenfalls entsprechend gestrichen bzw. modifiziert werden.

Darüber hinaus könnten die Antragsvoraussetzungen für den Scheidungsantrag geändert werden. Ein neu eingefügter § 128a FamFG könnte lauten:

„Antragsvoraussetzungen bei Vorhandensein gemeinschaftlicher minderjähriger Kinder der Ehegatten

1. *Sind gemeinschaftliche minderjährige Kinder vorhanden, haben die Eltern in Wahrnehmung ihrer Elternverantwortung vor Antragsstellung zur Regelung kindbezogener*

895 Die Hintergründe und die Erläuterungen zu diesen Regelungsvorschlägen finden sich unter § 6 B. IV.–V.

Belange einen Mediationsversuch bei einer zertifizierten Stelle oder einem zertifizierten Mediator zu unternehmen.

2. *Die Mindestdauer des Mediationsversuches beträgt drei Termine à 60 Minuten, sofern nicht eine frühere Beendigung aus Gründen des Kindeswohls oder aufgrund persönlicher Gründe der Eltern angezeigt ist.*
3. *Sind sich die Eltern über die kindbezogenen Belange, insbesondere die Gestaltung des Sorge- und Umgangsrechts, einig, haben sie an einem Beratungstermin teilzunehmen. In dem Beratungstermin soll das beabsichtigte Sorge- und Umgangsmodell auf seine Vereinbarkeit mit dem Kindeswohl überprüft werden. Der Beratungstermin beträgt mindestens 60 Minuten.*
4. *Über den Mediationsversuch nach Abs. 1 und den Beratungstermin nach Abs. 3 ist eine Teilnahmebescheinigung auszustellen.*
5. *Sollte eine Mediation oder eine Beratung aus Gründen des Kindeswohls nicht angezeigt oder den Eltern aus persönlichen Gründen nicht zumutbar sein, ist dies im Scheidungsantrag im Einzelnen darzulegen.“*

§ 128a Abs. 2 und Abs. 5 FamFG könnten durch einen entsprechenden Verweis auf den vorgeschlagenen § 156 Abs. 3 und Abs. 4 FamFG ersetzt werden. Hier wurden die Regelungen der Übersichtlichkeit halber ausformuliert.

§ 124 FamFG sollte um folgenden Satz 2 ergänzt werden:

> *„Bei gemeinschaftlichen minderjährigen Kindern der Ehegatten ist dem Antrag eine Teilnahmebestätigung nach § 128a FamFG beizufügen.“*

Auch § 128 Abs. 2 FamFG müsste angepasst werden. Der letzte Halbsatz *„auf bestehende Möglichkeiten der Beratung hinzuweisen“* könnte gestrichen werden, da der Mediationsversuch bzw. der Beratungstermin verpflichtend wären. Alternativ könnte § 128 Abs. 2 FamFG auch um einen Hinweis auf Mediation erweitert werden und könnte dann lauten:

> *„Sind gemeinschaftliche minderjährige Kinder vorhanden, hat das Gericht die Ehegatten auch zur elterlichen Sorge und zum Umgangsrecht anzuhören und auf bestehende Möglichkeiten der Beratung und Mediation hinzuweisen“.*

§ 8 Schluss

Die Formel „*mehr Elternautonomie führt zu mehr Kindeswohl*" hat nur Bestand, wenn die Eltern im Interesse ihrer Kinder auch die Unterstützung erhalten, die sie brauchen, um ihrer Verantwortung nachkommen zu können.[896] Die Erörterung der Rolle des Kindes in der Mediation hat gezeigt, wie viel Potential in der Mediation steckt, um diese Unterstützung zu bieten und familiäre Konflikte im Sinne des Kindeswohls nachhaltig beizulegen. Gleichzeitig wurde deutlich, wie viele Fragen – tatsächlicher und rechtlicher Natur – noch offen sind. Anhand empirischer Nachweise sowie durch die Auswertung von Literatur und Gesetzesmaterialien wurde das Mediationsverfahren auf seine Geeignetheit, das Kindeswohl zu fördern, untersucht. Schließlich wurden aufbauend auf den Ergebnissen der Untersuchung Regelungsvorschläge zur Verbesserung der Stellung des Kindes in der Mediation erarbeitet. Weitere Vorschläge für eine bessere Unterstützung der Familien in der Phase der Trennung und Scheidung sowie zur Förderung der Mediation wurden ergänzend dargestellt.

Die wichtigsten Erkenntnisse und Ergebnisse dieser Arbeit werden hier zusammengefasst:

1. Familienmediation ist ein vielseitiges und flexibles Verfahren zur Beilegung familiärer Konflikte. Ihr Ziel ist es, nachhaltige und den individuellen Bedürfnissen und Interessen der Medianten gerecht werdende Lösungen zu finden. Die autonome Konfliktbeilegung durch die Medianten steht im Mittelpunkt des Verfahrens. Neben dem Mediator als Leiter des Verfahrens können die Medianten durch Rechtsanwälte und weitere Hilfspersonen Unterstützung erfahren.
2. In der Phase von Trennung und Scheidung sind alle Familienmitglieder mit herausfordernden Aufgaben konfrontiert. Die Reorganisation der Familie und die Gestaltung des zukünftigen Miteinanders sind oft schwierig. Vielschichtige Konflikte und verhärtete Kommunikationsmuster erschweren die Konfliktlösung. Insbesondere Kinder sind durch die elterlichen Konflikte stark belastet. Symptome der Belastungen durch die elterliche Trennung zeigen sich oft noch Jahre später.

896 *Buchholz-Graf* in: Buchholz-Graf/Vergho, Beratung für Scheidungsfamilien S. 122.

3. Durch eine erfolgreiche Mediation kann eine interessengerechte Lösung erarbeitet werden und die Belastungen der Familien können durch sie verringert werden. Die Familien können bei der Bewältigung der Trennungsfolgen individuell unterstützt werden.
4. Ein kindgerechtes Verfahren ist ein Verfahren, welches auf die Verwirklichung des Kindeswohls ausgerichtet ist. Wesentliche Kriterien, die zu einem kindgerechten Verfahren beitragen, sind eine deeskalierende Wirkung, die Förderung von Elternverantwortung, die Beteiligung und der Schutz des Kindes.
5. Eine deeskalierende Wirkung tritt durch ein Verfahren ein, wenn die Kommunikation zwischen den Parteien verbessert werden kann und wenn das Verfahren den subjektiven Gerechtigkeitsvorstellungen der Parteien entspricht. Die Mediation ist aufgrund ihrer Verfahrensstruktur und Flexibilität besonders geeignet, dieses Ziel zu erreichen.
6. Die Übernahme von Elternverantwortung ist ein Schlüsselfaktor für die positive Entwicklung des Kindes. Durch ihre autonomiefördernde Wirkung unterstützt die Mediation die Parteien dabei, ihre Rolle als gemeinsame Eltern wahrzunehmen.
7. Der Schutz des Kindes muss in jedem Verfahren – auch bei auf Einvernehmen ausgerichteten Verfahren – an oberster Stelle stehen. Das Kind darf weder durch das Verfahren selbst noch durch dessen Ergebnis gefährdet werden.
8. Für den Schutz des Kindes in der Mediation sowie für die Vertretung seiner Interessen kommen verschiedene Personen in Betracht. Die Eltern sind aufgrund ihrer persönlichen Verstrickung in den Konflikt, der Mediator durch seine Rolle als allparteilicher Dritter in den Möglichkeiten, die Interessen des Kindes zu vertreten, begrenzt. Für die Übernahme dieser Aufgabe ist ein Verfahrensbeistand oder ein externer Interessensvertreter mit entsprechender Ausbildung besonders geeignet.
9. Der Mediator hat den Schutz des Kindes in der Mediation zu garantieren. Werden während der Dauer der Mediation Kindeswohlgefährdungen erkennbar oder sind solche zu befürchten, muss der Mediator zum Schutz des Kindes tätig werden. Sofern die Kindeswohlgefährdungen nicht anderweitig abgewendet werden können, muss er das Jugendamt informieren und ggf. die Mediation beenden.
10. Um einen umfassenden Beratungsanspruch bei Kindeswohlgefährdungen zu schaffen, sollte die Berufsgruppe der Mediatoren in § 4 Abs. 2 KKG aufgenommen werden.

11. Die Mediationsparteien müssen der unmittelbaren Anwesenheit Dritter in der Mediation zustimmen. Die Vertraulichkeit der Mediation muss im Verhältnis zu den Dritten sichergestellt werden. Je nach Mediationsform und einzubeziehenden Dritten ergeben sich hier Unterschiede, die berücksichtigt werden müssen.
12. Die Beteiligung des Kindes in der Mediation kann direkt oder indirekt erfolgen. Beide Methoden bieten Vor- und Nachteile und können unterschiedlich ausgestaltet werden. Unabhängig von der Wahl der Beteiligungsform ist unabdingbare Voraussetzung einer kindgerechten Lösung, dass die Perspektive des Kindes berücksichtigt wird.
13. Bei der direkten Einbeziehung des Kindes in die Mediation kann das Gespräch durch den Mediator oder durch einen externen Dritten erfolgen. Voraussetzung ist das Einverständnis der Eltern. Die Einbeziehung ist kindgerecht auszugestalten. Eine Überforderung des Kindes und eine Belastung mit der Entscheidungsfindung muss verhindert werden. Eine altersbedingte Kontraindikation besteht nicht. Durch die Wahl der Beteiligungsform und die Ausgestaltung der Einbeziehung kann eine angemessene Beteiligung erfolgen. Das elterliche Einvernehmen macht eine Beteiligung des Kindes nicht entbehrlich.
14. Um die rechtliche Stellung des Kindes in der Mediation zu stärken, sollte im MediationsG eine Vorschrift über die Mediation in Kindschaftssachen aufgenommen und ein Anspruch des Kindes auf angemessene Beteiligung in der Mediation festgeschrieben werden.
15. Eine verhältnismäßig ausgestaltete Verpflichtung, in bestimmten Kindschaftssachen vor Beschreiten des Gerichtsweges eine Mediation zu versuchen, ist verfassungsrechtlich nicht zu beanstanden und kann die Chance auf eine einvernehmliche Konfliktbeilegung erhöhen.
16. Eine weitere Förderung der Mediation würde eintreten, wenn neben dem Beratungsanspruch auch ein Anspruch auf Mediation in § 17 SGB VIII aufgenommen wird.
17. Durch die Förderung von Konfliktmanagementsystemen könnte eine bessere Information der Bevölkerung und damit eine steigende Inanspruchnahme außergerichtlicher Konfliktbeilegungsverfahren erreicht werden.
18. Inhaltlich sollte sich die Ausbildung von Mediatoren, Richtern, Rechtsanwälten und sonstigen professionell an Verfahren mit Kindesbezug beteiligten Personen stärker mit kindbezogenen Fragestellungen befassen. Insbesondere die sozialwissenschaftlichen Hintergründe, das kindliche Erleben der Trennung sowie die Gesprächsführung mit dem Kind sollten fokussiert werden.

19. Die finanzielle Förderung der Mediation nimmt in Bezug auf deren Verbreitung eine Schlüsselrolle ein. Die Einführung einer Mediationskostenhilfe ist zu empfehlen.
20. Durch die Einrichtung eines Familienzentrums mit integrierter Verfahrensberatungsstelle kann für die Familien eine zentrale und effektiv ausgestaltete Anlaufstelle geschaffen werden.

Anhang – Praxisleitfaden Familienmediation mit Kindern

Im Folgenden sollen einige der in den vorangegangenen Kapiteln erarbeiteten Hinweise und Handlungsempfehlungen in einem Leitfaden für Mediatoren zusammengefasst werden:

Familienmediation mit Kindern – ein Leitfaden für Mediatoren

In jeder Mediation, in der es um die Erarbeitung kindbezogener Regelungen geht, ist der Mediator mit besonderen Herausforderungen konfrontiert. Neben den Interessen und Bedürfnissen der Eltern gilt es, das Wohl des Kindes in der Mediation zu beachten und zu sichern. In Deutschland gibt es bisher keine Vorgaben, wie diese Aufgabe zu erfüllen ist. Der Leitfaden soll einen Überblick über ein mögliches Vorgehen geben und wesentliche Fragen bezüglich der Beteiligung von Kindern in der Mediation aufgreifen.

1. *Welche Zielsetzung sollte ich als Mediator bei einer Familienmediation verfolgen, bei der es um die Erarbeitung kindbezogener Regelungen geht?*
   - Ziel der Mediation sollte es sein, die Eltern bei der Übernahme von Elternverantwortung zu unterstützen. Die Aufrechterhaltung und Ausgestaltung der gemeinsamen Elternschaft nach der Trennung sollte fokussiert werden. Nach Möglichkeit sollte eine Deeskalation des Konfliktes erreicht und die Kommunikation der Eltern untereinander verbessert werden. Die Perspektive des Kindes sollte Eingang in die Mediation finden und sich in der Mediationsvereinbarung niederschlagen. Im Sinne des Kindeswohls sollten Regelungen erarbeitet werden, die zeitnah eine stabile Basis für das zukünftige Miteinander bieten und gleichzeitig auf die sich wandelnden Bedürfnisse der Kinder abgestimmt werden können.
2. *Welche Möglichkeiten habe ich als Mediator, die Perspektive des Kindes in die Mediation zu bringen und ein Kind zu beteiligen?*
   - Ein Kind kann direkt oder indirekt in der Mediation beteiligt werden. Bei der direkten Einbeziehung führt der Mediator oder eine externe Person ein Gespräch mit dem Kind. Das Kind kann dabei unmittelbar in der Mediationssitzung anwesend sein oder separat befragt werden.

Bei der indirekten Beteiligung ist das Kind hingegen nicht unmittelbar in den Mediationssitzungen anwesend. Seine Anwesenheit wird durch Techniken des Mediators, z.B. die Arbeit mit einem leeren Stuhl, einem Kuscheltier oder dem Bild des Kindes, fingiert.

3. *Ab welchem Alter kann ich ein Kind in der Mediation beteiligen?*

   - Die indirekte Beteiligung ist, da das Kind nicht unmittelbar anwesend ist, an keine Altersgrenze gebunden. Bei der direkten Beteiligung sollten die individuelle Reife und die Fähigkeiten des Kindes berücksichtigt werden und ausschlaggebend für dessen Einbeziehung sein. Eine starre, altersbedingte Grenze ist hier wenig hilfreich. Es sollte geprüft werden, ob und inwieweit das Kind in der Lage ist, seine Bedürfnisse zu äußern. Zumindest ab dem Erreichen der Schulfähigkeit sollte eine direkte Kontaktaufnahme erwogen werden. Wichtig ist es, die Beteiligung individuell anzupassen, sodass eine Überforderung des Kindes vermieden wird.

4. *Welche Grundsätze sollte ich als Mediator bei der direkten Beteiligung des Kindes beachten?*

   - Die direkte Einbeziehung von Kindern muss immer mit den Eltern besprochen und vorbereitet werden. Das Einverständnis der Eltern mit der Beteiligung des Kindes sowie die Einwilligung des Kindes sind Voraussetzung.
   - Bei unmittelbarer Anwesenheit des Kindes in den Mediationssitzungen sollte der Ablauf der Sitzung(en) mit den Eltern besprochen werden. Probleme, die auftreten können, wenn Kinder beteiligt werden, sollten antizipiert werden. Es sollte geklärt werden, wer das Gespräch mit dem Kind führt und welche Themen auf welche Art und Weise angesprochen werden.
   - Bei entsprechender Reife des Kindes sollte auch dieses auf die Einbeziehung bzw. das Gespräch vorbereitet werden. Ihm sollte verdeutlicht werden, dass es darum geht, seine Perspektive, seine Wünsche und Bedürfnisse zu berücksichtigen. Gleichzeitig sollte dem Kind erklärt werden, dass es nicht seine Aufgabe ist, eine Entscheidung zu treffen.
   - Es muss darauf geachtet werden, dass dem Kind nicht zu viel Verantwortung übertragen wird. Durch eine einfühlsame und schützende Verfahrensleitung sollte eine Überforderung des Kindes verhindert werden. Bei der Gesprächsführung durch einen Dritten treffen diesen entsprechende Pflichten.

- Die Beteiligung des Kindes muss kindgerecht erfolgen. Die Art und Weise der Gesprächsführung sollte darauf ausgerichtet sein, dem Kind Verständnis und Wertschätzung entgegenzubringen und es zu ermutigen, seine Situation zu schildern.
- Bei dem Gespräch mit dem Kind sollte bedacht werden, dass Kinder eine kürzere Konzentrationsspanne haben als Erwachsene, mit vielen Begriffen nicht vertraut sind und mehr Zeit und Wiederholungen brauchen, um Zusammenhänge zu verstehen.
- Bei jüngeren Kinder oder wenn das Konfliktniveau zu hoch ist, sollte die Hinzuziehung eines externen Dritten angeregt werden, der die Interessen des Kindes in der Mediation vertritt.
- Der Mediator oder die das Gespräch führende Person sollten Kenntnisse über den Umgang mit und über die Anhörung von Kindern haben. Um die richtige Beteiligungsform wählen zu können, sollten sie sich sowohl der Chancen als auch der Risiken bewusst sein. Sollte der Mediator nicht die erforderlichen Kompetenzen für die Beteiligung von Kindern besitzen, sollten ein in diesem Bereich ausgebildeter Co-Mediator oder externe Fachleute hinzugezogen werden.
- Von einer Anwesenheit des Kindes in den Mediationssitzungen sollte abgesehen werden, wenn das elterliche Konfliktniveau zu hoch oder eine Beeinflussung durch die Eltern zu befürchten ist. Auch bei besonders schwierigen Familiensituationen, z.B. bei familiärer Gewalt, sollte eher das separate Gespräch mit dem Kind oder die indirekte Einbeziehung gewählt werden.

5. *Wie verhalte ich mich, wenn ich befürchte, das Wohl des Kindes ist gefährdet oder wenn Kindeswohlgefährdungen evident sind?*

- Der Mediator ist verpflichtet, den Schutz des Kindes sicherzustellen.
- Die Mediation ist in ihrer Ausgestaltung an das Schutzbedürfnis des Kindes anzupassen. Zum Schutz des Kindes können weitere Personen an der Mediation beteiligt werden.
- Kann der Mediator den Schutz des Kindes nicht sicherstellen und ist eine Kindeswohlgefährdung wahrscheinlich oder evident, sollte er das Jugendamt informieren. Ggf. ist die Mediation zwischen den Eltern (zumindest vorerst) auf Teile zu beschränken, von denen das Kind nicht unmittelbar betroffen ist oder die Mediation ist zu beenden.

- Mit der Weitergabe der Informationen an das Jugendamt/die staatlichen Stellen verstößt der Mediator nicht gegen seine Verschwiegenheitspflicht. § 4 S. 3 Nr. 2 MediationsG erlaubt eine Weitergabe, um Gefährdungen für das Wohl des Kindes abzuwenden.
- Zur Einschätzung, ob eine Kindeswohlgefährdung vorliegt, können unter den Voraussetzungen des § 8b SGB VIII die Beratungsangebote der Träger der Kinder- und Jugendhilfe in Anspruch genommen werden.

6. *Wie kann ich mich auf die Beteiligung des Kindes vorbereiten? Welche Fragen sollte ich mir als Mediator stellen, welche Punkte muss ich beachten?*[897] *(Checkliste)*

- Haben die Eltern ihre Zustimmung erteilt und die Vorteile und Risiken der Beteiligung verstanden?
- Steht fest, welche Themen mit dem Kind besprochen werden sollen (und welche nicht)?
- Wurde mit den Eltern besprochen, wer das Gespräch führt, wer anwesend ist und wie die Informationen an die Eltern zurückgemeldet werden (wortwörtlich, frei wiedergegeben, interpretiert?). Wird externe Unterstützung oder ein Co-Mediator benötigt?
- Sind durch das Gespräch mit dem Kind Informationen zu erwarten, die sich auf die Entscheidung der Eltern auswirken werden? Ist es wahrscheinlich, dass die Eltern angemessen auf die Informationen reagieren werden?
- Sind Belastungen des Kindes zu erwarten? Liegen Informationen darüber vor, welches Vorgehen sinnvoll ist, wenn Kindeswohlgefährdungen befürchtet werden oder evident sind? Wurden den Eltern und dem Kind (bei entsprechender Reife) die Grenzen der Verschwiegenheitspflicht (§ 4 S. 3 Nr. 2 MediationsG) dargelegt?
- Bestehen Informationen darüber, an wen/wohin die Familien zur weiteren Unterstützung verwiesen werden können? (z.B. Beratungsstellen, Therapieangebote…)
- Wo kann ich als Mediator Unterstützung erhalten (z.B. Supervision, Beratung in Fragen des Kindeswohls usw.)?

897 Die Fragen sind angelehnt an *Schoffer*, Family Court Review 2005, 323 ff.

- Sind die Räumlichkeiten kindgerecht? Stehen für jüngere Kinder z.B. Spielsachen und Malstifte, passende Stühle und Tische sowie etwas zu trinken bereit?
- Können die Gespräche mit dem Kind zu Zeiten durchführt werden, bei denen das Kind keine Schulstunden oder wichtige Aktivitäten verpasst?

Literaturverzeichnis

Ahrens, Martin: Mediationsgesetz und Güterichter – Neue gesetzliche Regelungen der gerichtlichen und außergerichtlichen Mediation, NJW 2012, 2465–2471.

Alberstötter, Uli: Wenn Eltern Krieg gegeneinander führen, in: *Weber/Schilling (Hrsg.)*, Eskalierte Elternkonflikte, Weinheim [u.a.], 2006, S. 29–51.

Autorenteam des Regensburger Modellprojekts: Die Zusammenarbeit zwischen Beratungsstelle und Familiengericht, in: *Buchholz-Graf/Vergho (Hrsg.)*, Beratung für Scheidungsfamilien, Weinheim [u.a.], 2000, S. 46–61.

Baer, Ingrid/Marx, Ansgar: Das Europäische Übereinkommen über die Ausübung von Kinderrechten – Innovationsschub für den familienrechtlichen Prozeß?, FamRZ 1997, 1185–1187.

BAFM e.V.: Familienmediation in der institutionellen Beratung, Aachen, 2006 (zit.: *BAFM e.V., Familienmediation in der institutionellen Beratung*).

Balloff, Rainer: Kinderrechte bei Mediation, Beratung des Kindes, Erziehungsberatung und Familientherapie, FPR 2012, 216–220.

Bamberger, Heinz Georg/Roth, Herbert: Beck'scher Online Kommentar BGB, 28. Aufl., München, 2013 (zit.: *Bearbeiter in BeckOK-BGB*).

Bastine, Reiner: Scheidungsmediation, in: *Bundeskonferenz für Erziehungsberatung (Hrsg.)*, Scheidungs-Mediation, Münster, 1995, S. 14–37.

–: Was leistet die Familienmediation in der Praxis? – Empirische Evaluation der Familienmediation, Vortrag in Bad Boll 2002, elektronisch verfügbar unter: http://www.mediation-heidelberg.de/pdf/bastine3.pdf (letzter Zugriff am 11.09.2013) (zit.: *Bastine, Vortrag Bad Boll 2002*).

–: Familienmediation heute – Leistungsfähigkeit und Barrieren in der Praxis, ZKM 2005, 11–14.

Bastine, Reiner/Link, Gabriele/Lörch, Bernd: Scheidungsmediation – Möglichkeiten und Grenzen, Familiendynamik 1992, 379–394.

Bastine, Reiner/Weinmann-Lutz, Birgit/Wetzel, Antje: Unterstützung von Familien in Scheidung durch Familien-Mediation – Abschlußbericht, Stuttgart, 1999 (zit.: *Bastine et al., Unterstützung von Familien in Scheidung*).

Bauers, Bärbel: Psychische Folgen von Trennung und Scheidung für Kinder, in: *Menne/Schilling/Weber (Hrsg.),* Kinder im Scheidungskonflikt, Weinheim, 1997, S. 39–62.

Bell, Felicity/Cashmore, Judy/Parkinson, Patrick/Single, Judi: Outcomes of child-inclusive mediation, International Journal of Law, Policy and the Family 2013, 116–142.

Benedek, Elissa P./Brown, Catherine F.: Scheidung: wie helfe ich unserem Kind? – ...während der Trennung und danach; Problemlösungen für Kinder aller Altersstufen; traumatische Erfahrungen vermeiden, Stuttgart, 1997 (zit.: *Benedek/Brown, Scheidung*).

Bergmann, Elmar/Jopt, Uwe/Rexilius, Günter: Lösungsorientierte Arbeit im Familienrecht, Intervention bei Trennung und Scheidung, Köln, 2002 (zit.: *Autor in Bergmann et al., Lösungsorientierte Arbeit im Familienrecht*).

Bernhardt, Hanspeter: Die Stimme des Kindes in der Trennungs- und Scheidungsberatung und in der Familienmediation, FPR 2005, 95–98.

Besemer, Christoph: Mediation – Vermittlung in Konflikten, 12. Aufl., Königsfeld, 2007 (zit.: *Besemer, Mediation – Vermittlung*).

Bierbrauer, Günter/Gottwald, Walther/Birnbreier-Stahlberger, Beatrix: Verfahrensgerechtigkeit – Rechtspsychologische Forschungsbeiträge für die Justizpraxis, Köln, 1995 (zit.: *Bierbrauer et al., Verfahrensgerechtigkeit*).

Breidenbach, Stephan: Mediation – Struktur, Chancen und Risiken von Vermittlung im Konflikt, Köln, 1995 (zit.: *Breidenbach, Mediation*).

Breidenbach, Stephan/Gläßer, Ulla: Selbstbestimmung und Selbstverantwortung im Spektrum der Mediationsziele, Konsens – Zeitschrift für Mediation 1999, 207–212.

Bröning, Sonja: Kinder im Blick, Münster [u.a], 2009 (zit.: *Bröning, Kinder im Blick*).

–: Charakteristika von Hochkonflikt-Familien, in: *Walper/Fichtner/Normann (Hrsg.),* Hochkonflikthafte Trennungsfamilien, Weinheim, 2011, S. 19–37.

Bruhn, Isabella: Collaborative Practice – Eine neue Alternative Streitbeilegungsmethode mit großem Potential, NJOZ 2008, 1726–1732.

Buchholz-Graf, Wolfgang: Das neue Kindschaftsrecht bei Trennung und Scheidung, in: *Buchholz-Graf/Vergho (Hrsg.),* Beratung für Scheidungsfamilien, Weinheim [u.a.], 2000, S. 11–29.

–: Wie kommt Beratung zu den Scheidungsfamilien? Neue Formen der interdisziplinären Zusammenarbeit für das Kindeswohl, in: *Becker-Textor/Textor*

(Hrsg.), SGB VIII Online Handbuch, 1990–2005, elektronisch verfügbar unter www.sgbviii.de (letzter Zugriff am 20.08.2013) (zit.: *Buchholz-Graf* in: *SGB VIII Online-Hdb.*).

Buchner, Ulrike/Appelt, Gisela/Alt-Saynisch, Barbara: Effektivität von Trennungs- und Scheidungsberatung, Paar- und Familientherapie sowie Mediation, FPR 2008, 160–163.

Bumiller, Ursula/Harders, Dirk: FamFG – Freiwillige Gerichtsbarkeit, Kommentar, 10. Aufl., München, 2011 (zit.: *Bearbeiter in Bumiller/Haders, FamFG*).

Bundeskonferenz für Erziehungsberatung: Stellungnahme zum Entwurf eines Mediationsgesetzes, ZKJ 2011, 28–29.

Bush, Robert A. Baruch/Folger, Joseph P.: The promise of mediation – Responding to conflict through empowerment and recognition, San Francisco, 1994 (zit.: *Bush/Folger, The promise of mediation*).

Carl, Eberhard: Im Familiengerichtsverfahren: Den Eltern die Verantwortung für die Lösung der Konflikte zurückgeben, FPR 2004, 187–190.

–: Vom richterlichen Mediator zum Güterichter, ZKM 2012, 16–20.

Decker-Theiß, Tanja: Rechtsprobleme der Trennungs- und Scheidungsmediation, Saarbrücken, 2004 (zit.: *Decker-Theiß, Rechtsprobleme der Scheidungsmediation*).

Dethloff, Nina/Maschwitz, Alexandra: Kinderrechte in Europa – wo stehen wir?, FPR 2012, 190–194.

Dettenborn, Harry: Kindeswohl und Kindeswille – Psychologische und rechtliche Aspekte, 3. Aufl., München, 2010 (zit.: *Dettenborn, Kindeswohl und Kindeswille*).

Dietrich, Peter S./Paul, Stephanie: Hoch strittige Elternsysteme im Kontext Trennung und Scheidung, in: *Weber/Schilling (Hrsg.)*, Eskalierte Elternkonflikte, Weinheim [u.a.], 2006, S. 13–28.

–: Interventionsansätze bei hoch eskalierten Trennungskonflikten, in: *Weber/Schilling (Hrsg.)*, Eskalierte Elternkonflikte, Weinheim [u.a.], 2006, S. 73–90.

Diez, Hannelore: Werkstattbuch Mediation, Köln, 2005 (zit.: *Diez, Werkstattbuch Mediation*).

Diez, Hannelore/Krabbe, Heiner/Thomsen, C. Sabine: Familien-Mediation und Kinder – Grundlagen, Methodik, Techniken, 3. Aufl., Köln, 2009 (zit.: *Diez et al., Familien-Mediation und Kinder*).

Duve, Christian: Das Gesetz zur Rettung der gerichtlichen Mediation, ZKM 2012, 108–109.

Emery, Robert E.: Renegotiating Family Relationships – Divorce, Child Custody and Mediation, New York, 1994 (zit.: *Emery, Renegotiating Family Relationships*).

–: Easing the pain of divorce for children: Children's voices, causes of conflict and mediation – Comments on Kelly's "Resolving child custody disputes", Va. J. Soc. Pol'y & L. (Virginia Journal of Social Policy & the Law) 2002/2003, 164–178.

Engel, Martin: Collaborative Law, Tübingen, 2010 (zit.: *Engel, Collaborative Law*).

Engel, Martin/Müller, Tobias: Mediation und ihre Kosten – Wer zahlt die Rechnung?, ZKM 2013, 39–43.

Epping, Volker/Hillgruber, Christian: Beck'scher Online-Kommentar zum Grundgesetz, 18. Aufl., München, 2013 (zit.: *Bearbeiter in BeckOK-GG*).

Ewig, Eugen: Mediationsgesetz 2012: Aufgabe und Rolle des beratenden Anwalts, ZKM 2012, 4–7.

Falke, Josef/Gessner, Volkmar: Forschungsansätze, in: *Blankenburg/Gottwald/Strempel (Hrsg.),* Alternativen in der Ziviljustiz, Köln, 1982, S. 289–309.

Fegert, J. M.: Kindeswohl – Definitionsdomäne der Juristen oder der Psychologen, Brühler Schriften zum Familienrecht 2000, 33–58.

Figdor, Helmuth: Kinder aus geschiedenen Ehen – Zwischen Trauma und Hoffnung; eine psychoanalytische Studie, 4. Aufl., Mainz, 1994 (zit.: *Figdor, Kinder aus geschiedenen Ehen*).

Fischer, Christian: Mediationsabrede, in: *Fischer/Unberath (Hrsg.),* Das neue Mediationsgesetz, München, 2013, S. 61–77.

Fischer, Christian/Unberath, Hannes: Das neue Mediationsgesetz – Rechtliche Rahmenbedingungen der Mediation, Tagung vom 7./8. Oktober 2011 in Jena (Tagungsband), München, 2013 (zit.: *Fischer/Unberath, Das neue Mediationsgesetz*).

Fisher, Roger/Ury, William/Patton, Bruce M.: Das Harvard-Konzept – Der Klassiker der Verhandlungstechnik, 23. Aufl., Frankfurt a.M., 2009 (zit.: *Fisher et al., Das Harvard-Konzept*).

Friedrich, Max H./Springer, Käthe: Die Opfer der Rosenkriege – Kinder und die Trennung ihrer Eltern, Wien, 2004 (zit.: *Friedrich/Springer, Die Opfer der Rosenkriege*).

Fritz, Roland/Pielsticker, Dietrich: Mediationsgesetz, Kommentar, Handbuch, Mustertexte, Köln, 2013 (zit.: *Bearbeiter in Fritz/Pielsticker, MediationsG*).

Fthenakis, Wassilios E.: Kindeswohl – gesetzlicher Anspruch und Wirklichkeit, Brühler Schriften zum Familienrecht 1984, 33–66.

Fthenakis, Wassilios E./Niesel, Renate/Kunze, Hans-Rainer: Ehescheidung – Konsequenzen für Eltern und Kinder, München, 1982 (zit.: *Fthenakis et al., Ehescheidung*).

Galton, Eric R.: Mediating with children: Two lawyers' views, Dispute Resolution Magazine 1996/1997, 5–7.

Gerhardt, Peter/Heintschel-Heinegg, Bernd/Klein, Michael: Handbuch des Fachanwalts Familienrecht, 8. Aufl., Köln, Münster, 2010 (zit.: *Bearbeiter in FA-FamR*).

Glasl, Friedrich: Mediation zwischen Anspruch und Wirklichkeit, in: *Rapp (Hrsg.),* Mediation, Ludwigsburg, 2012, S. 10–28.

–: Konfliktmanagement – Ein Handbuch für Führungskräfte, Beraterinnen und Berater, 11. Aufl., Bern, 2013 (zit.: *Glasl, Konfliktmanagement*).

Gläßer, Ulla: Mediation und Beziehungsgewalt – Möglichkeiten, Bedingungen und Grenzen des Einsatzes von Familienmediation bei Gewalt in Paarbeziehungen, Baden-Baden, 2008 (zit.: *Gläßer, Mediation und Beziehungsgewalt*).

Goll, Ulrich: Wie viel Freiheit benötigt, wie viel Zwang verträgt die Mediation?, AnwBl 2003, 274–276.

Greger, Reinhard: Autonome Konfliktlösung innerhalb und außerhalb des Prozesses, in: *Greger (Hrsg.),* Neue Wege zum Recht, Köln, 2006, S. 3–22.

–: Güterichter – ein Erfolgsmodell, ZRP 2006, 229–230.

–: Mediation und Justiz, in: *Greger/Unberath (Hrsg.),* Die Zukunft der Mediation in Deutschland, München, 2008, S. 89–97.

–: Mediation und Gerichtsverfahren in Sorge- und Umgangsrechtskonflikten – Pilotstudie zum Vergleich von Kosten und Folgekosten, Köln, 2010 (zit.: *Greger, Pilotstudie Mediation*).

–: Stellungnahme zum Entwurf eines Gesetzes zur Förderung der Mediation und anderer Verfahren außergerichtlicher Konfliktbeilegung, elektronisch verfügbar unter: http://www.bundestag.de/bundestag/ausschuesse17/a06/anhoerungen/archiv/10_Mediation/04_Stellungnahmen/Stellungnahme_Greger.pdf (letzter Zugriff am 20.08.2013) (zit.: *Greger, Stellungnahme MediationsG*).

Greger, Reinhard/Unberath, Hannes: Mediationsgesetz, Recht der alternativen Konfliktlösung, München, 2012 (zit.: *Bearbeiter in Greger/Unberath, MediationsG*).

Greger, Reinhard/Weber, Harriet: Das neue Güterichterverfahren – Arbeitshilfe für Richter, Rechtsanwälte und Gerichtsverwaltung, MDR-Sonderheft 2012, 3–32.

Grillo, Trina: Mediation als Alternative? – Risiken des Mediationsverfahrens für Frauen, STREIT (Feministische Rechtszeitschrift) 2001, 91–103.

Gröne, Julia: Lösungen durch Scheidungsmediation – Chancen und Grenzen für betroffene Kinder, Saarbrücken, 2007 (zit.: *Gröne, Lösungen durch Scheidungsmediation*).

Haffke, Bernhard: Legalität von Mediation im deutschen Rechtsraum, in: *Duss-von Werdt/Mähler/Mähler (Hrsg.),* Mediation, Stuttgart, 1995, S. 65–112.

Haft, Fritjof/Schlieffen, Katharina von: Handbuch Mediation, Verhandlungstechnik, Strategien, Einsatzgebiete, 2. Aufl., München, 2009 (zit.: *Bearbeiter in Haft/Schlieffen, Hdb.-Mediation*).

Hager, Günter: Konflikt und Konsens – Überlegungen zu Sinn, Erscheinung und Ordnung der alternativen Streitschlichtung, Tübingen, 2001 (zit.: *Hager, Konflikt und Konsens*).

Hahne, Meo-Micaela/Munzig, Jörg: Beck'scher Online-Kommentar FamFG, 9. Aufl., München, 2013 (zit.: *Bearbeiter in BeckOK-FamFG*).

Harbauer, Hubert: Kindeswohl contra Elternwillen – aus der Sicht eines Kinder- und Jugendpsychiaters, in: *Gerber (Hrsg.),* Kindeswohl contra Elternwillen?, Berlin, 1975, S. 42–47.

Hartges, Monika: Außergerichtliche Konfliktlösung in Deutschland – Modell ÖRA, Bremen, 2003 (zit.: *Hartges, Außergerichtliche Konfliktlösung – Modell ÖRA*).

Hartmann, Peter/Baumbach, Adolf/Lauterbach, Wolfgang/Albers, Jan: Zivilprozessordnung mit FamFG, GVG und anderen Nebengesetzen, 71. Aufl., München, 2013 (zit.: *Baumbach/Lauterbach et al., ZPO*).

Haußleiter, Martin: FamFG, Gesetz über das Verfahren in Familiensachen und in den Angelegenheiten der freiwilligen Gerichtsbarkeit, München, 2011 (zit.: *Bearbeiter in Haußleiter, FamFG*).

Hennessy, Friederike: Das Gesetz zur Förderung der Mediation und anderer Verfahren außergerichtlicher Konfliktbeilegung – Wie weit fördert es die Mediation?, Bonner Rechtsjournal 2012 (Sonderausgabe), 39–45.

Henssler, Martin/Koch, Ludwig: Mediation in der Anwaltspraxis, Bonn, 2004 (zit.: *Bearbeiter in Henssler/Koch, Mediation*).

Hess, Burkhard: Vom Regierungsentwurf zum Mediationsgesetz, in: *Fischer/ Unberath (Hrsg.),* Das neue Mediationsgesetz, München, 2013, S. 17–27.

Hetherington, Eileen Mavis/Kelly, John: Scheidung – Die Perspektiven der Kinder, Weinheim, 2003 (zit.: *Hetherington et al., Perspektiven der Kinder*).

Hoffmann-Riem, Wolfgang: Justizdienstleistungen im kooperativen Staat, JZ 1999, 421–430.

Hohmann, Jutta: Grenzen der Mediation im Umgangsstreit, ZKM 2001, 280–284.

Hohmann, Jutta/Morawe, Doris: Praxis der Familienmediation – Typische Probleme mit Fallbeispielen und Formularen bei Trennung und Scheidung, Köln, 2001 (zit.: *Hohmann/Morawe, Praxis der Familienmediation*).

Holtzworth-Munroe, Amy et al: Child Informed Mediation Study (CIMS) – Incorporating the childrens' perspective into divorce mediation in an American pilot study (Report), Journal of family studies 2010, 116–140.

Holzer, Johannes: FamFG, Kommentar zu dem Gesetz über das Verfahren in Familiensachen und in den Angelegenheiten der freiwilligen Gerichtsbarkeit, Köln, 2011 (zit.: *Bearbeiter in Holzer, FamFG*).

Horn, Claus-Henrik: Kommunikations- und Mediationstechniken des Mediators, FPR 2006, 363–366.

Horstmeier, Gerrit: Das neue Mediationsgesetz – Einführung in das neue Mediationsgesetz für Mediatoren und Medianden, München, 2013 (zit.: *Horstmeier, Das neue Mediationsgesetz*).

Hutner, Armin: Die Mediationsvereinbarung – Regelungsgegenstände und vertragsrechtliche Qualifizierung, SchiedsVZ 2003, 226–232.

Ivanits, Natalie: Die Stellung des Kindes in auf Einvernehmen zielenden gerichtlichen und außergerichtlichen Verfahren in Kindschaftssachen, Frankfurt am Main, 2012 (zit.: *Ivanits, Die Stellung des Kindes*).

–: Elterliches Einvernehmen und Kindesbeteiligung, ZKJ 2012, 98–104.

Jaede, Wolfgang: Wie Kinder von Mediation profitieren, in: *Bundeskonferenz für Erziehungsberatung (Hrsg.),* Scheidungs-Mediation, Münster, 1995, S. 124–134.

Jall, Hubert: Verpflichtende Programme bei familiären Veränderungsprozessen in den USA, in: *Buchholz-Graf/Vergho (Hrsg.),* Beratung für Scheidungsfamilien, Weinheim [u.a.], 2000, S. 204–217.

James, Adrian L./Haugen, Gry Mette/Rantalaiho, Minna/Marples, Rebecca: The Voice of the Child in Family Mediation: Norway and England, International Journal of Children's Rights 2010, 313–333.

Jauernig, Othmar: Bürgerliches Gesetzbuch – Kommentar, 14. Aufl., München, 2011 (zit.: *Bearbeiter in Jauernig, BGB*).

Johannsen, Kurt Herbert/Henrich, Dieter: Familienrecht-Kommentar, Scheidung, Unterhalt, Verfahren, 5. Aufl., München, 2010 (zit.: *Bearbeiter in Johannsen/Henrich*).

Jopt, Uwe-Jörg: Psychologie und Kindeswohl – Plädoyer für einen neuen Sachverstand im Familienrecht, in: *Hahn/Lomberg/Offe (Hrsg.),* Scheidung und Kindeswohl, Heidelberg, 1994, S. 169–196.

Kaltenborn, Karl-Franz: Die personalen Beziehungen des Scheidungskindes als sorgerechtsrelevantes Entscheidungskriterium, FamRZ 1987, 990–1000.

Karle, Michael/Gathmann, Sandra/Klosinski, Gunther: Rechtstatsächliche Untersuchung zur Praxis der Kindesanhörung nach § 50b FGG, Köln, 2010 (zit.: *Karle et al., Praxis der Kindesanhörung*).

–: Zur Praxis der Kindesanhörung in Deutschland – Ein Abschlussbericht, ZKJ 2010, 432–436.

Katzenmeier, Christian: Zivilprozess und außergerichtliche Streitbeilegung, ZZP 2002, 51–92.

–: Mediation aus rechtlicher Sicht, ZKM 2005, 159–160.

Keidel, Theodor: FamFG, Kommentar zum Gesetz über das Verfahren in Familiensachen und die Angelegenheiten der freiwilligen Gerichtsbarkeit, 17. Aufl., München, 2011 (zit.: *Bearbeiter in Keidel, FamFG*).

Kelly, Joan B.: Psychologicial and legal interventions for parents and children in custody and access disputes – Current research and practice, Va. J. Soc. Pol'y & L. (Virginia Journal of Social Policy & the Law) 2002/2003, 129–163.

Kiesewetter, Sybille/Zurmühl, Sabine: BAFM-Mitgliederbefragung zur Mediationspraxis in 2010, ZKJ 2012, 80–81.

Kilian, Matthias: Fiskalische Interessen und obligatorische Mediation – Erfahrungen mit der Family Mediation in England und Wales, FamRZ 2000, 1006–1008.

Kinderrechtekommission des DFGT: Stellungnahme zum Referentenentwurf eines Mediationsgesetzes, elektronisch verfügbar unter: http://www.dfgt.de/resources/SN-Kiko-Mediations_G_2010.pdf (letzter Zugriff am 17.08.2012) (zit.: *Kinderrechtekommission des DFGT, Stellungnahme zum MediationsG*).

Kindler, Heinz/Fichtner, Jörg: Die gemeinsame elterliche Sorge aus der Sicht der Bindungs- und Scheidungsforschung, FPR 2008, 139–143.

Klinger, Edgar W./Bierbrauer, Günter: Verfahrensgerechtigkeit – Schlüssel für ein erfolgreiches Konfliktmanagement, ZKM 2006, 36–38 (Teil 1) 71–74 (Teil 2).

Koch, Claus/Strecker, Christoph: Kindern bei Trennung und Scheidung helfen – Psychologischer und juristischer Rat für Eltern, Weinheim, 2011 (zit.: *Koch/Strecker, Kindern bei Trennung und Scheidung helfen*).

Koch, Harald: Kostenhilfe für außergerichtliche Streitbeilegung, ZKM 2007, 71–75.

Koritz, Nikola: Kinderrechte im Konflikt ihrer Eltern – Die Gefahr in Streitzeiten die Rechte der Kinder zu missachten, FPR 2012, 212–215.

Köster, Thomas: Sorgerecht und Kindeswohl, Frankfurt am Main [u.a.], 1997 (zit.: *Köster, Sorgerecht und Kindeswohl*).

Kostka, Kerima: Im Interesse des Kindes? – Elterntrennung und Sorgerechtsmodelle in Deutschland, Großbritannien und den USA, Frankfurt am Main, 2004 (zit.: *Kostka, Im Interesse des Kindes*).

–: Vermittlungsverfahren und Kindeswohl, FamPra.ch (Die Praxis des Familienrechts) 2009, 634–657.

Krabbe, Heiner: Scheidung ohne Richter – Neue Lösungen für Trennungskonflikte, Reinbek bei Hamburg, 1991 (zit.: *Krabbe, Scheidung ohne Richter*).

–: Die Beteiligung von Kindern und Jugendlichen in Familien-Mediationen, ZKM 2005, 14–18.

–: Mediation bei hocheskalierten Trennungskonflikten und die Einbeziehung von Kindern, ZKM 2010, 72–76.

–: Kinder und Jugendliche – Reaktionen auf Trennung und Scheidung ihrer Eltern, elektronisch verfügbar unter: http://www.heiner-krabbe.de/fileadmin/daten/www.heiner-krabbe.de/Kinder-und-Jugendliche_-_Reaktionen_auf_Trennung_und_Scheidung.pdf (letzter Zugriff am 08.03.2012) (zit.: *Krabbe, Kinder und Jugendliche*).

Krabbe, Heiner/Diez, Hannelore: Kinder und Jugendliche in der Familienmediation, ZKM 2001, 219–224.

Krabbe, Heiner/Weber, Roger/Goldbach, Gabi: Kinder und Jugendliche im Konflikt der Eltern, elektronisch verfügbar unter: http://www.heiner-krabbe.de/fileadmin/daten/www.heiner-krabbe.de/Kinder_Jugendliche_Konflikt_El tern.pdf (letzter Zugriff am 18.06.2013) (zit.: *Krabbe et al., Kinder und Jugendliche im Konflikt*).

Kriegel, Katharina: Mediationspflicht – eine Chance für mehr Autonomie?, ZKM 2006, 52–55.

Kriegel, Katharina/Koerrenz, Ralf: Mediationspflicht? – Über die Notwendigkeit einer Begleitung von Eltern bei Trennung und Scheidung, Jena, 2006 (zit.: *Kriegel/Koerrenz, Mediationspflicht*).

Kunkel, Peter-Christian: Das Bundeskinderschutzgesetz – „Meilenstein" oder „Mühlenstein", ZKJ 2012, 288–295.

Lack-Strecker, Jutta: Überlegungen zur „Freiwilligkeit" in der obligatorischen Trennungs- und Scheidungsmediation, ZKJ 2010, 338–339 (1. Teil) 380 (2. Teil).

Langenfeld, Gerrit: Handbuch der Eheverträge und Scheidungsvereinbarungen, 6. Aufl., München, 2011 (zit.: *Langenfeld, Hdb.-EheV*).

Laws, Ralf: Mediationskosten als außergewöhnliche Belastungen nach § 33 EStG – Auffassung des BMF, ZKM 2012, 43–44.

Lederle, Osterhold: Schwerpunkte der Trennungs- und Scheidungsberatung, in: *Menne/Schilling/Weber (Hrsg.),* Kinder im Scheidungskonflikt, Weinheim, 1997, S. 239–259.

Lederle v. Eckardstein, Osterhold/Niesel, Renate/Salzgeber, Joseph/Schönfeld, Uwe: Eltern bleiben Eltern – Hilfen für Kinder bei Trennung und Scheidung, 19. Aufl., Augsburg, 2010 (zit.: *Ledere-v. Eckardstein et al., Eltern bleiben Eltern*).

Lee, Yuk Ki/Lakhani, Avnita: The case for mandatory mediation to effectively address child custody issues in Hong Kong, International Journal of Law, Policy and the Family 2012, 327–350.

Lehmkuhl, Gerd/Lehmkuhl, Ulrike: Scheidung – Trennung – Kindeswohl – Diagnostische, therapeutische und juristische Aspekte, Weinheim, 1997 (zit.: *Lehmkuhl/Lehmkuhl, Scheidung*).

Liemandt, Torsten: Kinder in der Mediation – Das Stufenmodell der sukzessiven Integration, ZKM 2004, 222–226.

Lind, Edgar A./Tyler, Tom R.: The social psychology of procedural justice, New York, 1988 (zit.: *Lind/Tyler, Procedural Justice*).

Lipp, Volker/Schumann, Eva/Veit, Barbara: Reform des familiengerichtlichen Verfahrens, 1. Familienrechtliches Forum Göttingen, Göttingen, 2009 (zit.: *Bearbeiter in Lipp et al., Familienrechtliches Forum Göttingen*).

Lossen, Helga/Vergho, Claudius: Familienberatung bei Trennung und Scheidung – Modellprojekt im Familiengericht Regensburg, FamRZ 1993, 768–771.

Mach-Hour, Elisabeth: Zeugnisverweigerungsrecht des als Verfahrensbeistand bestellten Rechtsanwalts, FamFR 2012, 187–188.

Mähler, Gisela/Mähler, Hans-Georg: Zur Institutionalisierung von Mediation, in: *Duss-von Werdt/Mähler/Mähler (Hrsg.),* Mediation, Stuttgart, 1995, S. 35–52.

–: Mediation in der Praxis, in: *Duss-von Werdt/Mähler/Mähler (Hrsg.),* Mediation, Stuttgart, 1995, S. 129–143.

–: Mediation als Konsensverfahren, Zeitschrift für Mediation 1999, 200–203.

–: Cooperative Praxis – Collaborative practice/collaborative law, in: *Rapp (Hrsg.),* Mediation, Ludwigsburg, 2012, S. 139–148.

Märtin, Doris: Die sanfte Scheidung – Mediation – Der neue Weg, sich ohne Verlierer einvernehmlich zu trennen, München, 1995 (zit.: *Märtin, Die sanfte Scheidung*).

Marx, Ansgar: Das Prinzip der Freiwilligkeit der Mediation – Empirische Daten und notwendige Kurskorrekturen, ZKM 2010, 132–136.

–: Obligatorische Sorgerechtsmediation? – Überlegungen nach kritischer Analyse des kalifornischen Modells, ZKJ 2010, 300–305.

Maywald, Jörg: Die UN-Kinderrechtskonvention – Ihr Umsetzungsstand in Deutschland im Bereich des Kinderschutzes, IzKK-Nachrichten 2009, 4–9.

–: Die Beteiligung des Kindes an der Einigung der Eltern, FPR 2010, 460–463.

McIntosh, Jennifer E./Long, Caroline M.: Children beyond dispute – A prospective study of outcomes from Child focused and Child inclusive Post-separation Family Dispute Resolution (2006), elektronisch verfügbar unter: http://www.ag.gov.au/Publications/ Pages/ChildrenBeyondDisputeOctober2006.aspx (letzter Zugriff am 14.08.2012) (zit.: *McIntosh/Long, Studie 2006*).

McIntosh, Jennifer E./Long, Caroline M./Wells, Yvonne D.: A four year follow up study of outcomes from Child Focused and Child Inclusive post-separation family dispute resolution (2009), elektronisch verfügbar unter: http://www.ag.gov.au/Publications/Pages/ChildrenBeyondDisputeApril2009.aspx (letzter Zugriff am 14.08.2012) (zit.: *McIntosh et al., Studie 2009*).

Menne, Martin: Der Verfahrensbeistand im neuen FamFG, ZKJ 2009, 68–74.

–: Zum berufsbedingten Zeugnisverweigerungsrecht des Verfahrensbeistandes – Anmerkung zu OLG Braunschweig, Beschluss v. 20.02.2012–1 WF 19/12, FamRZ 2012, 1356–1358.

Montada, Leo: Nachhaltige Beilegung von Familienkonflikten durch Mediation, FPR 2004, 182–187.

–: Besondere Möglichkeiten der Konfliktbeilegung durch Mediation: Psychologische Aspekte, in: *Greger/Unberath (Hrsg.)*, Die Zukunft der Mediation in Deutschland, München, 2008, S. 5–26.

Morawe, Doris: Mediation unter Einbeziehung von Kindern, Spektrum der Mediation 2007, 9–10.

Motz, Barbara: Mediation – Vermittlung – als Alternative zum gerichtlichen Verfahren – dargestellt anhand der Familienmediation, FamRZ 2000, 857–860.

Müller, Rita: Beteiligung von Kindern und Jugendlichen bei hoch strittigen Trennungen aus der Sicht des Verfahrenspflegers, in: *Weber/Schilling (Hrsg.)*, Eskalierte Elternkonflikte, Weinheim [u.a.], 2006, S. 103–118.

Münchener Kommentar zum Bürgerlichen Gesetzbuch, Band 8, Familienrecht II (§§ 1589–1921 BGB), SGB VIII, hrsg. von *Säcker, Franz Jürgen/Rixecker, Roland*, 6. Aufl., München, 2012 (zit.: *Bearbeiter in MüKo-BGB*).

Münchener Kommentar zur Zivilprozessordnung mit Gerichtsverfassungsgesetz und Nebengesetzen, Band 1 (§§ 1–354 ZPO), hrsg. von *Krüger, Wolfgang/Rauscher, Thomas*, 4. Aufl., München, 2013 (zit.: *Bearbeiter in MüKo-ZPO*) Band 4, Gesetz über das Verfahren in Familiensachen und in den Angelegenheiten der freiwilligen Gerichtsbarkeit, hrsg. von *Rauscher, Thomas*, 3. Aufl., München, 2010 (zit.: *Bearbeiter in MüKo-FamFG*).

Musielak, Hans-Joachim: Familiengerichtliches Verfahren, 1. und 2. Buch, 4. Aufl., München, 2013 (zit.: *Bearbeiter in Musielak, FamFG*).

Napp-Peters, Anneke: Familien nach der Scheidung, München, 1995 (zit.: *Napp-Peters, Familien nach der Scheidung*).

Niesel, Renate: Trennung vom Partner – wie sage ich es meinen Kindern?, in: Online-Familienhandbuch, 2001, elektronisch verfügbar unter: http://www.familienhandbuch.de/trennungscheidung/die-zeit-vor-der-trennung/trennung-vom-partner-wie-sage-ich-das-meinen-kindern (letzter Zugriff am 18.06.2013) (zit.: *Niesel, Trennung vom Partner in Online-Familienhandbuch*).

Palandt, Otto: Bürgerliches Gesetzbuch, 72. Aufl., München, 2013 (zit.: *Bearbeiter in Palandt, BGB*).

Paquin, Gary: Protecting the interests of children in divorce mediation, Journal of family law 1987/88, 279–315.

–: The Child's Input in the Mediation Process: Promoting the Best Interest of the Child, Mediation Quarterly 1988, 69–81.

Parkinson, Patrick/Cashmore, Judy: The voice of a child in family law disputes, Oxford, 2008 (zit.: *Parkinson/Cashmore, The voice of a child in family law disputes*).

Paul, Christoph C.: Sachregelungen in der Praxis – Familienrecht, in: *Fischer/Unberath (Hrsg.),* Das neue Mediationsgesetz, München, 2013, S. 155–167.

Paul, Christoph C./Pape, Isabel: Das neue Gesetz zur Förderung der Mediation und anderer Verfahren der außergerichtlichen Konfliktbeilegung, ZKJ 2012, 464–471.

Paul, Christoph C./Roberts, Marian: Einzelsitzungen in der Familien-Mediation – Aus der Praxis familienrechtlicher Mediation in Großbritannien, ZKM 2005, 22–26.

Pearson, Jessica: Child Custody: Why not let the parents decide?, Judges' Journal 1981, 4–12.

Peschke, Angelika: Familienmediation bei Trennung, Scheidung von Eltern - Ein Kann, ein Soll, ein Muss?, Frankfurt a.M., 2012 (zit.: *Peschke, Familienmediation bei Trennung*).

Peter, Max: Scheidung ist wie ein Erdbeben – wenn Kinder über die Scheidung ihrer Eltern reden, FamPra.ch (Die Praxis des Familienrechts) 2011, 633–650.

Prenzlow, Reinhard: Mitwirkung des Verfahrensbeistandes am Zustandekommen einer einvernehmlichen Regelung – Was ist daraus geworden?, FPR 2012, 366–370.

Prestien, Hans-Christian: Von der (Un-) Möglichkeit der Sicherung des Kindeswohls durch Gesetzgebung, Familiengericht, Jugendhilfe und Institutionen oder: vom Mechaniker zum Uhrmacher – Änderungen eines Berufsbildes, in: *Müller-Magdeburg (Hrsg.),* Verändertes Denken zum Wohle der Kinder, Baden-Baden, 2009, S. 96–110.

Proksch, Roland: Scheidungsfolgenvermittlung (Divorce Mediation) – ein Instrument integrierter familiengerichtlicher Hilfe – Vorschläge zu einem kooperativen Entscheidungsmodell am Beispiel der Scheidungsfolgensache „elterliche Sorge", FamRZ 1989, 916–924.

–: Wege alternativer Konfliktregelung bei Scheidung und Scheidungsfolgen, in: *Hahn/Lomberg/Offe (Hrsg.),* Scheidung und Kindeswohl, Heidelberg, 1994, S. 55–70.

–: Kooperative Vermittlung (Mediation) in streitigen Familiensachen – Praxiseinführung und Evaluation von kooperativer Vermittlung zur Förderung einvernehmlicher Sorge- und Umgangsregelungen und zur Entlastung der Familiengerichtsbarkeit, Stuttgart, 1998 (zit.: *Proksch, Hauptstudie*).

–: Mediation in Deutschland – Stand und Perspektiven außergerichtlicher Konfliktregelung durch Mediation, Konsens – Zeitschrift für Mediation 1998, 7–15.

–: Praxiserprobung von Vermittlung (Mediation) in streitigen Familiensachen: Pilotstudie (Schlussbericht) – Untersuchung über mögliche Entwicklungen im Zusammenspiel von außer- und innergerichtlicher Konfliktregelung, Stuttgart, 1998 (zit.: *Proksch, Pilotstudie*).

Prütting, Hanns: Das neue Mediationsgesetz: Konsensuale Streitbeilegung mit Überraschungen, AnwBl 2012, 204–208.

Rabaa, Volker: Kindeswohl im Elternkonflikt – Wege zur Konfliktlösung in der Familienkrise, Berlin, 1985 (zit.: *Rabaa, Kindeswohl im Elternkonflikt*).

Rafi, Anusheh: Der Weg zur gemeinsamen Ent-Scheidung – Besonderheiten der Trennungs- und Scheidungsmediation, Berlin, 2012 (zit.: *Rafi, Der Weg zur gemeinsamen Ent-Scheidung*).

Rauscher, Thomas: Die Beteiligung des Kindes am Umgangsvergleich, FamFR 2010, 28–31.

Reich, Günter: Kinder in Scheidungskonflikten, in: *Krabbe (Hrsg.)*, Scheidung ohne Richter, Reinbek bei Hamburg, 1991, S. 59–85.

Reitz, Kristina: Die Behandlung des Sorge(rechts)konfliktes nach elterlicher Trennung oder Scheidung aus systemischer Sicht, Gießen, 2003 (zit.: *Reitz, Die Behandlung des Sorgerechtskonfliktes*).

Riehle, Eckart: Gibt es Rechtsansprüche auf Mediation im SGB VIII, ZfJ 2003, 418–423.

Risse, Jörg: Wirtschaftsmediation, NJW 2000, 1614–1620.

–: Zwang zur Mediation?, in: *Hengstl/Sick (Hrsg.)*, Recht gestern und heute, Wiesbaden, 2006, S. 309–318.

–: Das Mediationsgesetz – eine Kommentierung, SchiedsVZ 2012, 244–254.

Rolfs, Christian/Giesen, Richard/Kreikebohm, Ralf/Udsching, Peter: Beck'scher Online Kommentar Sozialrecht, 30. Aufl., 2013 (zit.: *Bearbeiter in BeckOK-Sozialrecht*).

Römermann, Volker/Doench, Holke-Leonie/Praß, Jan-Philipp: Das Mediationsgesetz – Inhalte, Marktchancen und Auswirkungen für die steuerberatenden Berufe, Die Steuerberatung 2013, 158–172.

Rosenberg, Marshall B.: Gewaltfreie Kommunikation – Eine Sprache des Lebens, 9. Aufl., Paderborn, 2010 (zit.: *Rosenberg, Gewaltfreie Kommunikation*).

Röthemeyer, Peter: Gerichtsmediation im Güterichterkonzept – Die Lösung des Vermittlungsausschusses, ZKM 2012, 116–118.

Ryrstedt, Eva: Mediation regarding children – is the result always in the best interest of the child? – A view from Sweden, International Journal of Law, Policy and the Family 2012, 220–242.

Salgo, Ludwig: Lückenhafte Beteiligung des Kindes bei Trennung, Scheidung und Umgang – Ein Verstoß gegen Art. 12 UN-Kinderrechtskonvention?, IzKK-Nachrichten 2009, 25–29.

–: Mitwirken am Zustandekommen einer einvernehmlichen Regelung – Aufgaben und Pflichten des Verfahrensbeistandes, FPR 2010, 456–460.

Salgo, Ludwig/Zenz, Gisela/Fegert, Jörg M./Bauer, Axel/Weber, Corina/Zitelmann, Maud: Verfahrensbeistandschaft, Ein Handbuch für die Praxis, 2. Aufl., Köln, 2010 (zit.: *Bearbeiter in Hdb.-Verfahrensbeistandschaft*).

Saposnek, Donald T.: The value of children in mediation: A cross-cultural perspective, Mediation Quarterly 1991, 325–342.

Schellhorn, Walter/Fischer, Lothar/Mann, Horst/Schellhorn, Helmut/Kern, Christoph: SGB VIII, Kinder und Jugendhilfe; Kommentar, 4. Aufl., Köln, 2012 (zit.: *Bearbeiter in Schellhorn/Fischer, SGB VIII*).

Schnitzler, Klaus: Münchener Anwalts-Handbuch Familienrecht, 3. Aufl., München, 2010 (zit.: *Schnitzler, Anwalts-Handbuch Familienrecht*).

Schoffer, Melissa J.: Bringing children to the mediation table: Defining a child's best interest in divorce mediation, Family Court Review 2005, 323–338.

Schüler, Astrid/Löhr, Ulrike: „Die Gruppe ist wie ein Versteck im Gebüsch", in: *Walper/Fichtner/Normann* (Hrsg.), Hochkonflikthafte Trennungsfamilien, Weinheim, 2011, S. 143–155.

Schulz von Thun, Friedemann: Miteinander reden: 1 – Störungen und Klärungen – Allgemeine Psychologie der Kommunikation, 49. Aufl., Reinbek bei Hamburg, 2011 (zit.: *Schulz von Thun, Miteinander reden Bd. 1*).

Schumacher, Lutz: Die Nutzung U.S.-amerikanischer Erfahrungen für die obligatorische außergerichtliche Streitschlichtung, ZKM 2001, 19–21.

Schütz, Jürg G.: Angeordnete Mediation in der Schweiz höchstrichterlich bestätigt – Anmerkung zu: Schweizerisches Bundesgericht, Urt. v. 09.12.2009 - 5A.457/2009, ZKM 2010, 94–95.

Schwebel, Andrew/Schwebel, Milton: Mediating with children: Two psychologists' views, Dispute Resolution Magazine 1996/97, 3–4.

Schweppe, Katja/Bussian, Jörg: Die Kindesanhörung aus familienrichterlicher Sicht, ZKJ 2012, 13–20.

Sedlmayr, Sebastian: Kinderrechte ins Grundgesetz, IzKK-Nachrichten 2009, 10–11.

Semple, Noel: Mandatory Family Mediation and the Settlement Mission – A feminist critique, Can. J. Women & L. (Canadian Journal of Women & the Law) 2012, 207–239.

Shaw, Margaret L.: Parent-Child Mediation: A Challenge and a Promise, Mediation Quarterly 1985, 23–33.

Shestowsky, Donna: Procedural Preferences in Alternative Dispute Resolution – A Closer, modern look at an old idea, Psychology, Public Policy and Law 2004, 211–249.

Spangenberg, Ernst: Mediationskostenhilfe ein Verfassungsgebot?, FamRZ 2009, 834–835.

Spengler, Peter: Wieder auf die Kinder schau'n, in: *Weber/Schilling (Hrsg.),* Eskalierte Elternkonflikte, Weinheim [u.a.], 2006, S. 53–72.

Stadler, Astrid: Außergerichtliche obligatorische Streitschlichtung – Chance oder Illusion?, NJW 1998, 2479–2487.

Staub, Liselotte: Pflichtmediation: Mythos und Wirklichkeit, Zeitschrift für Vormundschaftswesen 2006, 121–131.

–: Pflichtmediation im Kindesschutz – Möglichkeiten und Grenzen – Ein Kommentar zum Urteil des Züricher Obergerichts vom 14. Mai 2007, Zeitschrift für Vormundschaftswesen 2008, 431–438.

Staub, Liselotte/Felder, Wilhelm: Scheidung und Kindeswohl – Ein Leitfaden zur Bewältigung schwieriger Übergänge, Bern, 2004 (zit.: *Staub/Felder, Scheidung und Kindeswohl*).

Staudinger, Julius von: Kommentar zum Bürgerlichen Gesetzbuch, Buch 4 (§§ 1638–1683), Neub. 2009, Berlin (zit.: *Bearbeiter in Staudinger, BGB*).

Steffek, Felix: Rechtsvergleichende Erfahrungen für die Regelung der Mediation, RabelsZ 2010, 842–880.

–: Mediation und Justiz, in: *Fischer/Unberath (Hrsg.),* Das neue Mediationsgesetz, München, 2013, S. 29–45.

Stolz, Cornelia/Strini, Manuela: Kindheit im Schatten des Elternkonfliktes von Trennung und Scheidung, Hamburg, 2009 (zit.: *Stolz/Strini, Kindheit im Schatten des Elternkonfliktes*).

Stötzel, Manuela: Hinwirken auf Einvernehmen durch den Verfahrensbeistand, FPR 2009, 332–334.

Strempel, Dieter: Vom Kampf ums Recht zum Konsens im Recht – Neue Methoden bei der Streitschlichtung, Konsens – Zeitschrift für Mediation 1999, 198–199.

Suess, Gerhard J.: Mediation in der Trennungs- und Scheidungsberatung, in: *Bundeskonferenz für Erziehungsberatung (Hrsg.),* Scheidungs-Mediation, Münster, 1995, S. 58–74.

Tamm, Marina/Tonner, Klaus: Verbraucherrecht – Rechtliches Umfeld, Vertragstypen, Rechtsdurchsetzung, Baden-Baden, 2012 (zit.: *Tamm/Tonner, Verbraucherrecht*).

Textor, Martin R.: Die Scheidungsphase, in: Online-Familienhandbuch, 2010, elektronisch verfügbar unter: www.familienhandbuch.de/trennungscheidung/zwischen-trennung-und-gerichtlicher-scheidung/die-scheidungsphase-eltern-kind-beziehung-und-reaktionen-der-kinder (letzter Zugriff am 17.06.2013) *(zit.: Textor, Eltern-Kind-Beziehung in Online-Familienhandbuch*).

–: Die Scheidungsphase – Situation der Erwachsenen, in: Online-Familienhandbuch, 2010, elektronisch verfügbar unter: www.familienhandbuch.de/trennungscheidung/ zwischen-trennung-und-gerichtlicher-scheidung/die-scheidungsphase-situation-der-erwachsenen (letzter Zugriff am 18.06.2013) *(zit.: Textor, Situation der Erwachsenen in Familien-Onlinehandbuch*).

Thibaut, John/Walker, Laurens: Procedural justice – A psychological analysis, Hillsdale, 1975 (zit.: *Thibaut/Walker, Procedural justice – a psychological analysis*).

Tochtermann, Peter: Die Pflichten des Mediators und der Parteien, in: *Fischer/Unberath (Hrsg.),* Das neue Mediationsgesetz, München, 2013, S. 113–122.

Trenczek, Thomas: Stand und Zukunft der Mediation – Konfliktvermittlung in Australien und Deutschland, SchiedsVZ 2008, 135–142.

–: Zur aktuellen Situation der Mediation in Deutschland – ein Zwischenruf, Spektrum der Mediation 2010, 4–8.

Trenczek, Thomas/Berning, Detlev/Lenz, Cristina: Mediation und Konfliktmanagement, Baden-Baden, 2013 (zit.: *Verfasser in Trenczek et al., Mediation und Konfliktmanagement*).

Ulrich, Jürgen: Wie hat der im familiengerichtlichen Verfahren eingesetzte und der Verschwiegenheit unterliegende ärztliche und psychologische Sachverständige mit Zusatztatsachen umzugehen?, FPR 2008, 283–287.

Unger, Carsten: Rückschau von Erwachsenen auf die Trennung ihrer Eltern, Hamburg, 2010 (zit.: *Unger, Rückschau von Erwachsenen*).

Vorwerk, Volkert/Wolf, Christian: Beck'scher Online-Kommentar ZPO, 10. Aufl., München, 2013 (zit.: *Bearbeiter in BeckOK-ZPO*).

Vosberg, Sybille/Rockstroh, Katerina: Gerichtnahe Mediation – Anmerkung zu AG Eilenburg, Beschl. v. 29.06.2006 – 2 F 64/06, FPR 2007, 1–2.

Wacker, Ulf: Mediation, Autonomie, Weisheit, ZRP 2009, 239–242.

Wagner, Gerhard: Gerichtlich veranlasste Mediation: England als Vorreiter – Neue Entscheidung der Londoner Gerichte, ZKM 2004, 100–103.

–: Das Mediationsgesetz – Ende gut, alles gut?, ZKM 2012, 110–115.

–: Vertraulichkeit der Mediation, in: *Fischer/Unberath (Hrsg.)*, Das neue Mediationsgesetz, München, 2013, S. 89–111.

Wallerstein, Judith S.: Psychodynamic Perspectives on Family Mediation, Mediation Quarterly 1986/87, 7–21.

Wallerstein, Judith S./Lewis, Julia M./Blakeslee, Sandra: Scheidungsfolgen – die Kinder tragen die Last – Eine Langzeitstudie über 25 Jahre, Münster, 2002 (zit.: *Wallerstein et al., Scheidungsfolgen*).

Walper, Sabine/Fichtner, Jörg: Zwischen den Fronten, in: *Walper/Fichtner/Normann (Hrsg.)*, Hochkonflikthafte Trennungsfamilien, Weinheim, 2011, S. 91–109.

Walper, Sabine/Fichtner, Jörg/Normann, Katrin: Hochkonflikthafte Trennungsfamilien – Forschungsergebnisse, Praxiserfahrungen und Hilfen für Scheidungseltern und ihre Kinder, Weinheim, 2011 (zit.: *Walper, Fichtner et al., Hochkonflikthafte Trennungsfamilien*).

Wang, Jian: To divorce or not to divorce: A critical discourse analysis of court-ordered mediation in China, International Journal of Law, Policy and the Family 2013, 74–96.

Weiler, Eva/Schlickum, Gunter: Praxisbuch Mediation – Falldokumentationen und Methodik zur Konfliktlösung, 2. Aufl., München, 2012 (zit.: *Weiler/Schlickum, Praxisbuch Mediation*).

Wendenburg, Felix: Der Schutz der schwächeren Partei in der Mediation, Tübingen (zit.: *Wendenburg, Der Schutz der schwächeren Partei*).

–: Differenzierte Verfahrensentscheidungen in zivilrechtlichen Konflikten, ZKM 2013, 19–23.

Wesche, Steffen: Zwangsschlichtung oder Schlichtungsanreiz?, ZRP 2004, 49–52.

Wiesner, Reinhard: SGB VIII, Kinder- und Jugendhilfe Kommentar, 4. Aufl., München, 2011 (zit.: *Bearbeiter in Wiesner, SGB VIII*).

Wulffen, Matthias v.: Sozialgesetzbuch Kommentar, Zehntes Buch Sozialgesetzbuch, Sozialverwaltungsverfahren, Sozialdatenschutz, 7. Aufl., München, 2010 (zit.: *Bearbeiter in v. Wulffen, SGB X*).

Zorn, Dagmar: Gesetz zur Förderung der Mediation und anderer Verfahren der außergerichtlichen Konfliktbeilegung, FamRZ 2012, 1265–1270.

Zurmühl, Sabine/Kiesewetter, Sybille: Zur Praxis der Familienmediation - Eine Mitgliederbefragung der BAFM, ZKM 2008, 107–111.

Zylstra, Alexandria: The road from voluntary mediation to mandatory good faith requirements: A road best left untraveled, Journal of the American Academy of Matrimonial Lawyers 2001, 69–103.

Studien zum deutschen und internationalen Familien- und Erbrecht

Herausgegeben von Martin Lipp, Christoph Benicke, Marina Wellenhofer und Bettina Heiderhoff

Band 1 Jessica Kriewald: Statusrelevante Erklärungen des Familienrechts. 2009.

Band 2 Martin Gilbert: Unmoralische Angebote, Grundrechtskitsch und die kalte Hand des Erblassers. 2009.

Band 3 Anja Vellmer: Religiöse Kindererziehung und religiös begründete Konflikte in der Familie. Eine rechtsübergreifende Darstellung familiärer religiöser Konflikte und der staatlichen Instrumentarien zu ihrer Lösung. 2010.

Band 4 Uta Heidenreich: Auskunfts- und Wertermittlungsansprüche des Pflichtteilsberechtigten. 2010.

Band 5 Ulla Möhn: Vertrauensschutz im intertemporalen Scheidungsunterhaltsrecht. Zugleich eine Analyse des § 36 Nr. 1 EGZPO. 2010.

Band 6 Gabriele Metternich: Verfügungsverhalten von Erblassern. Eine empirische Untersuchung als Beitrag zur Rechtstatsachenforschung und Reformdiskussion auf dem Gebiet des Erbrechts. 2010.

Band 7 Patrick Schroer: Europäischer Erbschein. Mit rechtsvergleichender Darstellung. 2010.

Band 8 Isabella Toscano: Ehescheidungen mit grenzüberschreitendem Bezug. Von divergierenden nationalen Scheidungsvoraussetzungen zu einem einheitlichen europäischen Scheidungsrecht? 2011.

Band 9 Ulrich Kühle: Die gerichtliche Überprüfung von Erb- und Pflichtteilsverzichtsverträgen im Spiegel ehevertraglicher Inhaltskontrolle. 2011.

Band 10 Gregor Blüm: Härtefälle im Recht des Versorgungsausgleichs. Eine legitimationszentrierte Untersuchung der Rechtsprechung zur Generalklausel des § 1587c Nr. 1 BGB a. F. unter Berücksichtigung der Neuerungen in der Härtefallregelung des § 27 VersAusglG. 2011.

Band 11 Linda Schlegel: Die Bedeutung des vorehelichen Zusammenlebens im Scheidungsfolgenrecht. 2011.

Band 12 Tobias Breitling: Rechtsfolgen von sittenwidrigen Bedingungen in Verfügungen von Todes wegen. Erblasserwille und objektives Recht. 2012.

Band 13 Anja Sommer: Das Verhältnis von Familiengericht und Jugendamt. Kooperation zum Wohle des Kindes? 2012.

Band 14 Pia Maria Schulze: Das deutsche Kindschafts- und Abstammungsrecht und die Rechtsprechung des EGMR. 2012.

Band 15 Sebastian Schaufert: Das Verbot der Doppelverwertung von Vermögenspositionen bei Unterhalt und Zugewinn. 2012.

Band 16 Natalie Ivanits: Die Stellung des Kindes in auf Einvernehmen zielenden gerichtlichen und außergerichtlichen Verfahren in Kindschaftssachen. 2012.

Band 17 Robert Bauer: Die Neuerungen im ehelichen Güterrecht. Eine kritische Untersuchung der Rechtslage nach der Reform von 2009. 2013.

Band 18 Birthe Schekahn: Tatsächliche Unterhaltsleistungen faktischer Lebensgefährten im Todesfall. Ein Vorschlag für eine Reform des § 844 Abs. 2 BGB und zugleich eine Definition der faktischen Lebensgemeinschaft. 2013.

Band 19 Michelle Favier: Die gemeinsame rechtliche Elternschaft von eingetragenen Lebenspartnern durch die Annahme eines Kindes. 2014.

Band 20 Holke-Leonie Doench: Mediation als kindgerechtes Verfahren. 2014.

www.peterlang.com